Paul Trummer
Pizza Globale

Paul Trummer

PIZZA GLOBALE

Ein Lieblingsessen erklärt die Weltwirtschaft

Econ

Econ ist ein Verlag
der Ullstein Buchverlage GmbH

ISBN 978-3-430-20100-1

Lektorat: Gudrun Jänisch

Gesetzt aus der Sabon
Satz: LVD GmbH, Berlin
Druck und Bindearbeiten: CPI – Clausen & Bosse
Printed in Germany

Für meine Eltern, die mir als Gast- und Landwirte den Wert von ehrlichem Essen vermittelt haben – und für Heike, mit der ich die Vorliebe dafür teile.

Inhalt

Die Gegenbewegungen

Tipps für eine bessere Ernährung

Vorwort

Sie essen? Mindestens zweimal am Tag? Was für einer wundervoll großen Zielgruppe für dieses Buch Sie dadurch angehören! Aber keine Sorge: Dieses Buch will Ihnen keineswegs den Appetit verderben. Allerdings werden Sie die Vorabendwerbung für Tiefkühl-Pizza, Fruchtjoghurt oder Weizenmehl nach dem Lesen der folgenden Seiten mit anderen Augen sehen – und wissen, dass Sie bei jedem Werbeblock gehörig an der Nase herumgeführt werden.

Wie wird eine Tiefkühl-Pizza hergestellt? Und wie werden die Zutaten für die Tiefkühl-Pizza hergestellt? Das fragte ich mich eines Abends beim Verzehr einer Salami-Pizza. Ich begann zu recherchieren. Als Wirtschaftsredakteur einer großen Wiener Tageszeitung erhielt ich Einblick in viele Produktionsstätten, die für normale Konsumenten geschlossen bleiben. Ich besuchte ein Tiefkühl-Pizza-Werk, eine Mühle, eine Käserei und einen Fleischverarbeiter. Ich besuchte Bauern auf ihrem Hof und führte zahlreiche weitere Interviews. Überall lernte ich ausgesprochen freundliche Menschen kennen, die sich Mühe gaben, das bestmögliche Produkt herzustellen.

Doch im Laufe meiner Tätigkeit als Agrarjournalist stieß ich auch auf zahlreiche Probleme, die die industrialisierte Produktion von Nahrungsmitteln mit sich bringt: um ihre Existenz kämpfende Milchbauern, durch EU-Beihilfen am Rande des Ruins stehende Bauern in Afrika, Biobauern, die bei Zulassung von Gentechnik ihren Betrieb aufgeben müssten, oder Erntehelfer, die unter unwürdigsten Bedingungen ihre Arbeit verrichten.

Überraschend viele Probleme sind nicht von Wetter und Boden abhängig, sondern von der Politik. Sie bestimmt zunehmend die Existenzbedingungen der Bauern weltweit; sie regelt, zu welchen Preisen sie Handel treiben, welche Unterstützung sie erhalten und was man ihnen verwehrt. Und sie schafft die Rahmenbedingungen für die Art und Weise, wie unsere Nahrungsmittel heute hergestellt werden. Bei dieser Produktion dominiert heute oft das Streben nach den geringsten Kosten, denn wir Konsumenten wollen vor allem eines: billig einkaufen. Dass wir damit eine Spirale in Gang setzen, die oftmals auf Kosten von Mensch und Natur weltweit geht, ist uns kaum bewusst.

Global gesehen wird die Produktion von Essen immer ähnlicher: Menschen auf der ganzen Welt essen heute dieselben Dinge, die sie vor 20, 30 Jahren nicht einmal kannten. Doch diese Annäherung der Ernährungsstile verbreitet auch die damit verbundenen Probleme um die ganze Welt. Betroffen sind sowohl Konsumenten wie auch Produzenten – jeder auf seine Weise. Diese Probleme möchte ich aufzeigen – und am Ende des Buches einige Tipps für Konsumenten geben.

Zur Nachvollziehbarkeit habe ich mich bemüht, so viele Fakten wie möglich mit Verweisen zu hinterlegen. Interessierte Leser können somit ganz einfach im Internet noch mehr Informationen erhalten. Doch wer wie ich einfach neben dem Essen gerne schmökert, dem sei versichert: Die Daten wurden gewissenhaft in monatelanger Recherche zusammengetragen. Nun wünsche ich Ihnen viel Spaß und interessante Erkenntnisse auf den folgenden Seiten und hoffe, dass Sie nach dem Lesen dieses Buches ehrliches Essen ein bisschen mehr schätzen als bisher.

DIE NEUE ERNÄHRUNG

Es gibt Salami-Pizza

Zugegeben: Es war stressig heute im Büro. Erst gegen 19 Uhr schwang die schwere Tür des Redaktionsgebäudes hinter mir zu, reichlich spät für jemanden, der an den Komfort eines 9-to-5-Jobs gewöhnt ist. Noch dazu war Freitag, und das Wochenendprogramm sollte auch noch erstellt werden.

Bei meinem Supermarkt um die Ecke war die Schlange vor der Kasse an diesem Freitagabend zwar besonders lang, doch der Hunger meldete sich. Schnell und in Gedanken verloren wählte ich Fertig-Pizza, Tomaten für einen Salat und eine Cola – 6,40 bitte – schönes Wochenende – Ihnen auch.

Nun zählt tiefgekühlte Salami-Pizza nicht unbedingt zu meinen Lieblingsspeisen – aber wie gesagt, der Tag war stressig gewesen und meine Lust auf Kochen tendierte gegen null. Ab und zu probiere ich gerne etwas aus. Mir macht es Spaß, gute Pasta zuzubereiten oder ein Steak zart anzubraten. Aber ich brauche Zeit, um mit Freude zu kochen. Meistens esse ich abends bloß eine Kleinigkeit. Ich gebe mir jedoch Mühe, es optisch nett zu arrangieren. Sie wissen schon, Pasta mit Fertigsauce, aber mit Basilikumblättchen und so. Zu Hause steckte ich also die Pizza rasch in den Ofen und verschwand unter der Dusche.

Wenige Minuten später öffnete ich vorsichtig das Backrohr: Wärme strömte mir entgegen, doch kein Geruch. »Die Pizza ist fertig, wenn der Käse zart geschmolzen ist«, stand auf der Packung. Doch ich vertraute lieber meinem persönlichen Signal: Die Pizza ist fertig, wenn es verführerisch duftet, hatte mich die

Erfahrung gelehrt. So blieb noch Zeit, um Tomaten zu schneiden und sie mit Balsamico-Essig und Olivenöl zu beträufeln. Ich hatte Glück: Die roten Früchte schmeckten tatsächlich nach Natur und nicht nach Tennisbällen wie vieles dieser Importware, die im Winter in unseren Supermärkten landet.

Alle mögen Tomaten. In meiner Heimat Österreich sind sie laut Statistik das Lieblingsgemüse der Bevölkerung. Zugegeben: Ich leiste mir meine etwas überteuerte Wohnung tatsächlich auch, um am nahe gelegenen Markt Tomaten, frisches Gemüse und Obst einkaufen zu können. Dass ich oftmals nach der Arbeit wenig Lust verspüre, den Umweg zum Markt zu machen, und stattdessen lieber alles im Supermarkt besorge, wusste ich vor meinem Einzug natürlich noch nicht.

Der verführerische Duft aus dem Ofen ließ mich handeln: Pizza raus, Vorsicht, heißes Blech, Tomaten noch salzen, Cola, Pizza zerteilen, Fernseher an und Buon Appetito! Im TV flimmerten die Abendnachrichten über den Bildschirm. Berichte über ein EU-Gipfeltreffen, Ölpreis und eine Überschwemmung in einem fernen Land konnten mich kaum unterhalten. Zu ähnlich sind die täglichen Meldungen, und schon am nächsten Tag ist die Nachricht Schall und Rauch.

Ich überlegte kurz, ob der Name Pizza Quattro Stagioni wohl tatsächlich etwas mit den Jahreszeiten zu tun hat, aß alles auf, machte den Abwasch. Ein Anruf festigte das Programm für den Freitagabend: Freund Markus schlug zuerst ein gemütliches Bier vor, danach eine nicht zu schicke Bar (würde wohl ebenfalls Bier werden). Ja, das klang doch ganz gut. Eine Stunde, nachdem ich meine Wohnungstür geöffnet hatte, war ich wieder bereit zum Weggehen. Mit Selbstkochen hätte ich das nie geschafft.

Am Samstagvormittag blinzelte ich mit einem ordentlichen Kater den Sonnenstrahlen in meinem hellen Schlafzimmer entgegen. Ich schaffte es, Kaffee aufzusetzen, stieß mit den nackten Zehen den im Weg liegenden Pizza-Karton in die Ecke. Wer war übrigens der Produzent meiner Pizza?, fragte ich mich im Halbschlaf. Und wie war das nun mit Quattro Stagioni? Welche Zutat stand für welche Jahreszeit? Vielleicht sollte ich den Kundenservice des Herstellers anrufen, um diese entscheidende Frage zu klären.

Der Kaffee vertrieb meine philosophischen Fragen und machte den Kopf allmählich klar. Ich griff zur Zeitung des Vortages und entdeckte die Antwort zumindest auf eine meiner Fragen: 1,6 Milliarden Euro Umsatz machte die Dr. August Oetker Nahrungsmittel KG im Jahr 2007, las ich. Und 33 Prozent davon stammten vom Sortiment Tiefkühl-Pizza/Tiefkühl-Snacks – Tendenz stark steigend. Der Familienbetrieb aus dem deutschen Bielefeld, einer der bekanntesten Nahrungsmittelproduzenten Europas, war auch für meine Salami-Pizza verantwortlich.

Gratulation, für ein Massenprodukt schmeckte die eigentlich ziemlich gut. »Die Zahl der Mitarbeiter von Dr. Oetker nahm 2007 um 67 Beschäftigte auf 7301 zu«, las ich weiter – eine ganze Menge, wenn man bedenkt, dass die Nahrungsmittelproduktion heutzutage doch schon weitgehend automatisiert ist, oder? So ganz sicher war ich mir dabei jedoch nicht, da ich noch nie die Produktion einer Tiefkühl-Pizza live erlebt hatte. Aber wer hat das schon?

Essen aus dem Labor

Wir haben noch nie so viel industriell produzierte Nahrung zu uns genommen wie heute. Zeit ist knapp, und immer öfter überlassen wir die zeitraubende Zubereitung von Essen den Nahrungsmittelkonzernen. Durch diese Entwicklung haben wir Konsumenten den Bezug zu den Rohstoffen und ihrer Verarbeitung verloren. Kaum jemand von uns weiß, wie seine Supermarktnahrung hergestellt wird; wir alle vertrauen auf die Lebensmittel aus dem Labor.

Zu Urzeiten hat man vor allem gegessen, um zu überleben und um Kraft zu tanken – für den Fall, dass man vor wilden Säbelzahntigern davonlaufen musste. Dann entdeckte jemand (dem ich hiermit den allergrößten Dank aussprechen möchte!), dass Essen auch etwas sehr Schönes sein kann, wenn es nach etwas schmeckt – und diese Geschmackserlebnisse wurden über Tausende von Jahren kultiviert.

Mit der Entwicklung der industrialisierten Herstellung von Nahrung im 20. Jahrhundert hielt die Chemie Einzug in unser Essen: Chemische Konservierungsstoffe erlaubten es, Nahrungsmittel in großer Anzahl herzustellen und so lange zu lagern, bis der Konsument sie verspeiste. Der Siegeszug von Tiefkühlgeräten in Privathaushalten verlieh der Industrie einen kräftigen Schub, machte doch die Gefriertechnik das Konservieren noch einfacher. Um durch die Verarbeitung entstandene Geschmacksverluste zu kompensieren, wurde und wird an Geschmacksträgern wie Salz, Zucker oder Fett nicht gespart, und chemische Hilfsmittel sorgen für ansprechende Optik, Stabilität und vieles mehr.

Mitte des 20. Jahrhunderts kam die Anforderung hinzu, dass Essen auch gesund sein sollte. Entsprechend dem damaligen Stand der Wissenschaft verbannte man tierische Fette aus der Küche und ersetzte sie durch pflanzliche Fette: Statt Butter gab es Margarine. Beschichtete Teflon-Pfannen, die Fett einsparten, traten ihren weltweiten Siegeszug an. Aber auch das reicht uns nicht mehr. Heute muss Essen zusätzlich eine Funktion haben. Ballaststoffe, Bakterienkulturen, Omega-3-Fettsäuren, Vitamine: Unsere heutige Nahrung will uns helfen, jünger, schöner, gesünder und vitaler zu bleiben. Daher essen wir Joghurts, die die Verdauung regulieren, greifen überall zu, wo Vitamin C auf der Verpackung steht, oder glauben an Molkedrinks, die die Abwehrkräfte stärken, und lassen Obst und Gemüse links liegen. Weil das Essen aus dem Labor verspricht, weniger Kalorien zu haben, essen wir mehr davon, anstatt uns im Kampf gegen Übergewicht einfach öfter zu bewegen. Auch finden wir es bequemer, im Supermarktregal zum gewohnten Produkt mit der Aufschrift »Light« zu greifen, anstatt unsere Ernährungsgewohnheiten wirklich zu überdenken.

Die Industrie freut sich über unsere Faulheit. Sie forscht in diesen Minuten an unserem Essen für morgen – zu möglichst geringen Produktionskosten. Wie weit die technischen Möglichkeiten fortgeschritten sind, beschreibt Hans-Ulrich Grimm in seinem Buch *Die Suppe lügt*:[1] Er berichtet von Rübenschnitzeln und Kartoffelabfällen, für die Forscher eine große Zukunft als Nahrungsmittelzutaten sehen, etwa für Fruchtsäfte, Milchprodukte oder Backwaren. Der Mischkonzern Procter & Gamble forsche zum Beispiel an Fettersatzstoffen, Unilever an Verfahren, um aus einem Mix aus Fruchtabfällen, Algenextrakt und Geschmacksstoffen »natürliche Früchte vorzutäuschen«. Aus Schweinefleisch könnten schon Muscheln hergestellt werden, aus Fischeiweiß mit Aromen Schweinswürste. Das sei vor allem kostensparend: Aus der Tiefe des Meeres würde in Unmengen Krill, ein winziger Leuchtkrebs, gefördert, zerlegt, zu standardisierten Blöcken gepresst und aromatisiert. Auch die Herstellung eines simulierten Roheies sei technisch bereits möglich, ebenso die Produktion von Schmelzkäse aus Bakterien oder die Formung von Kunstspeck aus Fett und Proteinen.

Uns Konsumenten lässt dieser technische Fortschritt auf verlorenem Posten zurück. Eine bewusste Selektion aus der angebotenen Vielfalt an modernen Nahrungsmitteln ist nur schwer möglich: Das Angebot ist nicht mehr zu überblicken. Das Sortiment eines normalen Supermarktes umfasst heute zwischen 8000 und 10000 Produkte. Die Bilanzen blühen, wenn wir Konsumenten kräftig zugreifen, sei es aus Gesundheits- oder anderen Gründen. Übersehen wird angesichts des Riesensortiments aber, dass die meisten verarbeiteten Produkte aus denselben Grundzutaten bestehen. Die industrielle Herstellung basiert nämlich auf wenigen standardisierten Rohstoffen, die zu niedrigen Preisen erhältlich sind.

Unserer Gesundheit erweist die Auswahl der Zutaten nach technischer Verarbeitungsfähigkeit und Gewinnmaximierung jedoch einen Bärendienst, schreibt der US-Autor Michael Pollan: »Die Spur jener chronischen Krankheiten, die heute die meisten von uns umbringen, lässt sich direkt auf die Industrialisierung unserer Nahrung zurückführen: Aufzuzählen sind die Zunahme von stark bearbeiteten Nahrungsmitteln und Auszugsmehlen, die Verwendung chemischer Substanzen bei der Aufzucht von Pflanzen und Tieren in riesigen Monokulturen, die Überfülle billiger Kalorien aus Zucker und Fett, die von der modernen Landwirtschaft produziert werden, und die Verminderung der biologischen Vielfalt in der menschlichen Kost auf kaum eine Handvoll Hauptgetreide, insbesondere Weizen, Mais und Soja.«[2]

Dieses Buch soll Ihnen zeigen, wie moderne Nahrung heute hergestellt wird – und welche Probleme damit verbunden sind. Im Fokus soll die Landwirtschaft stehen, die für die Verarbeitungsindustrie die Rohstoffe liefert. Nach der Lektüre werden Sie erkennen: Es ist nicht selbstverständlich, dass Sie Ihre Tiefkühl-Pizza zum Discountpreis erhalten.

Pizza Globale

Multinationale Konzerne geben heute die Trends in der Nahrungsmittelerzeugung vor. Auch die Rohstoffbeschaffung erfolgt immer öfter international, wobei niedrige Preise als eines der Hauptargumente dienen. Die Produktion unseres Essens wird zunehmend globaler, und die Annäherung von Schwellenländern wie Indien oder China an westliche Ernährungsgewohnheiten gilt als Milliardenmarkt für die Industrie.

Um aufzuzeigen, dass viele Probleme der Nahrungsmittelherstellung heute rund um den Globus Gültigkeit haben, habe ich mich für die Geschichte eines wahrhaft globalen Nahrungsmittels entschieden: die Pizza. Sie ist wohl das am weitesten verbreitete Fast Food der Welt, noch vor dem Burger. Bei zahlreichen Reisen, egal ob als Journalist oder privat, stieß ich auf den runden Teigfladen. Ob in Italien oder Deutschland, in den USA oder in Japan, Indonesien oder Iran: Eine Pizza auf der Speisekarte war immer irgendwo anzutreffen.

Auch Zustell- und Fertig-Pizza erfreuen sich weltweit steigender Beliebtheit, obwohl Pizza eigentlich jeder Laie zubereiten könnte. Dies verdeutlicht die Änderung der Ernährungsgewohnheiten in einer urbaner werdenden Welt. Egal, ob für den großen oder den kleinen Hunger, im Restaurant, im Fast-Food-Laden, der Imbissbude oder im Tiefkühlfach zu Hause: Pizza ist immer für uns da, wenn wir wenig Zeit zur Nahrungszubereitung haben.

Carol Helstosky, Geschichtsprofessorin an der University of Denver, hat in ihrem Buch *Pizza – A Global History* den Aufstieg vom Arme-Leute-Essen zu unserem Lieblings-Fast-Food aufgeschrieben: Die Ursprünge der Pizza dürften um das 18. Jahrhundert in den Armenvierteln von Neapel angesiedelt sein. Basierend auf den schon zuvor beliebten dünnen, gesalzenen Brotfladen wurde Pizza für die Armen eine kostengünstige

Mahlzeit, die man auch auf der Straße verzehren konnte. 1734 soll die Vermählung zwischen Pizzabrot und Tomaten stattgefunden haben, die Namen der Pizzerien dieser Zeit sind noch heute überliefert: Zi'Ciccio, Ntuono, Capasso oder Da Pietro, aus der später die Pizzeria Brandi wurde. Dort wurde 1889 zu Ehren der Königin Margherita von Italien die Pizza Margherita erfunden – mit Tomaten, Mozzarella und Basilikum als Hommage an die neuen italienischen Landesfarben.[3]

Mit der Migration von Süditalienern nach Norden breitete sich das Gericht aus, und die nach dem Zweiten Weltkrieg in Italien stationierten Soldaten halfen beim internationalen Kennenlernen. Migrationsbewegungen der Italiener nach Europa und den USA sowie der aufkeimende Tourismus machten die Pizza weltweit bekannt.

So sorgte auf der anderen Seite des Atlantiks laut Helstosky der amerikanische Geschäftssinn für die Ausbreitung des italienischen Teigfladens. 1905 eröffnete Gennaro Lombardi im zukünftigen Little Italy in New York die erste Pizzeria der USA.[4] Von New York breitete sich das Gericht mit den italienischen Migranten langsam über Nordamerika aus, wobei die Pizza immer den regionalen Vorlieben angepasst wurde. 1943 eröffnete Ike Sewell die Pizzeria Uno in Chicago – sein Rezept mit dickerer Kruste und mehr Belag wurde zum Renner.

In den 1950ern eroberten laut Helstosky zwei kulinarische Trends die USA: jener für neues, fremdes Essen, genannt Ethnic Food, und der Wunsch nach immer mehr Convenience. Das Wort steht auch heute noch für Bequemlichkeit im Bereich der Nahrung, wo Fertiggerichte und vorgefertigte Zutaten wie Saucen oder Beilagen Zeitersparnis versprechen. Damals förderte der Trend die Zunahme von Tiefgekühltem und Fertig-Backmischungen. Die Ausbreitung des Fernsehens veränderte die Dinnergewohnheiten der Amerikaner, schließlich wollte man nicht durch Kochen Wichtiges versäumen.

Pizza vereinte beide Trends. 1960 gründeten Tom und James Monaghan in Ypsilanti, Michigan eine Pizzeria. Bald konzentrierten sie sich darauf, die warmen Teigfladen auch nach Hause zu liefern. Ihr Ruf eilte ihnen voraus, und so eroberten sie zunächst eine Universitätsstadt nach der anderen. Domino's war geboren. Ähnliche Erfolge feierte etwa zur gleichen Zeit ein Pizza-Restaurant in Wichita, Kansas: Pizza Hut. Die Idee, immer gleiches Essen in familienfreundlichen Restaurants anzubieten, ging auf: Heute gibt es rund 10 000 Pizza-Hütten auf der Welt.

Der Siegeszug der Pizza war deshalb so erfolgreich, weil sie sich für jeden Anlass eignet: Pizza ist ideal für ein romantisches Candle-Light-Dinner, für einen geselligen Party-Abend, für einen schnellen Snack oder zum bequemen Futtern vor dem Fernseher. Pizza passt nicht nur zu jeder Gelegenheit, sondern auch bei jedem Geschmack. Standardisierte Pizza sieht überall auf der Welt gleich aus. Das gibt Sicherheit, denn man weiß, was man bekommt. Gleichzeitig versuchte jedes Land und oft auch jede Pizzeria, ausgehend vom Standard, seine kulinarischen Eigenheiten einfließen zu lassen. Und so kommt es, dass es Pizza mit Speck ebenso gibt wie die japanische Pizza-Tüte, die einer Eis-Tüte ähnelt.

Den wahren Globalisierungsschub verdankt die Pizza neben ihrer Wandlungsfähigkeit vor allem dem Vermarktungsgeschick der Amerikaner: »Amerikanische Innovationen in Franchising und Marketing, gepaart mit einem recht liberalen Anspruch bei der Zubereitung, gaben den Schwung für den globalen Erfolg der Pizza«, glaubt Historikerin Helstosky.[5] Ein gewisses Streben nach Gewinnen hätte den Rest erledigt, meint sie. Der Grundstein für den globalen Siegeszug war gelegt: Seit 1988 dürfen sich die Chinesen, seit 1990 auch die Russen über offiziell zugelassene Pizza-Ketten freuen. In Europa versuchten zuletzt Restaurant-Ketten wie die britische Pizza Express oder die deutsche

Vapiano, die Pizza wieder aus der Fast- Food-Schmuddelecke zu holen – mit einigem Erfolg.

Die Kosten für die Herstellung einer Pizza sanken parallel zum weltweiten Siegeszug: »Wie viele andere Nahrungsmittel ist Pizza günstig aufgrund von Veränderungen in der Lebensmittel-Technologie, der Landwirtschaft, im Transport und dank Franchise-Konzepten«, schreibt Helstosky.[6] Und aufgrund von billigen Arbeitskräften, ergänzt Autor Eric Schlosser: »Die knapp 3,5 Millionen Fast-Food-Arbeiter sind die bei weitem größte Gruppe der Mindestlohn-Bezieher in den USA. Die einzigen Amerikaner, die noch einen geringeren Stundenlohn haben, sind die Farmarbeiter.«[7] Doch wie Sie noch lesen werden, tragen auch diese einen Teil zu Ihrer kostengünstigen Pizza bei.

Erfolgsstory Tiefkühl-Pizza

Der weltweite Erfolg von Pizza ist nicht nur der raschen Expansion von Pizza-Ketten zu verdanken. Zum einen etablierten sich weltweit Pizza-Restaurants, zum anderen trat der Expansion von Domino's, Pizza Hut und Co. im Laufe der Zeit ein gewichtiger Konkurrent entgegen: die Tiefkühl-Pizza. In den 1950ern gab es in den USA die ersten Patente für Tiefkühl-Pizza, und Tiefkühlgeräte kamen langsam in die US-Haushalte. Die Pizza-Hersteller experimentierten kräftig drauflos: Tomaten wurden von Tomatensauce abgelöst, und geriebener Pizza-Käse setzte sich als alles fixierende Zutat am Ende durch. Weniger von Erfolg gekrönt waren Experimente wie Pizza mit gebackenen Kartoffeln und Sour-Cream oder süße Varianten mit Mozzarella, Zucker, Zimt und Bananen.[8]

Die Verbreitung von Tiefkühlgeräten trug massiv zur Ausbreitung von Tiefkühl-Pizza bei. Immer mehr Menschen wollten das schnelle, unkomplizierte Essen zu Hause genießen. Unternehmer wie Pep und Ron Simek freute das: Ab 1962 belieferten sie unter dem Namen Tombstone Bars Tankstellen und Tante-Emma-Läden mit ihren Tiefkühl-Pizzen. Das Unternehmen wuchs kräftig. Mitte der 80er besaßen die Simeks die größte Tiefkühl-Pizza-Fabrik in den USA und setzten mehr als 100 Millionen Dollar jährlich um, bis sie das Unternehmen an einen der weltgrößten Lebensmittelkonzerne, Kraft Foods, verkauften.[9]

Auch in Europa feierte der kalte Teigfladen ähnliche Erfolge. In Deutschland startete 1941 die Serienproduktion von Tiefkühltruhen für den Einzelhandel, 1955 wurde Tiefkühlkost erstmals auf der wichtigsten deutschen Nahrungsmittelmesse Anuga ausgestellt.[10] Von da an ging es mit dem Tiefkühlkonsum bergauf: Verspeisten die Deutschen 1978 gerade einmal 13,7 Kilogramm Tiefkühlkost pro Jahr, so lag der Pro-Kopf-Konsum 2008 bei stolzen 39 Kilogramm.[11] Die erste Tiefkühl-Pizza wurde 1970 von Dr. Oetker auf den deutschen Markt gebracht, heute buhlen mehrere große Anbieter um hungrige Käufer. Der Markt wächst rasant: Mit einem Plus von 83 Prozent übertraf das Segment Tiefkühl-Pizza zwischen 1998 und 2008 fast alle anderen Produktgruppen um Längen. Nach Tiefkühl-Fertiggerichten und Gemüse war die Tiefkühl-Pizza im deutschen Lebensmittelhandel 2008 die drittstärkste Tiefkühl-Produktgruppe. Und in Zahlen ausgedrückt: 2008 wanderten über 245 000 Tonnen Tiefkühl-Pizza über das Laufband deutscher Supermarktkassen.[12] Bei einem Pro-Kopf-Verzehr von neun Stück pro Jahr entspricht das rund 800 Millionen Stück gefrorener Teigfladen.[13]

Den Markt in Deutschland dominieren heute Dr. Oetker, Wagner und der Handelsmarken-Hersteller Freiberger, die auch im übrigen Europa stark vertreten sind. Der größte Tiefkühl-Pizza-Hersteller der Welt kommt laut eigenen Angaben aber aus der Schweiz: Mit dem Kauf der US-Tiefkühl-Pizza-Sparte vom Konkurrenten Kraft Foods im Jahr 2010 stieg der weltgrößte

Nahrungsmittelkonzern Nestlé auch zum größten Pizza-Bäcker der Welt auf, der mit Tiefkühl-Pizza weltweit mehr als 2,1 Milliarden Euro erlöst.[14]

Der globale Siegeszug der Tiefkühl-Pizza freut zwar die Nahrungsmittelkonzerne, in anderen Teilen der Welt verursacht er aber Magenschmerzen. Wohl auch angesichts der wachsenden Konkurrenz durch die Tiefkühlware gründeten Pizza-Bäcker und Pizza-Fans in Neapel 1984 die Associazone Verace Pizza Napoletana (Vereinigung Echte Pizza Napoletana), die heute Tausende Mitglieder auf der ganzen Welt hat. Ihr Ziel: Die neapolitanische Version einer dünnen, handgemachten Pizza mit wenigen erlesenen Zutaten zum Maßstab aller Dinge in der Pizza-Welt zu machen und so die Pizza-Kultur weltweit wieder zu verbessern. »Wir bekämpfen niemanden, wir wollen nur unsere alten Traditionen bekräftigen«, meinte Initiator Antonio Pace anlässlich der Gründung 1984. »Aber wir sind gegen die kulturelle und kommerzielle Deformation unserer Pizza und gegen ihre Industrialisierung. Tatsächlich haben ready-to-eat- und im Supermarkt verkaufte Tiefkühl-Pizzen nichts zu tun mit einer originalen Pizza.«[15]

Vom Sattmacher zum Dickmacher

Milliardenschwer und kräftig wachsend: Die Entwicklung des Tiefkühl-Pizza-Marktes steht beispielhaft für die gestiegene Bedeutung von industriell hergestellten Lebensmitteln für unsere Ernährung. 2007 machte die deutsche Ernährungsindustrie einen Umsatz von 146,8 Milliarden Euro.[16] Damit ist sie der viertgrößte deutsche Gewerbezweig.

Doch was brachte uns eigentlich dazu, vermehrt zu den Produkten der Lebensmittelindustrie zu greifen? Früher war Essen ein gesellschaftliches Ereignis. Ein- bis zweimal am Tag versammelte sich die Großfamilie um den Tisch, nicht selten nach schwerer körperlicher Arbeit. Das Essen, oft aus dem eigenen Garten, kam in großen Schüsseln, Pfannen oder Töpfen auf den Tisch, das Portionieren übernahm meist die Köchin.

In Zeiten, in denen Arbeits- und Lebensraum meist getrennt sind, ist dies nicht mehr möglich. Zu Mittag essen wir schnell eine Kleinigkeit am Arbeitsplatz. Büromenschen verdrücken im Idealfall Salat, oft aber auch Mikrowellenessen vor dem Bildschirm. Arbeiter gönnen sich mittags schnell eine Wurst und ein Bier. Kommen wir abends müde nach Hause, fehlt uns meist die Lust zum Kochen: Wenig Mühe soll es machen, schnell soll es gehen – denn der Hauptabendfilm wartet. Zustell- oder Tiefkühl-Pizza, schnell was vom Asiaten, Würstchen oder ein Convenience-Gericht (fast immer mit Fleisch) sind die Lösungen.

Ab und zu ist das völlig befriedigend und auch gesundheitlich in Ordnung. Ernähren wir uns aber regelmäßig so, ergibt sich langfristig ein Problem: Wir verzichten auf Gesundes und Frisches, futtern stattdessen viel Fett, Salz, Zucker und Weizenmehl in uns hinein. Wir merken es kaum, sind wir doch meist vom Fernsehen abgelenkt und schauen nur kurz auf den Teller, wenn er leer ist. So überlassen wir der Lebensmittelindustrie oftmals nicht nur die Entscheidung, was wir essen – sondern auch, wie groß die Portion sein soll.

Ausgewogen ist diese Ernährung aber nur bei den allerwenigsten Konsumenten. In der Nationalen Verzehrsstudie II ließ das deutsche Bundesministerium für Ernährung, Landwirtschaft und Verbraucherschutz zwischen 2005 und 2007 eine der größten Untersuchungen im europäischen Raum zu diesem Thema durchführen. Rund 20 000 Deutsche im Alter von 14 bis 80 Jahren wurden über ihre Ernährungsweisen befragt, teilweise gewogen, und ihr Gesundheitszustand wurde festgestellt. »Die Energiezufuhr der untersuchten Personen entspricht im Wesentlichen einer Energiezufuhr für niedrige körperliche Aktivität«, erklärt mir Mitautorin Carolin Krems vom Karlsruher Max Rubner-Institut (MRI). »Aber das Verhältnis der Hauptnährstoffe passt nicht.« Zusammenfassend könne man sagen: »Deutschland isst zu fett und nimmt gleichzeitig zu wenig Kohlenhydrate und Ballaststoffe im Vergleich zu den Empfehlungen zu sich.«

Betrachtet man die Details der Studie, spiegelt sich der verstärkte Konsum stark verarbeiteter Lebensmittel auch in der Nährstoffbilanz der Untersuchten:

- Etwas weniger als die Hälfte der täglichen Energiezufuhr kommt aus Kohlenhydraten, davon stammt wiederum die Hälfte aus Mono- bzw. Disacchariden – also Zucker.
- Mit mehr als 30 Prozent liegt der Anteil von Fett an der Energiezufuhr bei beiden Geschlechtern oberhalb der empfohlenen Menge. Männer verzehren doppelt so viel Fleisch und Wurstwaren wie Frauen und weisen daher in allen Altersgruppen eine erhöhte Cholesterinzufuhr auf.
- Während viel Weißbrot, Fettes und Süßes gefuttert wird, ist man bei Gesundem eher nachlässig: 87,4 Prozent der Befragten essen weniger als die empfohlenen 400 Gramm Gemüse pro Tag, 59 Prozent erreichen nicht die empfohlenen 250 Gramm Obst täglich.
- Die Zufuhr an Ballaststoffen liegt sowohl bei Männern als auch Frauen unter der empfohlenen Menge von 30 Gramm pro Tag.
- Die Zufuhr von Natrium, Kalium, Magnesium und Zink liegt über den empfohlenen Werten – was unter anderem auf überhöhten Salzkonsum zurückzuführen ist.
- Gleichzeitig werden dem Körper zu wenig Vitamin D, Jod, Folsäure und (bei Frauen) Calcium zugeführt.[17]

Die Folge dieser Ernährung: Zwei Drittel aller deutschen Männer und 50,6 Prozent der Frauen sind übergewichtig. Mit diesem Problem ist Deutschland nicht allein. Laut WHO ist die Entwicklung in vielen Teilen der Welt ähnlich verlaufen: »Erhöhter Konsum von energiereicher, aber nährstoffarmer Ernährung mit hohen Anteilen von Zucker und gesättigten Fetten, kombiniert mit reduzierter körperlicher Aktivität, hat zu Fettleibigkeits-Raten[18] geführt, die sich in Nord-Amerika, England, Osteuropa, dem Mittleren Osten, den Pazifischen Inseln, Australien und China seit 1980 mindestens verdreifacht haben«, schreibt die Behörde in einem Dokument zur Fettleibigkeit.[19] Die Zunahme wäre in Schwellenländern oft größer als in Industrieländern. Steigende Einkommen und Verstädterung würden laut WHO dazu führen, dass Ernährung, die auf komplexen Kohlenhydraten basiert, durch höhere Anteile an gesättigten Fetten und Zucker ersetzt wird. Gleichzeitig gäbe es einen Wechsel hin zu körperlich weniger anstrengender Arbeit und der häufigeren Benutzung von Transportmitteln.

Fazit: »Die aufkeimende Epidemie [des Übergewichts] spiegelt die grundlegenden Änderungen in der Gesellschaft und im Verhaltensmuster von Gemeinschaften über Jahrzehnte wider«, meint die WHO: »Wirtschaftswachstum, Modernisierung, Verstädterung und Globalisierung der Märkte für Nahrungsmittel sind einige der Kräfte, die hinter dieser Epidemie stecken dürften.«[20] Insgesamt schätzt die Behörde, dass weltweit mehr als eine Milliarde Menschen übergewichtig sind. Bei mindestens 300 Millionen davon wurde Fettleibigkeit festgestellt.[21]

Essen, das krank macht

Unterversorgung mit Nahrungsmitteln ist in Industriestaaten kaum noch bekannt. Während andernorts noch immer Millionen Menschen mangelernährt sind, futtern wir uns mit Produkten der Nahrungsmittelindustrie gemütlich den Zivilisationskrankheiten entgegen. Denn die moderne Ernährung macht uns nicht nur dick – auf Dauer macht sie viele von uns mit hoher Wahrscheinlichkeit auch krank.

»Fettleibigkeit und Übergewicht stellen einen starken Faktor für chronische Krankheiten wie Typ-2-Diabetes, Herz- und Gefäßkrankheiten, Bluthochdruck, Schlaganfall und bestimmte Formen von Krebs dar«, heißt es im WHO-Dokument zur Fettleibigkeit. Auch Probleme mit der Atmung, mit den Gelenken oder der Haut, ein erhöhtes Risiko für Unfruchtbarkeit, Gallensteine und Brust-, Darm-, Prostata-, Gebärmutter-, Nieren- und Gallenkrebs werden mit Übergewicht in Verbindung gebracht.[22]

Langfristig schadet unausgeglichene Ernährung nicht nur dem Körper: Studien zeigen, dass auch die Psyche negativ beeinflusst werden kann. 2009 vermeldeten britische Forscher, dass schlechtes Essen depressiv mache. Die Forscher vom University College London untersuchten 3500 Beamte, von denen sich ein Teil ausgewogen ernährte, der andere hingegen hauptsächlich zu Frittiertem, verarbeitetem Fleisch, fettreichen Milchprodukten und süßen Snacks griff.[23] Ergebnis: Bei den Anhängern der schnellen Küche war das Depressionsrisiko um 58 Prozent höher als bei der Vergleichsgruppe.

Laut einer australischen Studie kann der dauerhafte Konsum von fetter Kost sogar negative Auswirkungen auf die Laune haben. 2009 führten Ernährungsforscher aus Adelaide mit 100 stark übergewichtigen Teilnehmern eine Diätkur durch. Ergebnis: Sowohl die Mitglieder der Gruppe, die auf Kohlenhydrate verzichtete, als auch jene, die auf Fett verzichtete, verloren durchschnittlich 14 Kilo. Aber: Nur bei den Fettvermeidern erwies sich die damit einhergehende Verbesserung der Laune auch als dauerhaft.[24]

Angesichts der zahlreichen negativen Folgen von schlechter Ernährung stellt sich mir die Frage: Warum essen wir dann weiter vor allem ungesunde Dinge? Die Antwort ist einfacher, als Sie denken: Weil es uns schmeckt – und kurzfristig glücklich macht. Gehirnforscher Micah Murray vom Universitätsspital Lausanne in der Schweiz stellte bei Tests fest, dass wir innerhalb von 200 Millisekunden den Nährwert einer Speise wahrnehmen.[25] Bei Pizza oder Schokolade stellten die Forscher einen viel stärkeren Ausschlag im EEG fest als bei gesunden Lebensmitteln – unser Hirn fühlt sich also durch Fettes oder Süßes stärker belohnt als durch Gesundes. Beides ist in stark verarbeiteten Lebensmitteln häufig vertreten.

Der hohe Fettanteil lässt im Gehirn Abhängigkeiten entstehen, ist der US-Forscher John Hoebel von der Princeton University überzeugt.[26] Er glaubt, in einer Studie an Mäusen 2003 bei Fettreduzierung ähnliche Entzugserscheinungen wie bei Nikotin- oder Morphinentzug beim Menschen festgestellt zu haben.[27] Neurologin Ann Kelley von der Wisconsin Medical School unterstützt diese These: »Eine salzhaltige, süße und fette Nahrung hat Ratten auf diese Nahrungskomponenten süchtig gemacht.« 2010 bestätigten auch die US-Forscher Paul Kenny und Paul Johnson vom Scripps Research Institute die These anhand einer Fütterungsstudie: »Die Studie zeigt, dass übermäßiger Konsum von kalorienreicher Nahrung suchtähnliche Reaktionen im Gehirn auslösen und Junk-Food-Ratten in zwanghafte Esser verwandeln kann.«[28] Als Grund vermuten die Forscher, dass mit dem Schlemmen eine Woge des Glückshormons Dopamin das Gehirn durchspüle. Eine Umstellung der Ernährung fällt daher schwer: Nachdem die Forscher die Ratten mit Würsten, Kuchen und Speck gemästet hatten, strichen sie das fette Essen und setzten die Tiere auf eine Salat- und Gemüsekost. Den Tieren passte das gar nicht: Sie hungerten daraufhin lieber.

Junk Food, wie ungesundes Essen oft genannt wird, scheint uns kurzfristig glücklich zu machen. Langfristig belastet die einseitige Ernährung mit schlechtem Essen aber nicht nur die körperliche und geistige Gesundheit jedes Einzelnen, sondern auch die knappen Staatskassen. Denn die Therapie all der angeführten Krankheiten und Probleme – sofern es überhaupt eine gibt – kostet viel Geld. »Fettleibigkeit verursacht zwischen zwei und sechs Prozent der gesamten Gesundheitskosten in manchen Industrieländern«, schätzt die WHO.[29] Eine Hochrechnung auf die EU-25 auf Basis der Wirtschaftsleistung von 2005 ergab Kosten in Höhe von 40,5 Milliarden Euro jährlich. Rechnet man die durch Übergewicht verursachten Krankheitskosten hinzu, erhöht sich die Summe auf 81 Milliarden Euro pro Jahr.[30]

Diese Kosten tragen aber nicht die Hersteller von fettem und ungesundem Essen; auch nicht die Konsumenten, die übermäßig viel davon zu sich nehmen. Tragen müssen diese Kosten wir alle, die Steuerzahler. »Externe Effekte« nennt das die Volkswirtschaftslehre, wenn Verhaltensweisen Kosten verursachen, die jemand anderer zu tragen hat. Wie wir noch sehen werden,wird die Produktion unserer Nahrungsmittel durch viele unterschiedliche Ausprägungen dieser Effekte beeinflusst. Erste Überlegungen, diese Entwicklung zu korrigieren, gibt es bereits. Doch Bestrebungen von Ländern wie Rumänien oder Taiwan, auf ungesundes Essen eine Art »Fast-Food-Steuer« zu erheben, sind derzeit wohl eher auf die Suche nach Einnahmequellen für angespannte Budgets als auf den politischen Willen zurückzuführen, dass wir alle künftig weniger Tiefkühl-Pizzen verzehren und uns gesünder ernähren.

Auswirkungen auf die Landwirtschaft

Kein Mensch würde von sich behaupten, sich absichtlich schlecht zu ernähren. In erster Linie wollen wir leckere Dinge essen, die nicht zu viel kosten. Auch schnell soll es gehen, der Zubereitungsaufwand gering sein. Wir sind eine Fast-Food-Generation, die unter Zeitdruck rasch ihren Hunger stillt – wenn möglich mit etwas Gesundem. »Essen verliert an Wertschätzung im Vergleich zu anderen Aktivitäten«, sagten die Marktforscher der Agentur Rheingold 2009 voraus. Die Tagesabläufe würden immer fragmentierter, Snacks würden die festen Mahlzeiten zunehmend ersetzen.[31]

Diese Trends werden die Bedeutung der Lebensmittelindustrie für unsere Ernährung weiter steigern. Vor allem die großen Konzerne werden davon profitieren: Nestlé, Kraft Foods, Unilever und Co. stecken jährlich viele Millionen in die Entwicklung neuer Produkte, die diesen Trends Rechnung tragen. Wer nicht mit Innovationen im Regal punktet, droht auf der Strecke zu bleiben.

Die Landwirtschaft als Rohstoffproduzent sieht sich damit einer immer größer werdenden Marktmacht der Konzerne gegenüber, die in den Händen weniger Einkäufer konzentriert ist. Weil wir Konsumenten für Essen immer weniger ausgeben wollen, ist die internationale Suche nach billigeren Rohstoffen der verbleibende Weg, um die Gewinnerwartungen der Konzernlenker und ihrer Anleger an den Börsen einigermaßen zu erfüllen.

Wenn sich auch die Produktionsbedingungen in der Landwirtschaft international unterscheiden, so sind doch die Produkte dieselben. Mais, Weizen, Soja, Schweine- und Geflügelfleisch: Die internationalen Rohstoffbörsen und die großen Händler geben die Qualität vor, damit Bauern weltweit die wenigen standardisierten Grundbausteine für die Erzeugung unserer Nahrung liefern.

Regionale Sorten, kleinteilige Strukturen und die Adaption an lokale Geschmäcker sind in der industriellen Herstellung meist wenig gefragt, Uniformität lautet das Schlagwort: Denn je größer die gekauften Mengen, je konstanter die Fließbänder rennen, desto größer sind in der Industrie die sogenannten Economies of Scale, also das Einsparpotential der Größe. Heißt: Wer in größeren Mengen einkauft, kann niedrigere Preise zahlen und größere Gewinne erzielen.

Rund um die Welt wird daher auch in der Landwirtschaft daran gearbeitet, die Unsicherheiten der Natur auszuschalten und eine konstant hohe Qualität der Nahrungsprodukte zu garantieren. Zwar lässt die Natur große und kleine, dicke und dünne Kartoffeln wachsen – doch bei McDonald's sollen mindestens zwei Drittel der Pommes in der Tüte gleich lang sein. Der Hang zur Vereinheitlichung begünstigt naturgemäß Riesenfarmen und Monokulturen: Lieber ein zentraler Lieferant mit konstanter Qualität als zehn Bauern mit unterschiedlichen Kartoffelsorten. Reichen die verfügbaren Mengen nicht aus, kommt der Lieferant eben aus dem Nachbarland. Ist dessen Preis nicht günstig genug, vielleicht gar vom anderen Ende der Welt.

Preisverfall bei den Transportkosten und politische Entscheidungen, die Zölle und Einfuhrbeschränkungen abzubauen, um durch verstärkten Handel die Wirtschaft zu beleben, machen dies möglich. Indirekt wird daher die Milchfarm in Neuseeland zum Konkurrenten des bayrischen Almbauern, und der Getreidebauer aus dem Alpenvorland erhält den gleichen Weltmarktpreis wie sein Kollege in Russland.

»Der internationale Handel mit landwirtschaftlichen Erzeugnissen wird zunehmend in globalen Ketten organisiert, bei denen nur mehr einige wenige transnationale Großaufkäufer (Handelsgesellschaften, industrielle Verarbeiter und Unternehmen, die sich auch in der Erzeugung betätigen) die Märkte beherrschen«, heißt es dazu im 2008 veröffentlichten Weltagrarbericht.[32] Weltweit haben 400 Experten für den von der UN-Wissenschaftsorganisation UNESCO und der Weltbank initiierten Weltagrarrat die Lage der globalen Landwirtschaft untersucht. Für die Bauern fiel das Ergebnis nicht sehr positiv aus: »In diesen globalisierten Strukturen können die eigentlichen Produzenten oft nur einen kleinen Anteil des internationalen Preises eines

Massenguts ergattern«, schreiben die Forscher, »deshalb hat sich ein Einfügen in globale Nachschubketten für Lebensmittel alles andere als optimal auf Armutsminderung und die Entwicklung ländlicher Räume ausgewirkt.«

Der globale Handel mit austauschbaren Agrargütern setzt Bauern in Konkurrenz, die unter oftmals total unterschiedlichen Bedingungen wirtschaften: Zum einen haben sie unterschiedliche natürliche Voraussetzungen wie Boden oder Klima, sie brauchen unterschiedlich viel Geld zum Leben, und sie erhalten unterschiedlich hohe finanzielle Förderung von der Politik: Kleinbauern in Europa klagen über die Billigmilch aus Neuseeland, mexikanische Bauern klagen über die subventionierten Maispreise in den USA. Und alle klagen über die mangelnde Verhandlungsmacht den großen Abnehmern gegenüber.

Im Endeffekt hängt die Landwirtschaft aber massiv von der Politik ab, die die Rahmenbedingungen für das Bewirtschaften der Felder und Höfe vorgibt. Die Politik regelt, wie viel Förderungen die Bauern erhalten, wie hoch ihre (meist recht geringe) Steuerlast ausfällt, mit welcher ausländischen Billigkonkurrenz sie es zu tun bekommen. Die politischen Machthaber müssen sich dabei entscheiden: Halten sie sich strikt an die schon im 19. Jahrhundert von David Ricardo – einem bedeutenden Ökonomen und einem der ersten Kämpfer für freien Handel – aufgestellte Idee, müssten die Industrieländer von heute auf morgen ihre Landwirtschaft aufgeben: Laut der Theorie der komparativen Kostenvorteile sollte jenes Land ein Gut erzeugen, das es am günstigsten produziert. Die anderen Länder sollten in anderen Produktgruppen dasselbe machen. Dadurch, dass beispielsweise Deutschland Nahrungsmittel billiger importiert als selbst erzeugt, könnte es zum Beispiel die frei werdenden Kapazitäten für die effiziente Produktion von noch mehr Autos einsetzen und diese günstig exportieren. Der weltweite Nutzen wird so maximiert.

So weit die Theorie, doch in der Praxis müssen wir uns die Frage stellen: Wollen wir die weitgehende Selbstversorgung mit Nahrungsmitteln aufgeben und uns von Ländern mit fragwürdigen politischen Strukturen und globalen Konzernen mit Gewinnmaximierungsabsichten abhängig machen? Die Politik ist bemüht, einen Mittelweg zu finden, doch auch der verursacht zahlreiche Probleme. Der zunehmende Abbau von Beihilfen und die zunehmende Heranführung der Landwirtschaft an die Marktgegebenheiten werden wohl nur zwei Gewinner sehen: große Betriebe, die immer größer werden, und Spezialisten, die sich immer besser verkaufen.

Über die erste Gruppe werde ich später noch schreiben, zu den Spezialisten hier noch ein Gedankengang: Konsumenten, die regionale Lebensmittel essen, keine Chemie auf ihrem Obst haben möchten und auch ethisch bewusst leben wollen, gab es wohl schon immer. Seit den 1980ern wurde daraus eine kleine Bewegung, die immer erfolgreicher wird: Bio lautet das Schlagwort, und der Erfolg könnte gleichzeitig sein Untergang werden. Weil immer mehr Menschen Bio kaufen, gibt es zu wenige lokale Lieferanten.

Die Handelskonzerne wollen auf das gute Geschäft nicht verzichten – und suchen sich in fernen Ländern wie China Hersteller von Bioäpfeln. Die kauft der europäische Konsument dann im Supermarkt, um sein Umweltgewissen zu beruhigen, zu deutlich höheren Preisen. Die Absurdität der gesamten Entwicklung: In den 1960ern gab man Geld aus, damit man moderne, verarbeitete Lebensmittel bekam, die modernen Ernährungsgewohnheiten entsprachen. Die Lebensmittelindustrie half gerne. Heute greift jeder, der es sich leisten kann, zu Bioprodukten – und zahlt gutes Geld dafür, dass die Produkte wieder so unbearbeitet sind wie vor hundert Jahren.

ZUTATEN FÜR EINEN ERFOLG

Was steckt in meiner Tiefkühl-Pizza?

Wie werden Nahrungsmittel heute hergestellt? Als Journalist erhielt ich im Laufe der Zeit einige Einladungen zu Betriebsbesichtigungen und kann mir zu der Frage heute einigermaßen ein Bild machen. Dieses Bild möchte ich mit Ihnen teilen. Generell kann man sagen, man braucht einige standardisierte Rohstoffe, eine automatisierte Produktion, eine Prise Chemie und viel Werbung.

Als ich mir zum ersten Mal diese Frage stellte, aß ich gerade eine Tiefkühl-Pizza und dachte vor allem an die zahlreichen negativen Gesundheitsaspekte, die dem industrialisierten Essen zugeschrieben werden. Um zu erfahren, was in meiner Tiefkühl-Pizza steckte, fischte ich die Verpackung meiner Salami-Pizza aus dem Altpapier.

Zuerst studierte ich den Nährstoffgehalt: Ich hatte mit dieser Pizza 40 Prozent meines täglichen Kalorienbedarfs, 76 Prozent der empfohlenen Menge an gesättigten Fettsäuren und sogar 112 Prozent meines täglichen Natriumbedarfs konsumiert, während ich vor dem Fernseher saß. Noch eine Tüte Chips hinzu, und der Salzgehalt in meinen Adern hätte mit dem Wasser im Toten Meer konkurrieren können.

Auf der Rückseite der Verpackung fand ich kleingedruckt die Zutatenliste:

- Weizenmehl
- 20 Prozent zerkleinerte Tomaten
- Wasser

- 12 Prozent Salami
- 7,5 Prozent schnittfester Mozzarella
- 7,5 Prozent Edamer
- jodiertes Speisesalz
- pflanzliches Öl
- Olivenöl nativ extra
- modifizierte Stärke
- Backhefe
- Gewürze: Oregano, Basilikum, Petersilie, Knoblauch, Rosmarin
- Laktose
- Maltodextrin

14 Zutaten für eine kühle Pizza. Ich überlegte: Woher kamen all die Zutaten? Wohl kaum von Bauern aus der Region. Der Pizza-Hersteller musste eine Reihe von Zulieferern haben. Ganz sicher eine große Mühle, einen Produzenten von Tomatenmark, einen Hersteller von Wurstwaren, eine Käserei. Auch woher Salz, Öl, Hefe, Gewürze kommen, konnte ich mir noch vorstellen. Doch wer produzierte modifizierte Stärke, Laktose, Maltodextrin? Was war das überhaupt? Das klang doch alles sehr chemisch. Ich hatte keine Ahnung von ihren Eigenschaften und ihrer Funktion in meiner Pizza. Also beschloss ich, mehr darüber herauszufinden.

Die Industrie braucht Chemie

Modifizierte Stärke, Laktose, Maltodextrin und viele andere chemische Zusatzstoffe machen die Produktion von Nahrung am Fließband sowie deren Vertrieb über die Supermärkte erst möglich.

Um die Natur auszutricksen, dürfen heute rund 320 verschiedene Zusatzstoffe eingesetzt werden. Sie alle sind bei der EU in einer Positivliste registriert. Viele weitere haben es aufgrund von Gesundheitsbedenken bislang nicht in diese Liste geschafft. Die EU definiert Zusatzstoffe als »ein Stoff mit oder ohne Nährwert, der in der Regel weder selbst als Lebensmittel verzehrt noch als charakteristische Lebensmittelzutat verwendet wird und einem Lebensmittel aus technologischen Gründen ... zugesetzt wird, wodurch er selbst oder seine Nebenprodukte (mittelbar oder unmittelbar) zu einem Bestandteil des Lebensmittels wird oder werden kann.«[33] Alle zugelassenen Stoffe wurden mit einer E-Nummer (E für essbar/edible) versehen; was dahintersteckt, bleibt für Konsumenten meist ein Rätsel.[34]

Einen besonderen Stellenwert nehmen Konservierungsstoffe ein. Sie verlängern die Haltbarkeit und bremsen die Ausbreitung von Bakterien und Pilzen. Antioxidantien helfen hier ebenso. Sie verzögern die Reaktion von Lebensmitteln mit Sauerstoff. Erst ihre Erfindung hat das Entstehen von großen Nahrungsmittelindustrien ermöglicht. Früher mussten Speisen möglichst frisch verzehrt werden, da sie sonst vergammelten. Heute hält mein Energy-Drink mindestens zwei Jahre. Bei den Herstellern entscheidet nicht mehr die Haltbarkeit der Lebensmittel über die Eroberung neuer Märkte, sondern hauptsächlich die Kosten für Transport und Vermarktung. Die Supermärkte freuen sich über ausreichend Zeit für ihr Lagermanagement, ohne dass der Konsument abgelaufene Ware entdeckt.

Grundsätzlich finden sich im Lebensmittel-Chemiebaukasten derzeit 26 verschiedene Funktionsgruppen: Sie reichen von Antioxidanz- bis Verdickungsmittel. Auf www.zusatzstoffe-online.de, einer Plattform der Verbraucher-Initiative, ist ihr Einsatzspektrum nachzulesen. Farbstoffe beispielsweise dienen der Verschönerung, damit öde Lebensmittel Frische oder Süße suggerieren. Emulgatoren helfen, dass sich Wasser und Öl, die sich sonst kaum mischen, zu einem cremigen Brotaufstrich vermengen. Damit sich das Gemisch im Laufe der Zeit nicht wieder trennt, gibt man noch Stabilisatoren dazu. Abhängig von der gewünschten Konsistenz bieten sich noch Geliermittel oder Verdickungsmittel an.

Die Funktion eines Stabilisators und Verdickungsmittels hatte offensichtlich auch die Stärke, die sich in meiner Tiefkühl-Pizza befand: »Native Stärke ist pulverförmig und wird aus stärkehaltigen Pflanzen gewonnen«, las ich auf der Homepage eines Herstellers.[35] »Sie wird als Verdickungsmittel und Stabilisator verwendet. Bekannt sind hier zum Beispiel die Verwendung in Puddingpulver, Desserts, Saucen oder auch diversen Fertiggerichten. Modifizierte Stärke wird aus nativer Stärke durch physikalische, enzymatische oder chemische Behandlung gewonnen«, hieß es weiter. Je nach Rohstoff und Behandlungsart soll sie verschiedene Eigenschaften in den Bereichen Gefrier-Tau-Stabilität, Scherstabilität oder Hitze-, Säure- oder Alkalibeständigkeit annehmen.

Stärke kann also dazu beitragen, dass sich der Teig meiner Pizza besser mit Maschinen verarbeiten lässt (genannt Scherstabilität), und gleichzeitig mithelfen, dass die Pizza nach dem Auftauen nicht unappetitlich labbrig und feucht wird (Gefrier-Tau-Stabilität), schloss ich. Als Ausgangsrohstoffe für die Stärkeproduktion nannte der Hersteller Kartoffeln, Weizen oder Mais. Ich erfuhr auch, dass aus diesen Rohstoffen die besonders wasserlöslichen Maltodextrine hergestellt werden, indem man Stärke in die einzelnen Zuckerbausteine aufspaltet: »Sie werden zur kalorischen Aufwertung von Diät- und Stärkungsmitteln oder als Trägerstoffe für Trockenaromen eingesetzt«, hieß es. »Weiters verleihen sie Instantprodukten, wie etwa Trockensuppen oder Getränkepulver, entsprechenden Körper und somit Mundgefühl, ohne dabei verdickend zu wirken.«[36]

Und wofür brauchte man Laktose? Auch das konnte ich im Internet herausfinden – sie verleiht einen cremigen Geschmack.

Ausgangsprodukt für das Hilfsmittel ist Molke aus Kuhmilch, die aufwendig getrocknet wird, bis Laktose auskristallisiert. Eigentlich war ich positiv überrascht: Mais und Milch als Ausgangsprodukte für die drei Zutaten meiner Pizza, mit denen ich nicht vertraut war – das klang okay.

Nur zum Vergleich warf ich im Supermarkt einmal einen Blick auf die Zutatenliste eines industriell hergestellten Schokokuchens. Die strotzte nur so vor Chemie. Angeführt waren Feuchthaltemittel: Sorbit und Glycerin; Glukose-Fruktose-Sirup, Milchzucker, Aroma, Weizenstärke; Emulgatoren: Mono- und Diglyceride von Speisefettsäuren, Sorbitantristearat, Polyglycerin-Polyricinoleat und Sojalecithine; Backtriebmittel: Diphosphate und Natriumcarbonate; Säureregulator: Natriumacetate; Verdickungsmittel: Guarkernmehl. Ganz zu schweigen davon, dass die Hauptzutaten mit Zucker und Weizenmehl auch nicht gerade die gesündesten waren.

Ich legte den Kuchen an diesem Tag zurück ins Supermarktregal und entschied mich für ein Vanilleeis. Das war zwar nicht unbedingt gesünder – ich hoffte aber, weitaus weniger Chemie darin zu finden.

Überholte Natur

Die Bausteine aus dem Labor sind oft günstiger zu erzeugen und konstanter im Geschmack als natürliche Rohstoffe. Beide Faktoren sind für die Nahrungsmittelkonzerne heute von enormer Bedeutung. Wenn wir Konsumenten einmal den Mut haben, ein neues Lebensmittel zu testen, und es uns schmeckt, dann erwarten wir beim nächsten Mal exakt denselben Geschmack. Wird diese Erwartung enttäuscht, gibt kaum ein Konsument dem Produkt noch eine zweite Chance.

Doch wir Konsumenten schauen nicht nur auf den konstant guten Geschmack, sondern vor allem auf den Preis. Was uns kaum bewusst ist: Wir lösen dadurch eine Abwärtsspirale aus, die sich bis zu den Bauern hinunter dreht. Mit Rabattschlachten und Discountpreisen buhlen Supermärkte um Konsumenten und versuchen die geschmälerten Umsätze mit günstigerem Einkauf zu kompensieren. Hersteller werden zu knallhartem Kalkulieren gezwungen, was diese wiederum veranlasst, nach günstigeren Herstellungsmöglichkeiten zu suchen. Da moderne Betriebe bereits hochgradig automatisiert sind, spart man bei den Rohstoffen. Wir haben es also auch uns selbst zuzuschreiben, wenn wir immer mehr Chemie zu uns nehmen.

Die Anwendungsmöglichkeiten sind vielfältig: Milchpulver wird durch gehärtetes Pflanzenfett ersetzt, der Fleischanteil im Schinken wird durch Wasser und Bindemittel getauscht, und bei Light-Produkten wird ebenfalls mit Zusatzstoffen wie Geliermitteln der Wasseranteil erhöht. Tiere werden mit Hormonspritzen in Rekordtempo großgezogen. Danach werden sie unter Stress getötet, das dadurch zähe Fleisch wird mit Enzymen wie Papain mürbe gemacht, schreibt der Lebensmitteltechnologe Thomas Birus. Fast immer hilft der Chemieeinsatz den Herstellern, Kosten zu sparen.[37]

Wie weit entfernt von den natürlichen Rohstoffen viele Produkte heute sind, möchte ich Ihnen anhand einer Anekdote erzählen: Im Film *Super Size Me* ernährte sich der US-Filmemacher Morgan Spurlock einen Monat lang täglich beim Fast-Food-Riesen McDonald's. Welche negativen Auswirkungen das auf seinen Körper hatte, kann man im Film anschaulich verfolgen. Inspiriert durch diesen Film tauchten im Internet Berichte über einen Sammler auf, der über die Jahre hinweg Cheeseburger sammelte und ausstellte. Erst war ich über die Meldung amüsiert, dann wollte ich es mit eigenen Augen sehen: Am Dreikönigstag, dem 6. Januar 2010, spazierte ich in eine McDonald's-

Filiale, kaufte mir einen Cheeseburger und legte ihn zu Hause in meine Abstellkammer. In den Monaten, die seither vergingen, verfaulte er nicht, schimmelte nicht, nur die Gurke schrumpfte ein wenig. Kurzum: Zu Pfingsten 2010, fast fünf Monate nach dem Kauf, sah mein Cheeseburger aus wie am ersten Tag.

Auch wenn wir oft erahnen, wie ungesund manche Produkte sind: Wir verspeisen sie gern. Wir schätzen nämlich den Geschmack – doch der ist oft pure Chemie. Durch die technische Verarbeitung natürlicher Rohstoffe gehen vor allem viele Geschmacksstoffe verloren. Was bei meiner Tiefkühl-Pizza mit einem hohen Anteil von Salz und Fett kompensiert wurde, wird in vielen Fällen von künstlichen Aromen übernommen. Auch für die Anwendung dieser chemischen Helfer existiert eine EU-weite Regelung: »Aromen werden verwendet, um Lebensmitteln Geruch und/oder Geschmack zu verleihen. Die Gesetzgebung der Gemeinschaft definiert verschiedene Arten von Aromen, wie natürliche, natur-identische oder künstliche Aromastoffe, Aromaextrakte pflanzlichen oder tierischen Ursprungs, Reaktionsaromen, die nach Erhitzung Aroma entwickeln, und Raucharomen«, heißt es in der entsprechenden Richtlinie.[38] Diese Ersatzstoffe für natürlichen Geschmack können den Lebensmitteln als natürliche oder künstliche Extrakte, Destillate, Auszüge oder Infusionen beigemengt werden, wobei sie aufgrund ihrer niedrigen Dosierung meist mit einem geschmacklosen Trägerstoff vermengt werden.

»Mehr als die Hälfte dessen, was die Menschen verzehren, ist künstlich aromatisiert«, schreibt Autor Hans-Ulrich Grimm.[39] Hummergeschmack gäbe es als Pulver, Huhn für Päckchensuppen als Kügelchen. Die Rohstoffe müssen in erster Linie maschinell einfach zu verarbeiten sein, der natürliche Geschmack rangiert in der industrialisierten Lebensmittelproduktion weit hinten in der Prioritätenliste. Dasselbe gilt auch für die Rohstofflieferanten: In der Agrarindustrie von heute zählen vor allem stabile Erträge, nicht der fruchtige Geschmack einer saftigen Tomate. Das Aroma gibt es nötigenfalls ohnehin aus dem Labor.

Die Verwendung von Aromen ist auch eine Preisfrage, wie ich Ihnen am Beispiel von meinem bereits erwähnten Vanilleeis erläutern möchte: Eine Vanilleschote ist länglich, dunkelbraun bis schwarz, etwa 16–18 cm lang, wiegt wenige Gramm und stammt ursprünglich aus Mexiko. Etwa neun bis zehn Monate dauert es, bis aus einer gelben Blüte eine reife grüne Schote wird, die dann nochmals mehrere Wochen getrocknet wird.[40] Das hat seinen Preis: »Für die Aromatisierung von Lebensmitteln kommt nur noch in sehr geringem Umfang das durch Extraktion aus den Schoten der Bourbonvanille gewonnene natürliche Vanillin zum Einsatz, da hierfür die Kosten circa 4000 US-Dollar/kg betragen«, klärt mich das Institut für Molekulare Mikrobiologie und Biotechnologie an der Universität Münster auf.[41]

Künstliches Vanillin lässt sich viel billiger herstellen, schildert Autor Thomas Birus: Schon 25 Gramm Vanillin zu unter einem Euro hätten die gleiche aromatisierende Wirkung wie 1 Kilo Vanille. Nach Aussagen der Universität Münster kostet das künstlich hergestellte Vanillin geldbeutelschonende 12 US-Dollar je Kilo, und mit 12 000 Tonnen ist der weltweite Bedarf gedeckt. Mit natürlicher Vanille klappt das nicht so einfach. Die jetzige Weltproduktion von Vanilleschoten reicht gerade aus, um den Vanillegeschmack-Bedarf in Deutschland zu decken.[42]

Daher wird das »naturidentische Aroma« Vanillin heute kostengünstig vor allem aus Lignin hergestellt, einem Bestandteil von Holz. Bei der Produktion von Papier und Zellstoff fällt es als Nebenprodukt an. Offenbar kann man damit aber auch viele andere Aromen erzeugen, wie Birus schreibt: »Zurück zur Natur sieht dann beispielsweise so aus, dass die Aussage natürliches Aroma bei Erdbeerjoghurt auch dann legal ist, wenn das Erdbeeraroma aus Sägespänen gewonnen wird. Holz ist schließlich ein Naturprodukt.«[43]

Der Einsatz all dieser Wundermittel macht zum einen die landwirtschaftliche Herstellung ordentlicher Rohstoffe obsolet, kann zum anderen aber auch problematisch für die Gesundheit der Verbraucher sein: Grundsätzlich werden die Stoffe vor ihrer Zulassung meist an Tieren geprüft. Das Problem: Die meisten Studien betrachten nur einen kurzen Zeitraum. Es ist daher nicht bekannt, was passiert, wenn Menschen lebenslang diese Stoffe mit ihrer Nahrung aufnehmen.

Beispiele für Bedenken gibt es immer wieder, man findet sie zahlreich im Internet. Die Europäische Behörde für Lebensmittelsicherheit EFSA, die für die europaweite Zulassung dieser Stoffe zuständig ist, veröffentlicht Forschungsergebnisse auf ihrer Website.[44] So untersagte die Behörde beispielsweise im Juni 2007 die Verwendung eines bestimmten flüssigen Raucharomas, das unter anderem für die Herstellung von Räucherware gedacht war. Die Behörde kam zu dem Ergebnis, dass das beantragte Produkt »schwach genotoxisch in vivo zu bewerten ist [d. h. Tierversuche haben gezeigt, dass der Stoff das genetische Material in Zellen, die DNA, schädigen kann]. Das Gremium konnte deshalb dessen Sicherheit bei der Verwendung in Lebensmitteln nicht bestätigen.«[45] Als unbedenklich erachtet die Behörde hingegen das Süßungsmittel Aspartam, das immer wieder im Verdacht steht, Krebs verursachen zu können. 20 Jahre nach der Markteinführung entdeckten Forscher der europäischen Ramazzini-Stiftung 2005 in Langzeitstudien an Ratten erneut Hinweise darauf. Die Europäische Behörde für Lebensmittelsicherheit EFSA konnte diese Ergebnisse jedoch nicht nachvollziehen, auch die Grenzwerte wurden nicht nach unten angepasst.[46]

Es ist nicht ausgeschlossen, dass ein einmal zugelassenes Mittel Jahre später als bedenklich eingestuft wird. Während die Forscher streiten, produzieren die Lebensmittelhersteller weiter. Viele von ihnen wissen oft selbst nicht genau, welche Probleme die Zusatzstoffe mit sich bringen. Ob Keksproduzent, Bäcker,

Molkereibetrieb oder Fleischerzeuger: Sie alle kaufen ihre Farbstoffe, Aromen und sonstigen Zusatzstoffe bei einigen großen Chemiekonzernen wie International Flavors & Fragrances, Givaudan, BASF, Symrise oder von der Billig-Konkurrenz aus China. Und dort bleibt die Zusammensetzung der Stoffe aus Angst vor den Mitbewerbern meist ein streng gehütetes Geheimnis.

Bunte Bilder für Milliarden

Ein Blick auf das Kleingedruckte auf der Verpackung kann Ihnen helfen, wahre Chemiebomben zu meiden und im Regal verstauben zu lassen. Wer sich gesund ernähren will, muss aber gut lesen können. Hersteller sind bei der Kennzeichnung von Aromen, Zusatzstoffen sowie von Fett oder Salz eher zurückhaltend. Schriften, für die man eine Lupe braucht, sind üblich. Angegeben wird meist nur, was aufgrund von Vorschriften zwingend notwendig ist.

Sehr großzügig geht man im Gegenzug mit bunten Bildern und knackigen Slogans um, die uns Konsumenten zum Kauf animieren sollen. Gerne wird mit positiven Zutaten geworben. Ein übertrieben großer »Jetzt neu mit frischen Kräutern«-Hinweis auf Ihrer Tiefkühl-Pizza sollte Sie aber einen Blick auf die Zutatenliste werfen lassen. Dort müssen die Zutaten nämlich anhand ihres Mengenanteils gereiht sein – sind die Kräuter ganz unten angeführt, handelt es sich höchstens um homöopathische Dosen. Unter dem schönen Titel »Abgespült« untersuchte die Verbraucherzentrale Hamburg 2009, was wirklich in Fruchtjoghurts und Fertigsalaten steckt. Das Ergebnis war ein Häufchen Elend: Von 13 ganzen Kirschen, die auf der Verpackung eines Joghurts angepriesen waren, blieben nach dem Abspülen nur einige triste Kirsch-Bruchstücke. Der appetitlich aussehende »Geflügelsalat mit Ananas und Mandarinen« war nach dem Abspülen wenig appetitanregend. »Mandarinen in kleinen Fetzen zwischen Hähnchenfleischfasern und zusammengepresstem Putenfleisch«, vermerkten die Tester trocken. Damit die Täuschung trotzdem funktionierte, wurde kräftig in den Chemiebaukasten gegriffen: »Geschmacklich wurde bei allen untersuchten Produkten – ob Feinkostsalat oder Milchprodukt – mit Aromen nachgeholfen«, so das Fazit.[47]

Während die Realität von industriell hergestelltem Essen also eher traurig aussieht, ist sie im Fernsehen und auf Plakaten hingegen kontrastierend bunt: Wir sehen singende Pizza-Bäcker, lächelnde Muttis, zerfurchte Bauerngesichter und sprechende Schweine: Alle sind sie glücklich, ja könnte eine Wiese glücklich sein – auch sie wäre es wohl dank findiger Werbeagenturen im Dienste der Lebensmittelindustrie.

Die heile Welt, die uns vorgegaukelt wird, lassen sich die Hersteller einiges kosten: Ganze 92,4 Millionen Euro gaben die deutschen Tiefkühlkost-Hersteller 2008 für Werbung aus. Viel Geld? Darüber kann die Süßwarenbranche mit 606,7 Millionen Euro Werbeausgaben nur milde lächeln. Insgesamt investierte die deutsche Ernährungsindustrie 2008 stolze 1,76 Milliarden Euro in die Bewerbung ihrer Produkte.[48]

Der lauten Marketingstimme der Ernährungsindustrie haben Ab-Hof-Verkäufer, Biobauern oder Hersteller regionaler Spezialitäten kaum etwas entgegenzusetzen. Zu beschränkt sind ihre Mittel, die Kosten für einen TV-Spot viel zu hoch. Ein 30 Sekunden langer TV-Werbespot direkt vor der Tagesschau kostet durchschnittlich 52 200 Euro.[49] Hinzu kommen noch die Kosten für die Produktion, Schauspieler etc. – für einen kleinen Biomarkt ist das nicht zu stemmen.

Gesundes Essen bleibt also auf der Strecke: »Die Junk-Food-Industrie gibt jedes Jahr Milliarden von Dollar aus, um Konsumenten auf jedem Schritt mit Aufforderungen zu überschwemmen, Essen mit wenig oder keinem Nährstoffgehalt zu konsumieren. Öffentliche Gesundheits- und Ernährungsbotschaften – und die Bemühungen der Eltern, gesunde Ernährungsgewohnheiten zu stärken – gehen einfach unter«, klagte schon 2004 die Direktorin eines US-Konsumentenschutzverbandes in San Francisco.[50] Die Consumers Union schätzte die gesamten US-Werbeausgaben für Essen, Trinken, Süßigkeiten und Restaurants für 2004 auf 11,26 Milliarden Dollar. Für die Kampagne »5 Mal am Tag«, die mittlerweile auch Europäer zum häufigeren Verzehr von Obst und Gemüse anregen soll, stünden hingegen nur 9,55 Millionen Dollar zur Verfügung. Die Konsumentenschützer beschweren sich: Das sei gerade mal ein Achtel von dem, was allein für die Bewerbung des Schokoriegels Snickers ausgegeben werde.

Auch offizielle Stellen haben dieses Ungleichgewicht erkannt. Großbritannien preschte mit einem Werbeverbot vor: Um zumindest Kinder vor der täglichen Flut an Werbebotschaften für ungesundes Essen abzuschirmen, schränkte die britische Werbebehörde Ofcom 2007 die an Kinder gerichtete Fernsehwerbung für Essen und Trinken drastisch ein. Produkte, die viel Fett, Salz und Zucker enthalten, dürfen nun nicht mehr in und um TV-Sendungen beworben werden, die sich an Kinder im Alter von 4 bis 15 Jahren richten.[51] Die Hoffnung: Dann werden Kinder nicht so oft verführt, Ungesundes zu essen.

Konzerne reagieren und versuchen nun verstärkt, den gesundheitsfördernden Aspekt ihrer Produkte hervorzuheben. Auch die Produktentwicklung geht in diese Richtung. Aber nicht alle als gesund angepriesenen Industrienahrungsmittel sind es auch: Seit der Health-Claims-Verordnung 2007 müssen die Konzerne gesundheitsbezogene Werbeaussagen durch die EU überprüfen lassen. Das stellt die EU vor ziemliche Herausforderungen: Europaweit wurde die Zulassung von 44 000 solcher Werbe-Claims angemeldet, 4185 wurden der Europäischen Behörde für Lebensmittelsicherheit, der EFSA, bis Oktober 2009 zur Überprüfung vorgelegt. Das Ergebnis in der ersten Runde: Von 523 Gesundheitsbehauptungen wurde rund ein Drittel in Untersuchungen bestätigt, 320 Angaben wurden als falsch oder irreführend abgelehnt.[52] Zu unspezifisch waren die behaupteten Slogans, zu wirkungslos das angepriesene Gesundheitsversprechen.

Während bei falschen Gesundheitsbehauptungen und bei Fast-Food-Werbung für Kinder offizielle Stellen die Werbung beschränken, schützt uns Erwachsene niemand vor falschen Werbebildern wie singenden Pizza-Bäckern, die mit Sorgfalt genau Ihre Pizza im Steinofen backen.

Mich interessierte, wie eine derart beworbene Tiefkühl-Pizza wirklich hergestellt wird, und um das herauszufinden, bat ich bei mehreren großen Herstellern um eine Fabrikbesichtigung. Die Unternehmen zeigten sich eher zurückhaltend. Aus Gründen des Know-how-Schutzes lassen sich viele nicht gerne in die Fabrikhallen schauen. Zu groß ist die Angst vor Betriebsspionage und Nachahmern. Gegen neugierige Gäste spricht aber noch ein anderer wichtiger Grund: Eine detaillierte Reportage über die Fließbandfertigung Ihrer Pizza konterkariert natürlich das mit vielen Werbemillionen aufgebaute Image des singenden Pizza-Bäckers.

Letzten Endes erhielt ich doch noch eine Einladung: Pizza-Hersteller Hasa hatte keine Probleme damit, mich hinter die Kulissen seiner Produktion blicken zu lassen. Ich machte mich also auf zur Produktionsstätte in der Nähe von Magdeburg.

Im Pizza-Werk

Es war der verführerische Duft von Pizza-Teig, der mir als Erstes auffiel, als ich vor dem Hasa-Produktionsgebäude aus dem Auto stieg. Co-Geschäftsführer und Gesellschafter Andreas Czayka empfing mich freundlich und stellte mir das Unternehmen kurz vor: Seit 2006 produziert Hasa für zahlreiche Handelsmarken (auch Bio-Pizzen) und setzt auf die eigene Marke Italissimo. Czayka war ein Quereinsteiger im wachsenden Markt, mit 120 000 produzierten Pizzen täglich hatte Hasa aber durchaus eine respektable Größe erreicht.

Bevor ich mit Produktentwickler Sja Delikhoun die Fertigungshallen betrat, warteten strenge Hygienevorschriften auf mich: Ich musste Mantel, Haarnetz und Plastiküberzüge an den Schuhen tragen, die auf einer Hygienestraße erst gebürstet wurden. Schmuck war verboten, und erst nachdem ich meine Hände in der Schleuse desinfiziert hatte, öffnete sich das Drehkreuz. Schon zuvor hatte ich meinen roten Stift abgeben müssen und erhielt einen blauen: »Alles, was Plastik ist, muss blau sein«, erklärte mir Delikhoun, im Gegensatz zu Rot würde die Farbe auf jeder Pizza auffallen.«

Ich betrat die Halle und war von der Ruhe überrascht. Nur ein gleichförmiges Surren der Maschinen war zu hören, und vom Boden hätte man essen können. Zuerst zeigte mir Herr Delikhoun die große Teigstraße: »Wir verarbeiten rund 50 Tonnen Mehl pro Tag«, hatte mir Herr Czayka vorher noch gesagt, und nun konnte ich mir auch vorstellen, wie das funktionierte: In großen Tanks waren Mehl und Wasser untergebracht, ein Rührwerk vermengte die Zutaten mit Hefe zu einem Teig. Hinzu kam der sogenannte Vorteig, der schon älter, aber bereits aufgegangen war. Das kannte ich auch vom Brotbacken, bei dem Sauerteig als Triebmittel dient. Der Vorteil für die Pizza-Produktion wurde mir auch rasch klar: So konnte der ganze überschüssige Teig verwertet werden, der beim Ausstanzen der runden Pizzaformen entstand.

Alle Arbeitsschritte waren entlang eines Fließbandes angeordnet. Es war faszinierend zuzusehen, wie aus einer dicken Teigwurst ein immer flacher werdender Strang wurde und schließlich viele nebeneinander liegende Pizza-Böden zum Vorschein kamen. Per Druckluft wurde sodann auf jede von ihnen exakt die gleiche Menge italienisches Tomatenmark gepresst, bevor die Teiglinge in den Steinofen wanderten.

Den hätte ich mir freilich etwas anders vorgestellt: Keine Spur von einem mit Holz befeuerten gemauerten Kamin wie beim Italiener: Stattdessen wartete auf den Pizza-Teig ein zwölf Meter langes Metallungetüm, penibel auf 300 Grad programmiert, auf dem die Pizzen für wenige Minuten verschwanden. Und der Stein? Ganz einfach: Das blaue Kunststoff-Laufband wurde von einem Laufband mit kleinen Steinplatten abgelöst, und beim Verlassen des Ofens nahm ein neues Kunststoff-Laufband die gebackenen Pizza-Böden wieder auf.

Delikhoun schnappte sich einen noch heißen Teigling vom Laufband und ließ mich ein Stück abreißen: Roch wie Pizza, hatte Aussehen und Temperatur wie Pizza, schmeckte auch wie Pizza. »Bis zu 200 000 Stück kommen hier täglich durch«, erklärte er mir und führte mich zur Käsestation: Dort legte ein Arbeiter große Käseblöcke in ein Mahlwerk, und unten fiel der Pizza-Käse fotoelektronisch gesteuert auf den Pizza-Boden. »Das werden diesmal vegetarische Pizzen«, klärte mich der Produktentwickler auf. Nun wusste ich, warum die Salami-Station aktuell verwaist war. Generell seien aber Pizzen mit Salami die beliebtesten Varianten.

Weiter ging es zur Gemüsestation, wo Gemüseschnipsel auf die Pizzen herabregneten. Eine Station weiter sah ich endlich einige der 100 Mitarbeiter, die flink in Handarbeit Champignons, Brokkoli oder Tomaten auf die Pizzen legten. Danach wurden die Pizzen kurz mit Wasser besprüht, damit der Belag besser hält, und nach einigen Ehrenrunden zum Abkühlen ging es in den Schockfroster, wo aus der warmen Pizza ein Tiefkühlprodukt wird. Als Nächstes wurde jede Pizza feinsäuberlich in eine Plastikfolie eingeschweißt und dann hieß es zittern: Qualitätskontrolle. Einige Pizzen, die zu viel oder zu wenig Belag aufwiesen, flogen raus – sie würden vergünstigt an die Mitarbeiter abgegeben, erklärte Delikhoun. Den Metalldetektortest bestanden alle Pizzen bravourös. Schließlich galt es noch, dem strengen Blick der Mitarbeiterin standzuhalten, die den optischen Zustand der Pizzen kontrollierte. Nach dieser letzten Hürde hatten es die Pizzen geschafft: Rein in den Verkaufskarton, rein in den Handelskarton, und ab in den Kühlraum, bereit für die Tiefkühltruhen dieser Welt.

Sicherheit für Ihre Pizza

Die nahezu vollautomatische Produktion der Tiefkühl-Pizza hatte mich stark beeindruckt. Wie am Schnürchen ratterte Minute für Minute unaufhörlich Essen über die Laufbänder, um irgendwann in der Tiefkühltruhe meiner lokalen Supermarktfiliale zu landen. Der Herstellungsprozess schien perfekt durchgeplant und hygienisch einwandfrei. Genau betrachtet trägt die Automatisierung in der Nahrungsmittel-Herstellung heute dazu bei, eine sichere Produktion zu gewährleisten. Wenn die Hersteller nicht grob fahrlässig handeln, sind kurzristige Risiken für die Gesundheit des Konsumenten nahezu ausgeschlossen.

Ich wollte aber vom Hasa-Geschäftsführer noch mehr über die Produktion erfahren, und er stand mir bereitwillig Rede und Antwort.

»Woher stammen denn die Zutaten?«, fragte ich als Erstes. »Die Zutaten kommen möglichst aus der Region. Das heißt: Salami oder Mehl holen wir möglichst hier vor Ort, Tomatensauce aus Norditalien, wo die Tomaten auch geerntet werden. Spezielle Käsesorten wie Grana Padana oder Parmesan bekommen wir aus dem Erzeugerland. Aber Mozzarella oder Edamer kann man natürlich auch hier vor Ort kaufen«, erklärte mir Andreas Czayka.

»Und wie ist das mit der Qualitätskontrolle?«, wollte ich weiter wissen. »Ein aufwendiger und harter Job«, erklärte der Geschäftsführer und bestätigte schmunzelnd: »Ja, wir haben Leute, die berufsmäßig täglich Pizza essen müssen.« Nach jedem Produktionsschritt würden einzelne Produkte gewogen, permanent würden Produkte aus der Produktion genommen, aufgebacken und verkostet, und es werde geprüft, ob Geruch und Geschmack stimmen. Zusätzlich nehme man von jeder Produktion Rückhaltemuster, so dass man bei Reklamationen feststellen könne, ob sie gerechtfertigt seien. In den Produktionsablauf fix eingebundene Sichtkontrollen, aber auch die Kontrolle mit dem Metalldetektor stellen sicher, dass keine Fremdkörper mit der Pizza ausgeliefert werden.

Strenge Qualitätsanforderungen stellt man auch an die Lieferanten: Wer liefern will, muss bestimmte Zertifikate vorweisen, etwa nach dem HACCP-System (Hazard Analysis and Critical Control Points). Bei Anlieferungen der Rohprodukte erfolgt nach der Sichtkontrolle eine mikrobiologische Untersuchung. Besonders genau ist man bei heiklen Produkten wie Champignons. Und dass auch jeder Punkt dieser Qualitätssicherung eingehalten wird, überprüfen externe Institute zumindest einmal jährlich unangekündigt – nur so bekommt man zum Beispiel das Gütesiegel »International Food Standard«.

Sollte es trotz aller Vorsicht einmal Probleme geben, würden europaweite Regeln zur Rückverfolgbarkeit etwa eines Thunfischs auf der Pizza bis zum Fischproduzenten gewährleisten, erläutert Czayka: »Wir wissen fast den Namen des Bootes, auf dem der Fisch vor Monaten gefangen wurde.« Zweimal jährlich wird der Ernstfall eines Produktrückrufs durchgespielt: »Wir sehen uns den Tag der Produktion an und wissen, an dem Tag haben wir von dem Typ zum Beispiel 80 000 Pizzen produziert. Das ist jetzt fünf Monate her, und wir wissen trotzdem genau, wo wir sie hingeliefert haben.« Der Handel muss das System der Rückverfolgung weiterführen und feststellen, wohin seine 30 000 Stück aus einer bestimmten Charge geliefert wurden. So könne man oft noch 100 Prozent der betroffenen Produkte zurückholen, ansonsten müsse ein Rückruf erfolgen, erklärt Czayka: »Zum Glück kommt das in der Branche sehr selten vor, aber man muss gewappnet sein.«

Ich wusste, dass nicht alle Produzenten so gewissenhaft und hygienisch arbeiten wie Hasa, und ich erinnerte mich an einige schwarze Schafe unter den Lebensmittelherstellern, die jüngst aufgeflogen waren. Italienische Medien hatten 2009 beispielsweise berichtet, dass 11 000 Tonnen zum Teil mit Würmern, Mäusekot und Plastikteilen verunreinigter Gammelkäse mit frischen Produkten vermischt, zu Mozzarella, Gorgonzola oder Schmelzkäse verarbeitet und an Discounter weiterverkauft wurden.[53] Aus Deutschland kamen ähnlich eklige Fakten: 2007 wurde bekannt, dass ein bayerischer Schlachthof Schlachtabfälle umdeklariert und nach Berlin geliefert hatte – als Dönerfleisch.[54] Und Anfang 2008 hieß es, ein deutscher Betrieb verarbeitete verschimmelte Schweinsköpfe zu Wurst.

Bei Hasa allerdings schien man wirklich viel Wert auf Qualität zu legen. Der Hasa-Geschäftsführer war davon überzeugt, dass er die beste Tiefkühl-Pizza am Markt anbietet. Aber er hatte auch einen triftigen Grund dafür: »Wir geben dem Teig die Zeit, die er auch vom Pizza-Bäcker kennt.« Ohne diese Teigruhe müsse man künstlich nachhelfen, erklärte er: »Wenn der Teig keine Zeit hat aufzugehen, müssen Sie das durch gehärtete Fette und Backpulver oder Backbeschleuniger provozieren. Unser Teig hingegen bekommt eine Teigruhe und Garzeit von bis zu 24 Stunden – und diesen Unterschied schmeckt man.« Für die Qualität einer Pizza sei das entscheidend, war Czayka überzeugt, »Sie können noch so viele gute Saucen und Rezepte kreieren, wenn der Teig nicht stimmt, kommt da nie eine gute Pizza raus.«

DER TEIG

In der Mühle

Nach dem Besuch im Pizza-Werk hatte mich der Ehrgeiz gepackt. Nun wusste ich zwar, wie man Tiefkühl-Pizza macht, doch ich wollte mehr über die einzelnen Zutaten erfahren, die man für dieses beliebte Gericht braucht, und ihre Spuren nachverfolgen. Ich begann meine Recherchen beim Teig, der nach meinem alten Schul-Kochbuch aus Wasser, Hefe, Salz, Öl – und natürlich Weizenmehl bestand.

Ob als Rohstoff für Ihre Pizza, für Pasta oder Brot, Getreide ernährt Menschen rund um den Globus. Laut Zahlen des US-Landwirtschaftsministeriums werden jährlich mehr als zwei Milliarden Tonnen Getreide geerntet, in guten Jahren auch deutlich mehr. Wichtigster Einzelposten ist mit rund einem Drittel der weltweiten Ernte Weizen, gefolgt von Reis, der etwa ein Fünftel der Welt-Getreide-Produktion ausmacht.

Weizenmehl als Grundzutat für jede Pizza wird heute meist von großen Mühlenkonzernen wie LLI Euromills hergestellt, mit 29 Standorten nach eigenen Angaben Marktführer in Europa. Die Mühlen von heute haben mit den geheimnisvollen Gebäuden aus den alten Märchen kaum etwas gemein. Wer heute noch Müller werden will, dem empfehle ich eine Lehre als Anlagentechniker. Bei einer Betriebsbesichtigung einer LLI-Mühle fiel mir vor allem eines auf: die fehlende Betriebsamkeit.

Betriebsleiter Horst Wiesinger führte mich durch das mehrstöckige Gebäude und erläuterte mir den Produktionsprozess: »Bis zu 550 Tonnen Getreide werden hier täglich vermahlen«, erklärte er. Doch das läuft nahezu alles automatisch ab: Von 60 Mitarbeitern am Standort arbeiten nur noch acht in der Mühle. Die Hauptarbeit erledigen Strom und Luftdruck sowie ein ausgeklügeltes System von Walzen, Sieben und Röhren, die sich über fünf Stockwerke erstrecken.

So ein Getreidekorn hat es nicht leicht, gerät es einmal in den Kreislauf einer Mühle. Bis zu 65-mal passiert es die immer feiner werdenden Walzen – so lange, bis es letztlich fein genug ist für Leckereien wie Pizza-Teig, Brot oder Kekse. Aus dem Getreidesilo kommt es über ein Röhrensystem in die Mühle, von dort in eine Art durchsichtiges Kaminrohr, das in den »Walzenstuhl« mündet. Eine vorgelagerte Waage sorgt für die gleichmäßige Befüllung, bevor die Körner von zwei gegenläufigen Walzen zermahlen werden. Danach geht es per Luftsog hinauf in den fünften Stock, wo in »Sichtern«, also Sieben, die Trennung von groben und feinen Teilen beginnt.

Auch ich fuhr mit Betriebsleiter Wiesinger und dem Direktor der Mühle, Josef Dietrich, per Lift in den fünften Stock, um den Weg eines Weizenkorns nachzuverfolgen. Ich musste den Weg nach unten nur einmal antreten – anders als das immer wieder nach oben gesaugte zermahlene Weizenkorn, das letzten Endes als feines Mehl enden soll. Dabei hilft auch ein simpler Trick: »Um die Schale zäh zu halten, wird das Getreide vorher mit Wasser benetzt«, erklärte mir Dietrich. Dadurch springe es nicht sofort beim ersten Mahlvorgang und könne viel feiner vom Mehlkörper getrennt werden.

Das ist aber der einzige Wassereinsatz in der Mühle und gleichzeitig ein enormer Vorteil gegenüber anderen Produktionsbetrieben. Eine Mühle ist daher leicht sauber zu halten, meinte der Direktor. Tatsächlich begegneten mir auf dem Weg vom fünften in den ersten Stock kein Schmutz, sondern nur unendlich viele, hermetisch abgeschlossene Röhren, durch die das Mehl zwischen den Stockwerken hin- und herflitzte. Von Staubwolken war nichts zu sehen, nur ein leicht malziger Geruch ließ darauf schließen, dass ich in einer Mühle war. »Der Geruch ist ein einfaches Qualitätskriterium«, erläuterte Direktor Dietrich. Rieche es etwas modrig, sei Feuchtigkeit oder Schimmel im Spiel, was darauf hindeute, dass nicht sauber gearbeitet werde.

Im ersten Stock angekommen, war ich ein wenig enttäuscht. Von Poltern und Klappern einer alten Mühle war ich hier meilenweit entfernt, selbst das Surren der Walzenstühle im Erdgeschoss ließ den Boden nur leicht vibrieren, ein Gespräch war jederzeit ohne große Anstrengungen möglich. Auch zu sehen gab es relativ wenig – der Kreislauf aus Getreide bzw. Mehl war hermetisch abgeschlossen, nur manchmal gab es bei den Sieben einige Sichtfenster. Ich verabschiedete mich also von meiner romantischen Vorstellung – das hier war Industrieproduktion, perfekt, ohne Makel oder Eigenheiten.

Von Romantik war auch bei meinem Abstecher ins Lager nichts zu finden. Dort warteten 25-Kilo-Säcke auf ihre Auslieferung: Sie waren für lokale Bäcker bestimmt – allerdings nehme die Bedeutung dieser Verpackungsart konstant ab, wurde mir erklärt. Viele Bäcker bauen sich große Silos, um die in einen Tankwagen passenden 25 Tonnen Mehl aufnehmen zu können. So sparen sie Mitarbeiter für das Schleppen der Säcke. »Wir verkaufen schon 75 Prozent des Mehls im Tankwagen«, erklärte mir Dietrich. Hauptabnehmer sind vor allem die Industriebäcker mit ihren über die ganze Stadt verstreuten Filialen. Nur noch einen kleinen Teil von etwa 15 Prozent würden die Haushaltspackungen für den Lebensmittelhandel ausmachen. Schließlich werde immer weniger selbst gebacken.

Als ich mich verabschiedete, bog soeben wieder ein Tankwagen um die Ecke. Von seinem 25-Tonnen-Tank lächelte mit roten Wangen und grauem Haar die mir aus der Werbung wohlbekannte Tante Fini, die ihre Liebsten mit Selbstgebackenem verwöhnt. Ob dieses Kontrastes musste ich grinsen: Denn das soeben gesehene ausgeklügelte Maschinensystem in der Mühle hatte so gar nichts mit der Wärme einer vorweihnachtlichen Familien-Backstube gemein.

Das Getreide-Geschäft

Das Vermahlen von Getreide zu Mehl ist ein Geschäft mit recht geringen Margen. Zu niedrig sind die Preise für ein Kilo Mehl, ein weiter Transport über Landesgrenzen lohnt kaum. Der Gewinn kommt aus der Menge, was auch der Grund ist, warum kleine Mühlen in den letzten Jahren weitgehend verschwunden sind.

Noch intensiver ist die Konzentration im Getreidehandel: Er wird dominiert von wenigen milliardenschweren Konzernen, die über Töchter und Beteiligungen international vertreten sind. 2008 wurden rund 260 Millionen Tonnen Getreide international gehandelt, was in etwa einem Zehntel der Welternte entspricht. Die Hälfte davon war Weizen.[55] Jahr für Jahr ein sicheres Geschäft für die großen Player: »Cargill, Bunge und Archer Daniels Midland kontrollieren 90 Prozent des weltweiten Getreidehandels«, schätzte 2009 die NGO Fairtrade.[56]

Auch wenn die Zahl etwas hochgegriffen erscheint, so beeindrucken die Konzerne doch wegen ihrer schieren Größe: »Durch die Herstellung von Tiernahrung und maßgeschneiderten Lösungen für die Ernährung landet Cargill auf den Tischen von 400 Millionen Menschen pro Jahr«, heißt es in einer Broschüre des internationalen Getreideriesen Cargill.[57] Umsatz 2009: 116,6 Milliarden Dollar. Auch die Mitbewerber sind milliardenschwer: 69 Milliarden Dollar setzte im Geschäftsjahr 2008/09 Archer Daniels Midland um, der in Deutschland mit dem Getreidehändler Töpfer International stark aufgestellt ist. Bunge erzielte 2008 einen Umsatz von 52,6 Milliarden Dollar.[58]

Größere Agrarsparten haben zudem die Rohstoff-Riesen Glencore International mit Sitz in der Schweiz und die Louis Dreyfus Group mit Sitz in Paris.

Nicht nur auf der Abnehmerseite sehen sich die Bauern milliardenschweren Konzernen gegenüber: Auch die Input-Seite wird von wenigen großen Unternehmen kontrolliert. In einem 2006 veröffentlichten Bericht beschäftigte sich die UN-Organisation für Handel und Entwicklung UNCTAD (United Nations Conference on Trade and Development) mit dem Trend zur Marktkonzentration in der Agrarindustrie: »In den vergangenen Jahren gab es einen Prozess der Konsolidierung im weltweiten Agrargeschäft«, heißt es da.[59] Das Ergebnis wären einige wenige komplexe Konzerne mit eigenen Linien bei Agrar-Chemikalien, Saatgut und Biotech. Vor allem einige der weltgrößten Chemiekonzerne wären mit großem Kapitaleinsatz in die Bereiche Biotechnologie (Stichwort Grüne Gentechnik) und Saatgut eingestiegen. Der Bericht spricht gar von einem »Rennen um Saatgut-Unternehmen«: »Monsanto, DuPont, Syngenta, alle unter den weltgrößten Pestizid-Produzenten, haben die Gruppe angeführt.«[60] Mittlerweile seien diese Unternehmen durch Allianzen auch in zahlreichen anderen Stufen der Wertschöpfungskette vertreten. Das Motto lautet offenbar »Alles aus einer Hand« – vom Saatgut über Pflanzenschutz bis hin zum Tierfutter wird der Bauer vom Konzern betreut.

Die Geschwindigkeit der Konzentration im landwirtschaftlichen Input-Sektor gäbe Anlass zu ernsthaften Sorgen um den Wettbewerb, resümiert der UNCTAD-Bericht, und tatsächlich dominieren heute vor allem die DuPont-Tochter Pioneer Hi-Bred und Monsanto den Markt, der einst keiner war: 2009 generierten die Saatgutsparten von DuPont und Monsanto vier bzw. 7,3 Milliarden Dollar.[61] Ursprünglich aber war Saatgut kostenlos. Die Bauern zogen ihr Saatgut aus der Ernte des letzten Jahres, tauschten es aus, verfütterten Flops. Patente und Lizenzvereinbarungen auf die ertragsstarken Hybridsorten veränderten das: »Konzentrierte Marktstrukturen, die mit Privatisierung und Patentierung von landwirtschaftlichen Innovationen einhergehen, haben zu einer drastischen Erosion der Rechte der Bauern geführt«, meint die UNCTAD. Aus Saatgut-Eigentümern wären »Lizenznehmer« eines patentierten Produktes geworden.[62]

Die Vorstellung, dass eines Tages nur zwei globale Chemiekonzerne in ihren Forschungsabteilungen entscheiden, welches Getreide wir essen, löst wohl nicht nur bei mir Unbehagen aus. Auch die UN-Organisation spricht angesichts der Wettbewerbslage von »Bedenken über soziale Gerechtigkeit und Nahrungsmittelsicherheit«. Für die Bauern bringen die patentierten Hybridsorten zwar den Vorteil höherer Erträge; allerdings verschwinden lokale, oft robustere Sorten – sie sind am Weltmarkt nicht gefragt.

Kleinbauern in armen Regionen der Welt, die oft nur mit teuren Krediten das Saatgut für das nächste Jahr finanzieren können, bringt diese Entwicklung aber in eine gefährliche Situation: Vernichten Dürre oder Krankheit ihre Ernte, stehen sie vor einem für sie vielleicht kaum mehr abzutragenden Schuldenberg. Was für westliche Bauern kaum ein Thema ist, verursacht in anderen Regionen der Welt Existenzsorgen. Die großen Konzerne sehen sich zwar als Partner der Bauern und helfen beim Rennen um höhere Erträge, die Lage der Kleinbauern in Afrika oder Asien wird aber dem Gewinnstreben untergeordnet.

Dabei wurden die Hochleistungssorten ursprünglich dafür entwickelt, den Hunger in der Welt zu stillen. In den 1950ern starteten Forscher in Mexiko eine Entwicklung, die später als Grüne Revolution in die Geschichte eingehen sollte. Mit dem Ziel, Nahrungsmittelknappheiten und Hungersnöte zu bekämpfen, forschten sie an ertragsstärkeren und widerstandsfähigeren Getreidesorten für die Welt. Mitte der 1960er kam für Norman Borlaug und sein CIMMYT-Forschungszentrum der Durchbruch: Durch die Kreuzung von ertragreichen US-Weizensorten mit asiatischem Zwergweizen entstand eine Weizensorte, die viele Körner brachte und trotzdem robust war, so dass die Halme nicht knickten. Auch beim Reis gab es neue Hochleistungssorten: Die Bauern liebten sie, denn sie brachten größere Hektarerträge. So breiteten sich die neuen Pflanzen rasch rund um den Globus aus. Wie erfolgreich die Geschichte war, zeigen Daten der UN-Ernährungsorganisation Food and Agriculture Organization of the United Nations (FAO) am Beispiel Indien: Erntete dort ein Weizenbauer 1961 noch 851 Kilo Weizen pro Hektar, waren es 2000 stolze 2778 Kilo – eine Steigerung um 264 Prozent.[63] Die Consultative Group on International Agricultural Research (CGIAR), also die Beratende Gruppe für internationale Agrarforschung, zu der neben dem Internationalen Zentrum für die Verbesserung von Mais und Weizen (CIMMYT) heute noch 15 weitere Forschungseinrichtungen in allen Teilen der Welt gehören, verweist immer noch stolz auf die Auswirkungen ihrer Forschungsergebnisse. »Ohne die CGIAR-Beiträge würde die weltweite Lebensmittelproduktion vier bis fünf Prozent niedriger sein, würden die weltweiten Nahrungs- und Futtermittelpreise bei Getreide 18 bis 21 Prozent höher sein, würden 13 bis 15 Millionen mehr Kinder mangelernährt sein, besonders in Südasien.«[64]

Im Nachhinein betrachtet gelten die Züchtung der Hochleistungssorten und die rasche Verbreitung in der Welt als Grüne Revolution, die Millionen Menschen vor Hunger bewahrte. Gleichzeitig veränderte die rasche Ausbreitung der Hybridsorten seit den 1960ern jedoch unsere gesamte Ernährungsbasis: Mit der Hybridtechnik sei »innerhalb von 20 bis 30 Jahren ein beispielloser Aneignungsprozess vonstattengegangen«, schreibt Nikolai Fuchs im Buch *Bedrohte Saat*:[65] Dieses hochspezialisierte Hybridsaatgut lässt sich zwar wieder anbauen, verliert aber in den folgenden Generationen die gewünschten Eigenschaften: Die Ertragskraft geht kräftig zurück, also muss man immer wieder neu kaufen. »Von nun an gehörte das Saatgut tatsächlich der Industrie, die Gärtner und Bauern waren mit den Hybridsorten zu Abhängigen geworden«, klagt Fuchs. In gewissen Bereichen sei die Lage besonders schlimm: So seien 2000 bereits 80 Prozent aller Gemüsesorten hybridisiert und damit für Gärtner und Gemüsebauern nicht mehr nachbaubar.

Auch Kritiker wie die indische Bürgerrechtlerin Vandana Shiva beklagen, dass die Bauern durch das Verschwinden lokaler Sorten schlechter gestellt wurden als zuvor. Die hochgezüchteten Sorten waren anfälliger als die heimischen, wodurch plötzlich Bedarf an Pflanzenschutz bestand. Und sie laugten den Boden aus, der nun über Kunstdünger mit Nährstoffen angereichert werden musste – alles Dinge, die das zusätzliche Einkommen der Bauern zu großen Teilen wieder in die Taschen der großen Konzerne lenkten.

Die zunehmende Dominanz von wenigen ertragsstarken Sorten ist zudem ein Risiko für die Ernährungssicherheit der Zukunft. Autoren wie Paul Roberts warnen, dass die Welt auf eine immer kleiner werdende Zahl von Getreidesorten angewiesen ist.[66] Durch die Verbreitung dieser Hauptertragssorten in immer mehr Regionen steigt das Risiko eines massiven Ausbruchs von Pflanzenkrankheiten. So bereitet zum Beispiel der 1999 erstmals in Uganda aufgetretene Halmrost, eine Pilzerkrankung bei Getreide, den Experten große Sorgen: Mit dem Wind könnten sich die Sporen leicht verbreiten. Einmal massiv aufgetreten, könnte der Pilz rein rechnerisch drei Viertel einer Ernte zerstören.

Die Dominanz weniger globaler Sorten und Konzerne, maschinelle Bearbeitung großer Felder sowie hoher Verbrauch von Pflanzenschutzmitteln und Dünger sind also die Rahmenbedingungen, unter denen heute in Industrie- wie Schwellenländern unser Getreide produziert wird. Auf den folgenden Seiten möchte ich Ihnen nun einige der Probleme darstellen, mit denen die Landwirtschaft heute kämpft. Es geht um Preisschwankungen und die Folgen, die diese haben – in Europa und am anderen Ende der Welt. Sie werden über Länder lesen, in denen es nicht genug Getreide gibt und Menschen hungern. Die politischen Entscheidungen, die einst mit der Absicht getroffen wurden, dass das in Europa nicht mehr passiert, werden ebenso Thema sein wie die Frage, wer heute von diesen Gesetzen am meisten profitiert. Und ich möchte Ihnen erklären, warum wir an all diesen aufgezählten Problemen ein wenig mitschuldig sind.

Die Bauern und die Börse

Fragt man Getreidebauern nach ihren größten Problemen, verweisen sie fast immer auf die Preise: Niemand weiß, wie sich der Getreidepreis entwickeln wird. Versetzen Sie sich doch kurz einmal in diese Lage: Im Frühling müssen Sie entscheiden, welche Getreideart Sie dieses Jahr anbauen. Natürlich würden Sie gerne das pflanzen, was möglichst viel Geld in die Kassen spült. Bis zum Herbst kann der Preis des gewählten Getreides allerdings kräftig schwanken. Ist Ihre Ernte wie die aller anderen Bauern gut, stürzt der Preis ab. Fallen die Ernten mager aus, schnellen die Preise in die Höhe – bleibt nur zu hoffen, dass Sie von den Einbußen verschont geblieben sind.

Haben Bauern und Müller keine direkten Verträge miteinander, orientieren sich die Weizenpreise, die die großen Getreidehändler zahlen, an den Preisen der wichtigen Warenbörsen wie Euronext LIFFE in Paris oder CBOT in Chicago. Doch diese sind mittlerweile extrem schwankungsanfällig. Denn nicht nur Getreidehändler und Verarbeiter tummeln sich dort, sondern verstärkt auch Fondsanbieter auf der Suche nach attraktiven

Anlagemöglichkeiten. Fallen an den Börsen die Kurse, fällt aber auch der Preis für die Getreidebauern weltweit.

Im Vorfeld der Finanzkrise freuten sich viele Bauern über ungewöhnlich hohe Preise. Anfangs konnte sich diese Schwankungen kaum jemand erklären. Missernten in Australien, sagten die einen, pure Spekulation, sagten die anderen. Tatsächlich hatten große Fonds zuvor massiv um Anleger in Agrarrohstoffe gebuhlt, nachdem alle anderen Rohstoffe bereits preislich abgehoben hatten. Fakt war: Ende 2007 explodierte der Preis für Weizen und schnellte innerhalb weniger Monate von 130 auf 276 Euro je Tonne hoch.[67] Dass er im Zuge der Finanzkrise dann nahezu wieder auf das alte Preisniveau abstürzen sollte, ahnte noch niemand.

Die großen Nahrungsmittelhersteller stöhnten und versuchten, die Preise für ihre benötigten Rohstoffe mit Terminkontrakten an der Börse abzusichern. Konkret vereinbaren dabei zwei Geschäftspartner, einen bestimmten Rohstoff in bestimmter Qualität und Menge erst Monate später zu liefern bzw. zu beziehen – der Preis wird aber im Vorhinein fixiert. Was in der Wirtschaft als Versicherung gilt, ist für den Laien nichts anderes als eine Wette: Ist der Preis zum Lieferzeitraum höher als der vereinbarte, gewinnt der Käufer, liegt er niedriger, freut sich der Verkäufer.

Wer sich jedoch nicht absichern konnte, das waren die Menschen in Entwicklungsländern. Dort führte die Preisexplosion im ersten Halbjahr 2008 zu einer Entwicklung, die bald als Food Crisis oder Welternährungskrise in die Geschichte eingehen sollte.

The Food Crisis

Nicht alle Länder der Erde sind so begünstigt wie Mitteleuropa, Teile der USA und Kanada, die jedes Jahr mehr Weizen produzieren, als im eigenen Land verbraucht wird. Fehlende Niederschläge, ungünstige Bodenverhältnisse, rasches Bevölkerungswachstum oder instabile politische Verhältnisse sorgen in vielen Ländern für eine Abhängigkeit vom Weltmarkt. Ägypten muss zum Beispiel jährlich fast acht Millionen Tonnen Weizen importieren, um seine Bevölkerung zu ernähren, und Indonesien ist einer der größten Importeure von Reis.[68] Die explodierten Preise an den Weltmärkten trafen ihre Bevölkerungen am meisten.

Rund um den Globus demonstrierten die Menschen gegen gestiegene Preise und für staatliche Hilfsmaßnahmen: In Mexiko gab es schon im Frühjahr 2007 Proteste, da sich der Preis für das Grundnahrungsmittel Tortilla wegen stark gestiegener Maispreise verdoppelt hatte. Monate später, im März 2008, protestierten in Haiti Menschen, weil der Preis für Nudeln auf das Doppelte gestiegen war. Ein Preisanstieg bei Brot um 35 Prozent führte in Ägypten zu Demonstrationen. Auch in Burkina Faso wurde demonstriert, und auf den Philippinen ließ die Regierung von der Armee Reis an Bedürftige verteilen. Auch hier hatte sich der Reispreis im Jahresabstand mehr als verdoppelt.

Was war passiert? Um mehr über die Gründe für das globale Problem der explodierten Nahrungsmittelpreise zu erfahren, fuhr ich nach Rom zur UN-Welternährungsorganisation FAO. Dort traf ich Kostas Stamoulis. Er ist der verantwortliche Direktor für den wirtschaftlichen Kampf der FAO gegen Hunger: Agricultural Development Economics Division nennt sich seine Abteilung.

»Nicht nur die hungrigen Menschen gingen damals auf die Straße«, erzählte er mir. Es gab viele Menschen, die vom Staat drastische Maßnahmen forderten wie Nahrungsmittel-Subventionen oder fixe Preise, um ihre Brieftasche zu entlasten.« Die Menschen hatten sich zuvor an billiges Essen und billige Energie gewöhnt: »Viele Jahre in Folge hatten wir rückläufige Preise. Plötzlich explodierten beide, so dass die Haushaltsbudgets stark belastet wurden«, erklärte Stamoulis, warum es zu den weltweiten Protesten gekommen war.

Während der Preisschub Konsumenten in Europa zu einem sorgenvollen Blick in ihre Brieftaschen und zum Kauf beim Discounter veranlasste, wurde der Preisanstieg in anderen Ländern der Erde zum ernsthaften Problem. Stamoulis: »Auswertungen aus 18 Ländern in Afrika, Lateinamerika und Asien ergaben, dass die Menschen im Durchschnitt 40 Prozent ihres Einkommens für Essen ausgeben.« Verdoppelt sich dort der Preis für ein Grundnahrungsmittel wie Reis, ist das eine existenzbedrohliche Entwicklung.

»Was war der Grund für den plötzlichen Preisanstieg?«, will ich wissen. Es war wohl ein giftiger Mix aus mehreren Faktoren, der sich über Monate hinweg zusammenbraute. Schlechte Ernten, niedrige Lagerbestände, viel Getreide, das in die Biosprit-Produktion ging, sowie die höheren Produktionskosten durch Explosion der Energiepreise nennt Stamoulis als treibende Faktoren: »Auch die Situation an den Finanzmärkten war damals sehr risikofreudig. Langjährige Vernachlässigung von Investitionen in Landwirtschaft lieferte gute Gründe für Spekulation auf Preiserhöhungen.« Exportbeschränkungen einzelner Staaten, etwa für Reis, heizten die Preisrallye zusätzlich an.

Die Kleinbauern, die laut FAO-Schätzungen drei Viertel der Armen weltweit repräsentieren, konnten von den gestiegenen Preisen nicht profitieren. Vielmehr hätte die weltweite Armut durch die Food Crisis kräftig zugenommen, meint Stamoulis: »Kleinbauern hatten keine Möglichkeiten, ihre Produktionsentscheidungen rechtzeitig den hohen Preisen anzupassen.« Dafür benötigt man mehr Zeit. Vielmehr hatte die Krise für die armen

Menschen weltweit dramatische Konsequenzen, schreibt die FAO in einem Bericht: »Beim Versuch, die Last durch Nahrungsmittelkrise und Wirtschaftskrise zu tragen, reduzierten arme Menschen ihre Ernährungsvielfalt und die Ausgaben für Bildung oder Gesundheit.«[69] Arme wären gezwungen gewesen, auf ihre mageren Ersparnisse zurückzugreifen, was die Armut verschärft, die langfristige Ernährungssicherheit weiter gefährdet und die Kindersterblichkeit erhöht hätte. Laut Stamoulis haben die Nahrungsmittelkrise und die darauf folgende Wirtschaftskrise aufgrund gestiegener Arbeitslosigkeit die Welt im Kampf gegen den Hunger kräftig zurückgeworfen. Die Zahl der hungernden Menschen weltweit hätte sich dadurch um rund 150 Millionen erhöht, so Stamoulis. Seine Organisation schreibt in ihrem Lagebericht 2009: »Die FAO schätzt, dass im Jahr 2009 weltweit 1,02 Milliarden Menschen unterernährt sind.«[70] Zuletzt hätte es 1970 so viele hungernde Menschen gegeben.

Was die Zukunft bringt, bleibt ungewiss: Mit der Wirtschaftskrise und dem Rückzug der Investoren fielen auch Ölpreis und Preise für Weizen oder Reis wieder kräftig. Aber künftige extreme Preisausschläge will Stamoulis nicht ausschließen: »Eine Welternährungskrise wie 2008 ist wieder möglich«, ist er überzeugt: »Nichts verhindert, dass diverse Bedingungen wieder zu explodierenden Preisen führen.« Er erwartet für die Zukunft noch stärkere Preisschwankungen, wenn die Politik nicht reagiert. Dabei gäbe es einige alternative Handlungsmöglichkeiten, etwa bei der Lagerhaltung: »Zur Zeit der Nahrungsmittel-Krise waren die Lagerbestände niedrig, da die öffentliche Lagerhaltung aufgrund von WTO-Regeln kräftig zurückgefahren wurde.« Somit fehlte auf regionaler, aber auch globaler Ebene eine wichtige Pufferfunktion. Stamoulis hofft, dass die Krise ein Weckruf für die internationale Gemeinschaft war, Fehlentwicklungen wie dieser gegenzusteuern: »Denn Essen ist zu wichtig, um Preise frei schwanken zu lassen.«

Nervöse Milliarden

Die Weltmarktpreise für Agrarrohstoffe werden heute nicht mehr nur vom Handeln der Anbieter und Nachfrager bestimmt: Verstärkt griff in den letzten Jahren eine dritte Partei in die Preisbildung ein – die globale Finanzindustrie. Reformen der Pensionssysteme und niedrige Sparbuchzinsen hatten unzählige Milliarden in den Kapitalmarkt fließen lassen. Auf der Suche nach attraktiven Investitionsmöglichkeiten wurde von Finanzinvestoren langsam auch der Agrarbereich entdeckt. Große Fondshäuser buhlten massiv um Anleger in »Soft Commodities« (Agrarrohstoffe), nachdem andere Rohstoffe preislich bereits abgehoben hatten.

Veränderung der Ernährungsgewohnheiten in Riesennationen wie China oder Indien durch steigenden Lebensstandard, signifikant anwachsende Bevölkerungszahlen, kräftige Nachfrage nach Biotreibstoffen, und das alles bei einem begrenzten Angebot an weltweit verfügbarer landwirtschaftlicher Fläche – für die Finanzindustrie zeigte die Preiskurve in der weltweiten Landwirtschaft eindeutig nach oben. Davon wollte man profitieren, und kaum ein Fondsanbieter konnte es sich leisten, seinen renditesüchtigen Anlegern keinen Agrarfonds anbieten zu können.

Auch Ihre Euros könnten kräftig mitspekuliert haben: Haben Sie nicht wissentlich eines der oft als »Frühstücksfonds« angepriesenen Finanzprodukte gekauft, war es vielleicht der Fondsmanager Ihrer Pensionsvorsorge. In vielen Fällen zahlen Sie nämlich in einen großen Dachfonds, den Ihnen im besten Fall Ihr Bankberater empfohlen hat. Der Dachfonds wiederum investiert in andere Fonds, und schon könnte es sein, dass ein Teil Ihrer Pensionsvorsorge an den globalen Agrarmärkten mitzockt.

Per Mausklick werden die Gelder in Sekundenschnelle weltweit angelegt oder abgezogen, reale Werte werden mit den Fondsmilliarden fast nie geschaffen: Das Geld fließt nie in Bewässerungsanlagen oder Lagerhäuser; nur selten in börsennotierte Unternehmen der Agrarbranche. Es dient einfach nur als Wetteinsatz. »Derivative Finanzinstrumente« heißt das Thema, das in den letzten Jahren zum Liebling der Finanzbranche wurde. Mit Instrumenten wie einem Index-Zertifikat können sie zum Beispiel mit einem vergleichsweise geringen Geldeinsatz auf das Steigen oder Fallen eines Aktien-Index wetten, ohne jede einzelne im Index vertretene Aktie kaufen zu müssen.

Das funktioniert auch bei Agrarrohstoffen ähnlich, wie ich Ihnen anhand des Fonds »Platinum Agriculture Europe« von der Deutschen Bank zeigen möchte: »Der DB Platinum Agriculture Europe ist ein offener Investmentfonds, der an den DB-Agriculture-Index gekoppelt ist, welcher die Wertentwicklung von sieben der weltweit wichtigsten Agrarrohstoffe abbildet. Anleger haben so die Möglichkeit, mit dem DB-Platinum-Agriculture-Euro-Fonds an der Preisentwicklung von Weizen, Mais, Zucker, Sojabohnen, Baumwolle, Kaffee und Kakao zu partizipieren«, wirbt der Fondsprospekt.[71]

Die Deutsche Bank hat aber kein Interesse, mit Ihrem Geld tatsächlich Tonnen an Weizen oder Kakao zu erwerben. Bei Agrarrohstoffen dominiert daher vielmehr der Handel mit Bezugsrechten, genannt Optionen oder Futures. Sie können vor Fälligkeit durch den Abschluss eines Gegengeschäftes einfach aufgelöst werden (nur die Differenz aus beiden Geschäften wird fällig), oder sie werden gewinnbringend weiterverkauft.

Eigentlich dienen diese Termingeschäfte Bauern und Verarbeitern zur Sicherung von Preisen in der Zukunft, indem man sich zum aktuell gültigen Preis das Liefer- oder Bezugsrecht, etwa für eine Tonne Weizen, in einigen Monaten sichert. Heute nutzen aber auch milliardenschwere Finanzinvestoren diese Instrumente zur Generierung von Gewinnen: Erwarten die DB-

Fondsmanager beispielsweise durch eine Missernte in Australien steigende Weizenpreise, werden sie versuchen, ein günstiges Bezugsrecht zu erwerben, das man später gewinnbringend veräußern kann. Kommen hier die Milliarden in Bewegung, werden die Bezugsrechte immer teurer – auch für die von Importen abhängigen Länder und den Mühlenkonzern, der das Getreide für meinen Pizza-Teig zu Mehl vermahlt.

Die Gewinnmöglichkeiten der Wetten sind finanziell extrem attraktiv (allerdings ist auch das Verlustrisiko theoretisch unbegrenzt): Nur wenige Prozent des wahren Wertes müssen vorab als Sicherheitsleistung angezahlt werden – den Gewinn darf man aber von den 100 Prozent mitnehmen. Das macht das Geschäft sehr beliebt. 899 Millionen Terminkontrakte zählte die US-Futures Industry Association (FIA) 2008 weltweit.[72] Vor allem für Zocker sind die Agraroptionen ein Paradies. Die Einsätze sind gering, die Schwankungen groß. Überflutungen, Dürren, politische Entscheidungen, die Ankündigungen einzelner großer Abnehmer, sie alle tragen dazu bei, dass der Markt für Agrarrohstoffe nervös reagiert. Für Spekulanten, die dank Termingeschäften bei steigenden und fallenden Kursen Geld verdienen können, ein sehr attraktiver Markt.

Wie groß das Ausmaß der Spekulation ist (bzw. in der Rohstoffblase war), zeigen Daten der US-Aufsichtsbehörde Commodity Futures Trading Commission (CFTC): »Laut Kommission kontrollieren Wall Street Fonds zwischen einem Fünftel und der Hälfte der Termingeschäfte für Rohstoffe wie Mais, Weizen und Lebendrind an den Börsen in Chicago, Kansas City und New York«, berichtete 2007 die *New York Times*.[73] Vor allem große Rohstoff-Index-Fonds, die durch den Kauf von Optionen die Zusammensetzung eines bestimmten Index nachbilden, hätten einen weit größeren Einfluss als gedacht. »An der Börse in Chicago beispielsweise machen die Fonds 47 Prozent aller Langfristverträge für Lebendschwein-Termingeschäfte aus, 40 Prozent sind es bei Weizen, 36 Prozent bei Lebendrind und 21 Prozent bei Mais.«

Insgesamt schätzten Experten den gesamten Rohstoffmarkt für Index-Fonds 2007 auf rund 100 bis 110 Milliarden Dollar, nach 80 Milliarden Dollar 2005. Zwischen 20 und 40 Prozent läge der Agraranteil dabei bei den großen Fondshäusern.[74] Tatsächlich bewegen die Fonds Milliarden: So hatte etwa der PowerShares DB Agriculture Fund der Deutschen Bank im Juni 2010 ein Volumen von 1,87 Milliarden Dollar.[75] Da die Agrarmärkte weniger liquide seien als andere Rohstoffmärkte, könnten die Index-Fonds daher zu stärkeren Preisschwankungen führen, benannte die *New York Times* die Sorgen von Händlern: »Viele in der Agrarindustrie sagen, dass die Index-Fonds die Volatilität erhöhen und die Spanne zwischen niedrigen und hohen Optionspreisen ausweiten, nicht nur wegen ihrer schieren Größe, sondern auch, weil die Fonds als Reaktion auf Marktsignale zum Herdenverhalten tendierten.«[76]

Wenn aber alle verkaufen oder kaufen, etwa angesichts einer Dürre, verstärkt das naturgemäß die Preisausschläge. Die anwachsenden Milliarden von Pensionsvorsorge-Geldern verschärfen das Problem. Als im Sommer 2008 die Rohstoffpreise weltweit neue Höhepunkte erreichten, wetterte sogar US-Spekulantenlegende George Soros: »Spekulanten bilden die Blase, die über allem liegt«, meinte er in einem *stern*-Interview und forderte ein Verbot des Handels mit Rohstoffen für große Pensionsfonds.[77] Deren Spekulation verzerre die Preise, kritisierte er, und das sei so, als ob man in einer Hungerkrise heimlich Nahrungsmittel horte, um mit den steigenden Preisen Profite zu machen. Noch drastischer formulierte der einstige UN-Sonderberichterstatter für das Recht auf Nahrung, Jean Ziegler, in seinem Buch *Wie kommt der Hunger in die Welt?*: »Wer mit Grundnahrungsmitteln spekuliert, tötet Kinder«, schreibt er.[78]

Noch schneller als sie Preise nach oben treiben, können die

Milliarden allerdings auch wieder weg sein: Gute Ernteaussichten für die kommende Saison brachten die Preise für Agrarrohstoffe im Frühjahr 2009 unter Druck. Aus Angst vor der aufkeimenden Wirtschaftskrise wurden die Milliarden lieber in sichere Häfen verfrachtet. Bis Oktober halbierte sich der einst auf Rekordhoch geschnellte Weizenpreis am Weltmarkt wieder. Bauern rund um den Globus brachte das kräftig in Bedrängnis.

Das Ende vom kleinen Bauernhof

Wenn am einen Ende der Welt Milliarden per Mausklick bewegt werden, kämpfen Bauern wie Viktor Skravenski mit den Auswirkungen der dadurch ausgelösten Preisbewegungen. Ich treffe ihn in Sofia und möchte mit ihm über die Lage der Landwirtschaft in Osteuropa und die abgestürzten Weizenpreise sprechen. Er kommt in Jeans und Sakko zum Gespräch. Auf seiner Visitenkarte steht nicht Landwirt, sondern Manager. Skravenski ist einer der Hauptlieferanten von Weizen für die größte Mühle Bulgariens. Bauern wie er liefern die Basis für Ihre Pizza.

Für mich, der an durchschnittliche Betriebsgrößen von 30, 40 Hektar gewöhnt ist, ist er eine Ausnahmeerscheinung: 3000 Hektar Land bewirtschaftet er, rund um die Gegend von Pleven in Bulgarien. Acht Personen arbeiten auf seiner Farm, sein Fuhrpark umfasst zwei Traktoren mit 550 PS, vier kleinere Traktoren, zwei Trucks. Mit Stolz darf der 34-Jährige, der einst sein erstes Geld mit Immobilien in London verdiente, die Auszeichnung »Bester Bauer Bulgariens« tragen.

Die schwankenden Rohstoffmärkte machen auch ihm zu schaffen: »In diesem Jahr erhalte ich nur durchschnittlich 100 Euro pro Tonne Weizen«, klagt er. Im Jahr zuvor waren es 140. Bei einer Produktion von 12 000 Tonnen pro Jahr ein Minderertrag von 480 000 Euro. »Der Preis geht rauf und runter, rauf und runter. Wir können so kaum regulieren, wie viel wir für das nächste Jahr von einer Sorte anbauen sollen.« Die einzige Abhilfe wären langfristige Abnahmeverträge von den großen Mühlen – doch auch die wollen das Risiko des schwankenden Weltmarktpreises nicht tragen und wälzen es lieber auf die Bauern ab. »Ich trage das gesamte Risiko«, sagt Skravenski.

Ausgestattet mit Startkapital aus seinem ersten Job und mit Bankkrediten, hat er in den letzten Jahren kräftig ausgebaut. »In manchen Jahren sogar um bis zu 500 Hektar«, erzählt er: »Denn sehr viele Bauern gingen aufgrund dieser Situation in den letzten Jahren bankrott, da sie nicht ordentlich gewirtschaftet haben.« Für die kleinen Bauern in seiner Heimatregion sieht er kaum eine Zukunft: »Es gibt keinen Weg für sie, in diesem Markt profitabel zu sein.« Nur dank seiner Größe könne er noch Kosten optimieren.

Wie globalisiert die Agrarmärkte sind, schildert er an einem Beispiel: »Bisher importiert der größte Mühlenkonzern in Bulgarien speziellen Weizen aus Australien für 235 Euro pro Tonne – frei Haus. Ich erhalte für meinen Weizen pro Tonne nur 100 Euro.« Nun will er versuchen, den Spezialweizen erstmals auch in Bulgarien anzubauen.

Von den EU-Subventionen könne er nicht leben, meint er: »Ich bekomme jährlich 125 Euro pro Hektar. Das ist nichts. Das größte Problem für uns ist, dass wir einen einheitlichen Markt für unsere Produkte haben – aber unterschiedliche Systeme.« Bei geringeren Fördermitteln würden die Preise sich kaum von jenen in Frankreich unterscheiden. »Wie kann ich so Gewinne erwirtschaften wie die Bauern in Frankreich?«, fragt er, um gleich selbst die Antwort zu geben: »Gar nicht.«

Eine Änderung der schwierigen Situation erwartet er eher nicht: »Die Preise werden wohl nicht so rasch steigen.« Die Marktlage sei sehr schwierig. »Ich konnte noch einige Kosten einsparen, aber nicht alle Kollegen können das tun.« Ihre Alternative: aufgeben.

Stärker schwankende Preise bedrohen so immer mehr Kleinbauern. Ist das Ende der Kleinbauern damit besiegelt? Geht es nach den Ausführungen von Großbauer Skravenski, gibt es für kleine Bauernhöfe mit einigen Tieren, ein wenig Getreideanbau, etwas Wald und einer kaum rationalisierbaren Kostenstruktur wohl nur wenig Überlebenschancen. Der Bauernhof, wie wir ihn aus Filmen und Kinderbüchern kennen, ist vom Aussterben bedroht.

EU-Milliarden gegen das Sterben der Höfe

Ob das Mehl fur Ihre Pizza aus bulgarischem, deutschem oder ukrainischem Weizen stammt, wird Ihnen beim Verzehr wohl kaum auffallen. Allerdings würde Ihnen eines Tages beim Sonntagsausflug auffallen, wenn es in Deutschland keine Weizenfelder mehr gäbe. Damit dies nicht passiert und Europa seine Bevölkerung weiter aus eigener Kraft ernähren kann, beschlossen die Politiker in den Anfangstagen der EU, sämtliche Unterstützungen für ihre Bauern in einen gemeinsamen Topf zu legen. Das war ziemlich einzigartig, denn die Zahlungen für Pensionen, Gesundheitsvorsorge, Bildung, Verteidigung und vieles mehr wollten sie nicht in EU-Töpfe stecken, sondern lieber weiter national verwalten.

2009 war dieser Topf für »Natürliche Ressourcen« auf 56,1 Milliarden Euro angewachsen, 73,3 Prozent davon erhielt die Landwirtschaft. Für die EU ist das ein großer Brocken: 42 Prozent ihres Milliardenbudgets steckt die Union in die Landwirtschaft und die Entwicklung ländlicher Gebiete.[79] Doch warum muss man den Bauern so viel Geld geben, wenn die wirtschaftliche Bedeutung des Sektors in einer Volkswirtschaft wie Deutschland schon unter ein Prozent gerutscht ist?[80] Die Antwort ist einfach: Weil es die meisten von ihnen sonst nicht mehr geben würde. Für einen großen Teil der Bauern dominieren harte Arbeit und karger Lohn den Alltag. Kompensiert werden sie durch Vorteile wie Leben mit der Natur oder die Freiheit, Entscheidungen selbst zu treffen.

Tausende Betriebe jährlich sehen aber die Nachteile überwiegen – und schließen die Stalltür für immer. So gaben laut Zahlen des EU-Rechnungshofes zwischen 1995 und 2007 mehr als 500 000 Milchbauern in der EU-15[81] ihren Hof auf. Strukturwandel nennen das die Experten, wenn sich die Zahl der Höfe jährlich um ein bis zwei Prozent verringert und die Produktionsmenge trotzdem konstant bleibt. Anfang des 20. Jahrhunderts arbeiteten in Deutschland rund 38 Prozent der Erwerbstätigen in der Landwirtschaft. Anfang der 1950er waren es noch 24 Prozent, zu Beginn des 21. Jahrhunderts nur noch ein Prozent. Die, die bleiben, bewirtschaften immer größere Flächen, und das immer effizienter: Heute ernährt ein deutscher Landwirt dank gestiegener Erträge 127 Personen. Um 1900 waren es gerade einmal vier.[82]

Neue Sorten, moderne Maschinen sowie der Einsatz von Düngern und Pflanzenschutzmitteln ermöglichten diese Aufholjagd. Den Bauern blieb gar nichts anderes übrig, als immer mehr aus ihren Böden herauszupressen. Nur durch die beständige Steigerung der Produktivität konnten sie ihr Auskommen sichern. Mit steigenden Preisen war nämlich nicht zu rechnen: Laut deutschem Bauernverband sind die Lohnniveaus zwischen 1950 und 2010 um das Zwanzigfache, die Brotpreise um knapp das Neunfache gestiegen. Die Getreidepreise für die Bauern mögen zwar im Jahresabstand schwanken – über 60 Jahre hinweg haben sie sich hingegen kaum verändert.[83]

Betrachtet man den Durchschnitt von fünf Jahren bis zum Wirtschaftsjahr 2007/08, so betrug das Unternehmensergebnis je Arbeitskraft in der deutschen Landwirtschaft 25 200 Euro pro Jahr. Das ergibt im Monat 1800 Euro brutto. Mehr als die Hälfte des durchschnittlichen Einkommens deutscher Bauern stammt rechnerisch aus öffentlichen Subventionen, schreibt selbst der deutsche Bauernverband in seinem »Situationsbericht 2009«.[84] Die Förderungen sind also kalkulierbares Einkommen und Sicherheitsnetz gegen Preisstürze, die ansonsten das Aus für viele Betriebe bedeuten würden. Denn wie bereits beschrieben, schwanken die Preise für Agrarrohstoffe kräftig. Nach einem guten Jahreseinkommen 2008 sank das landwirtschaftliche Pro-Kopf-Einkommen 2009 im Europa-Durchschnitt um 12,2 Prozent – obwohl die Bauern genauso arbeiteten wie im Jahr zuvor. In den Keller gerasselte Preise für Weizen oder Milch; gestiegene Kosten für Düngemittel; Ernteeinbußen aufgrund schlechter Witterung: Kein einziger dieser Faktoren war von den Bauern beeinflussbar.

Neben dem Absichern gegen Schwankungen haben die Förderungen, behübschend gerne »Ausgleichszahlungen« genannt, noch eine zweite Funktion: Sie erhalten die Landwirtschaft in jenen Gebieten, wo sie eigentlich nicht rentabel ist. Dazu zählen beispielsweise viele Regionen in den Alpen. »Benachteiligtes Gebiet«, heißt das im Beamtendeutsch. Nur mit diesen Geldern – und oftmals mit Hilfe der Rente der Altbauern – haben die Bergbauern mit ihren wenigen Hektar an steilen Almen und Wiesen eine Chance im Wettbewerb mit Großbauern wie Viktor Skravenski oder den großen Agrarbetrieben in Ostdeutschland. Zu unterschiedlich sind die Produktionspreise – auch wenn der persönliche Arbeitseinsatz oftmals gar höher ist.

Weil Monokulturen und Massenproduktion am Berg nicht möglich sind, müssen die Bauern vielseitig sein, um ein ausreichendes Einkommen zu erzielen. Das gilt auch für Monika Lutz und ihren Mann Sepp, die in Schmirn in Tirol den Gatterer-Hof bewirtschaften. Er liegt auf 1500 Meter Höhe, fernab der Trampelpfade der Skitouristen. Ich möchte wissen, unter welchen Bedingungen Landwirtschaft am Berg betrieben wird.

Weil sie auf 1500 Metern Höhe nur schwer Getreide anbauen können, betreibt die Familie Lutz eine Viehzucht mit 20 Stück Rindern und Kälbern. Die Milch verarbeiten sie selbst zu Käse, den sie in ihrem Gasthaus und in Direktvermarktung verkaufen. Auch Urlaub am Bauernhof bieten sie an mit zehn Betten und zwei Ferienwohnungen, die im Winter von deutschen Tourenwanderern gerne gebucht werden.

»Um halb sechs Uhr früh gehe ich zum ersten Mal in den Stall, im Sommer um fünf. Abends um fünf dann nochmals, 365 Tage im Jahr«, erzählt Monika Lutz. Mittlerweile sei es ein wenig einfacher, schließlich sei der Mann jetzt in Pension.

Ein Beispiel dafür, was gerne vergessen wird: Landwirtschaft im Nebenerwerb, das ist vor allem Frauensache. Während der Mann einer regelmäßigen Arbeit nachgeht, um Einkommensschwankungen auszugleichen und sich zu versichern, managt die Frau den Betrieb zu Hause. So auch Monika Lutz: »Ich bin zuständig für das Haus, den Garten, die Gäste, die Direktvermarktung und die Produktion«, erklärt sie mir. Sie produziere Köstlichkeiten wie Bergkäse, Camembert, Frischkäse, eingelegten Käse und Weichkäse. Freizeit ist angesichts dieses Programms Mangelware, vor allem bei 20 Tieren, die täglich gefüttert und gemolken werden wollen. »Urlaub gibt's keinen, ich hab noch nie einen gehabt«, erwidert Frau Lutz auf meine Nachfrage.

Dass das nicht bloß Gerede ist, sondern harte Realität, beweisen die Fakten: Statistisch gesehen kam ein deutscher Landwirt 2007 auf 1766 Jahresarbeitsstunden – das sind 333 Stunden oder fast 14 Tage mehr als beim durchschnittlichen Deutschen.[85] Von überdurchschnittlicher Entlohnung ist aber nichts zu sehen, solange die Großen am Weltmarkt die Preise machen. »Die Förderung ist sehr wichtig«, sieht Monika Lutz die EU-Gelder positiv, und ihr Mann Sepp ergänzt: »Wenn die Förderung wegfällt, braucht sich der Betrieb zunehmend auf. Man kann nichts investieren. Was man durch die Produktion einnimmt, geht in der Erhaltung des Hofes auf.«

Auch er sieht, dass Kollegen die Stalltüren für immer schließen – etwa, weil keine Nachfolger da sind: »Die Zahl der Bauern im Tal geht langsam zurück. Jedes Jahr hören ein, zwei Bauern auf. Durch die Förderungen halten sich die meisten noch. Wenn die EU-Förderung einmal umgestellt wird, könnte das aber rapide gehen.« Getreide, Milch, Fleisch – die Grundzutaten für Ihre Pizza müssten dann wohl vollständig vom anderen Ende der Welt importiert werden.

Die Subventions-Millionäre

Die Landwirtschafts-Milliarden der EU helfen also gegen Preisschwankungen an den Weltmärkten und entschädigen für ungleich verteilte Produktionsbedingungen. Das klingt doch alles ganz passabel, oder? Der Teufel steckt wie so oft im Detail.

Um zu erklären, wer aktuell von den Regelungen profitiert, möchte ich Ihnen kurz das Fördermodell erläutern: Der EU-Agrarhaushalt teilt sich grundsätzlich in zwei Säulen: Aus der »1. Säule« werden unter dem Begriff »Marktordnung« Direktzahlungen an die Betriebe getätigt: 2009 betrugen sie 39 Milliarden Euro.[86] In den Anfangstagen der EU waren die Beihilfen an die Produktionsmengen geknüpft, um Produktionsanreize zu schaffen und für die Zukunft Hungersnöte in Europa zu vermeiden. Weil dieses System allmählich zu Überproduktion führte und die Welthandelsorganisation (WTO) darauf drängte, diese den Markt verzerrenden Beihilfen abzustellen, wurden die Zahlungen in zwei Reformen 1992 und 2000 zunehmend von der Produktionsmenge entkoppelt.

Nun orientiert sich die Beihilfe an der bewirtschafteten Fläche: »Die Betriebsprämie für jeden Betrieb ergibt sich aus der Anzahl der Zahlungsansprüche, die im jeweiligen Antragsjahr mit Hilfe der beihilfefähigen Fläche (jede landwirtschaftliche Acker- oder Grünlandfläche) oder durch Erfüllung des Mindestproduktionsniveaus des Betriebes genutzt werden«, heißt es in einer Definition.[87] Im bundesdeutschen Durchschnitt war jeder Hektar Acker 2008 mit 290,46 Euro förderbar.[88]

Berg- oder Biobauern erhalten ihr Geld hauptsächlich aus der 2. Säule, die Geld in die »Förderung des ländlichen Raumes« pumpt. Aus diesem 10,8 Milliarden Euro schweren Topf werden etwa umweltfreundliche Investitionen der Bauern ebenso gefördert wie der Umstieg auf Biolandbau oder der Aufbau eines Ab-Hof-Vertriebs. Diese Maßnahmen müssen jedoch von Bund und Ländern kofinanziert werden.

Drittgrößter Posten mit 3,3 Milliarden Euro waren 2009 schließlich die »marktbezogenen Maßnahmen« – wie etwa Exportbeihilfen, ein Schulmilchprogramm zur Stützung des Absatzes oder Interventionslagerhaltungen, bei denen die EU Geld für den Aufkauf etwa von Butter zur Verfügung stellt, damit diese bei niedrigen Preisen eingelagert und später zu höheren Preisen wieder verkauft wird. Schon verwirrt angesichts des Förderdschungels?

Wer profitiert nun am meisten von den Agrar-Milliarden aus Brüssel? Expertenschätzungen zufolge kassieren 20 Prozent der Förderberechtigten 80 Prozent der EU-Subventionen. Zwei Drittel aller EU-Bauern müssen mit weniger als 2000 Euro Förderung jährlich auskommen. Dem stehen die Großbetriebe gegenüber, die dank ihrer vielen Flächen auch hohe Förderungen bekommen: 2007 erhielten 2749 Großbauern insgesamt

5,4 Milliarden Euro. Nicht einmal die Hälfte davon erhielten hingegen die knapp fünf Millionen kleineren Betriebe der EU.[89]

Klar ist also: Das aktuelle EU-Fördersystem ist zwar auch für die Kleinen wichtig. Wirklich abkassieren, das tun aber die Konzerne und Großbetriebe. Viele von ihnen verfügen über einen guten Draht in die Politik, und dass Nachfolger von Adeligen mit großen Ländereien den konservativen Parteien durchaus nahestehen, ist für die großen landwirtschaftlichen Betriebe der Blaublüter gewiss auch kein Nachteil.

Die Initiative hinter der Website www.farmsubsidy.org nahm die Mühe auf sich, die größten Subventionsempfänger Europas herauszufinden. Das Ergebnis ist für Laien durchaus überraschend, denn die größten Empfänger der EU-Agrargelder sind keineswegs Bauern, sondern multinationale Konzerne. Stolze 134 Millionen Euro Fördergelder soll 2007 etwa der britische Zuckerriese und Verarbeiter von Agrarrohstoffen Tate & Lyle erhalten haben. Bei einem Gewinn von umgerechnet 320 Millionen Euro[90] im selben Jahr stammten über 40 Prozent direkt aus EU-Fördergeldern.

Ebenfalls kräftig zugelangt hat laut www.farmsubsidy.org die französische Bank Credit Agricole. 2007 erhielt sie aus dem Titel Ländliche Entwicklung Gelder in Höhe von 91,2 Millionen Euro. Auch der belgische Zuckerverarbeiter Tiense Group oder der Molkerei-Riese Bongrain durften sich über EU-Subventionen in zweistelliger Millionenhöhe freuen.

In Deutschland sind es ebenfalls nicht die Bauern, die die meisten Fördermittel erhalten, wie eine Auflistung für das Jahr 2008 zeigt:[91] Auf Platz 1 rangierte mit 34,3 Millionen Euro die Südzucker AG aus Mannheim, gefolgt vom Land Schleswig-Holstein mit 10,2 Millionen, der Emsland Stärke mit 8,1 Millionen, dem Hamburger Getreidehändler Töpfer International mit 7,4 Millionen und der Agentur Centrale Marketinggesellschaft der deutschen Agrarwirtschaft in Bonn mit 5,8 Millionen. Von den

34 Millionen Euro des Zuckerverarbeiters Südzucker können die Bauern nur träumen. Größter Empfänger von Direktbeihilfen und damit größter Bauer war die Osterhuber Agrar GmbH Gut Ferdinandshof in Wilhelmsburg: Die Rindermastanlage in Mecklenburg-Vorpommern erhielt 2008 rund 3,7 Millionen Euro.

Nach längeren Streitereien setzte die EU durch, dass die Subventionsempfänger veröffentlicht werden müssen. Wer selbst nachschauen will, kann im Internet unter ec.europa.eu/agriculture/funding/index_de.htm die Links zu den jeweiligen nationalen (gut versteckten) Webseiten finden. Jene für Deutschland lautet www.agrar-fischerei-zahlungen.de, jene für Österreich: www.transparenzdatenbank.at.

Warum Konzerne wie Südzucker Fördermittel für Bauern bekommen? Quasi als Belohnung dafür, dass sie nicht am Weltmarkt einkaufen und stattdessen die teureren Rohstoffe von Europas Bauern erwerben, erhielten Verarbeiter unter bestimmten Umständen bisher Gelder von der EU. Bei riesigen Umsätzen summiert sich das natürlich – was auch der Grund ist, warum diese Beihilfen immer wieder kritisch beäugt werden und in den nächsten EU-Budgets auch zurückgefahren werden sollen. »Die Ausfuhrerstattungen sind ein reiner Nachteilsausgleich«, erklärte mir Josef Domschitz vom Wiener Fachverband der Lebensmittelindustrie. Viele Rohwaren, die in Fertigerzeugnissen weiterverarbeitet werden, wären in der EU deutlich teurer als auf dem Weltmarkt. So würde etwa der Abfüller des Energy Drinks Red Bull Fördermittel für die Verwendung von Zucker aus europäischen Zuckerrüben erhalten, der teurer sei als jener aus brasilianischem Zuckerrohr.[92] Domschitz: »Erst die Ausfuhrerstattungen verschaffen unseren Unternehmen Chancengleichheit am Weltmarkt.«

Hier war er wieder, der Weltmarkt, der Bauern weltweit gegeneinander ausspielte und gleichzeitig als Argument diente, als Schutz vor ihm Großgrundbesitzern und Großkonzernen Steuer-

Milliarden zukommen zu lassen. Manchen Kritikern stieß das sauer auf: Die EU gäbe nach wie vor viel zu viel Geld »für die Subvention von Gras und Kühen« aus, klagten sie. Auch wenn die Weltmarkt-Konkurrenz beispielsweise beim Thema Rindfleisch groß war, ist dieses Argument nicht ganz von der Hand zu weisen, wie ein Rechenbeispiel zeigt. 2009 konnten für eine einzige Kuh folgende Prämien lukriert werden: Mutterkuhprämie 200 Euro pro Tier, zusätzliche nationale Prämie für Mutterkühe bis zu 50 Euro pro Tier, Schlachtprämie (ausgewachsene Rinder) 80 Euro pro Tier.[93] Macht in Summe bis zu 320 Euro Förderung für eine Kuh – oder auf das Jahr umgerechnet 1,26 Dollar pro Tag.[94] Zum Vergleich: Das ist in etwa jene Summe, mit der 1,4 Milliarden arme Menschen auf der ganzen Welt täglich auskommen müssen.[95]

Die große Umverteilung

Die Konkurrenz des freien Marktes bringt Bauern unter Druck und macht sie abhängig von öffentlichen Geldern. Obwohl scheinbar alle Länder irgendwie den freien Weltmarkt wollen, will man ihn in der Agrarpolitik doch nicht so sehr. Wie die folgende Tabelle zeigt, zahlt nicht nur Europa seinen Bauern Milliarden, um sie vor den niedrigen Weltmarktpreisen zu schützen. Laut einer Erhebung der Organisation für wirtschaftliche Zusammenarbeit und Entwicklung (OECD) vom Juni 2009 stehen die Förderungen für durchschnittlich 27 Prozent des Einkommens eines Landwirtes in der EU, in Norwegen sind es 62 Prozent, in den USA 10, in Kanada 16 Prozent.[96] Die nationalen Fördersummen in den Eu-Ländern sind dabei gar nicht mitgerechnet. Aufsummiert bewegen sich diese Summen im dreistelligen Milliardenbereich: »Die Regierungen der OECD-Länder haben im vergangenen Jahr [2008] 265 Milliarden US-Dollar zur Unterstützung von Landwirten zur Verfügung gestellt«, schreibt die OECD.

Öffentliche Unterstützung für Landwirte in Prozent der Einnahmen

	1986–88	2006–08	2006	2007	2008
Neuseeland	10	1	1	1	1
Australien	7	6	6	7	6
USA	22	10	11	10	7
Kanada	36	18	22	19	13
OECD	37	23	26	22	21
Europäische Union	40	27	31	25	25
Japan	64	49	52	48	48

Tabelle: Anteil der öffentlichen Subventionen am Bauerneinkommen, ausgewählte Länder, Stand 2008. Quelle: Agricultural Policies in OECD Countries 2009

Um diese großen Summen vor den Steuerzahlern zu rechtfertigen, verknüpfte die EU ihre Gelder über die Jahre mit immer neuen Auflagen: Umweltschutz, Tierschutz, klimaschonende Investitionen, Erhalt von Büschen zwischen den Feldern und vieles mehr. Bis 2014, wenn der neue EU-Finanzrahmen für die kommenden sieben Jahre in Kraft treten wird, könnte noch viel Neues hinzukommen. Schon 2013 will die EU den endgültigen Plan für die gemeinsame Agrarpolitik (GAP) festlegen. Bauern in ganz Europa zittern schon heute um ihre Fördergelder. Die

Vorschläge reichen von der Renationalisierung der Landwirtschaftspolitik über die Fortschreibung des aktuellen Systems bis hin zu einheitlichen Flächenprämien in ganz Europa.

»Einige Reformvorschläge in Zukunft werden sicher dahin gehen, den großen Posten der Betriebsprämien im EU-Budget zu kürzen«, ist Franz Fischler überzeugt. 2009 traf ich den Ex-EU-Agrarkommissar zum Interview, der mit seiner »Agenda-2000«-Reform den letzten zentralen Umbau des Fördersystems veranlasste. »Diese Vorschläge werden die Getreidebauern stärker treffen als die Milchbauern, die vor allem Mittel aus den Töpfen der ländlichen Entwicklung erhalten.«

Die Direktzahlungen seien aber auch weiterhin wichtig. Sie würden helfen, das Auf und Ab an den Rohstoffmärkten von den Bauern fernzuhalten. Das könnte in Zukunft aber schwieriger werden, glaubt Fischler: »Der Klimawandel wird zu stärkeren Preisschwankungen bei Rohstoffen führen, und die Spekulation wird diese massiv verstärken – auch nach unten.« Sinnvoll wäre in diesem Zusammenhang eine Versicherung der Bauern gegen Naturkatastrophen: »Das sollte man nahezu zur Pflicht machen.«

Doch was sagt der Ex-Kommissar zu anhaltender Kritik, die EU setze ihre Mittel nicht sorgfältig ein, gäbe fast die Hälfte ihres Budgets für einen aussterbenden Wirtschaftszweig aus, in dem nur vier Prozent aller Beschäftigten tätig sind, statt etwa kräftiger in Forschung oder Bildung zu investieren? Sogar Ex-Agrarkommissar Franz Fischler gibt den Kritikern teilweise recht und fordert, die Zwecke für öffentliche Subventionen präziser zu definieren: »Der Steuerzahler will wissen, wo der Nutzen ist.« Öffentliche Gelder sollten daher noch stärker an Voraussetzungen wie Landschaftspflege, Umweltmaßnahmen und andere Auflagen gebunden werden.

Lehnt man sich ein wenig zurück und überdenkt diese Milliardenumverteilung in unserer Nahrungsmittelerzeugung, kommt man an einem Gedankengang kaum vorbei: Zumindest ein großer Teil dieser Milliardenhilfen für die Landwirtschaft landet über Umwege wieder beim Konsumenten und Steuerzahler. Nur diese Flut an Geldern bewirkt letztlich, dass wir Konsumenten uns heute billig mit Nahrungsmitteln eindecken können und kaum mehr Geld für Essen ausgeben. Die ganze Förderpolitik ist eine riesige Umverteilungsmaschine, die Agrarpreise künstlich tief hält. So helfen etwa die EU-Milliarden den Bauern, Lebensmittel noch billiger erzeugen zu können, wovon wir Konsumenten profitieren. Doch im selben Kreislauf zahlen wir Steuerzahler Milliarden nach Brüssel, um unsere Bauern am Leben zu halten. Das Zwischenergebnis dieser Politik aber, die Discountpreise in der Herstellung unserer Nahrungsmittel, sorgt im Produktionsprozess für jede Menge Probleme, wie ich Ihnen auf den folgenden Seiten anhand der Tomatensauce für meine Tiefkühl-Pizza schildern möchte.

DIE TOMATENSAUCE

Der Tomatenbauer

Zurück zur Pizza. Nachdem ich mich bei der Recherche zum Teig bereits mit so schweren Themen wie EU-Geldern oder Spekulation als Preistreiber auseinandersetzen musste, war ich gespannt, worauf mich die Tomatensauce bringen würde.

Von ihr hängt meines Erachtens alles ab: Ob eine Pizza nur ganz okay oder ausgezeichnet ist, ist für mich eine Frage des Tomatengeschmacks. Als Anhänger der klassischen Neapel-Variante lasse ich von Exotischem wie Ananas oder Putenstreifen lieber die Finger – umso besser müssen dann die Tomaten für die Sauce sein.

Doch wissen Sie eigentlich, was eine gute Tomate ist? Zumindest die Frage, was eine Tomate ist, wurde 2008 von höchster Stelle geklärt. Nach zähen Verhandlungen einigten sich die Welternährungsorganisation FAO und die Weltgesundheitsorganisation WHO im Sommer 2008 endlich auf eine gemeinsame Definition.[97] In einem eigens geschaffenen Tomatenkodex heißt es, dass die Standardtomate in vier Formen auftreten kann: als runde Tomate, Fleischtomate, längliche sowie Kirsch- bzw. Cocktailtomate. Um das festzulegen, brauchte man ganze sieben Jahren!

Was eine gute Tomate ist, sollte ich hingegen bei einer Reise nach Sizilien erfahren. Eine nette Bekannte lud mich 2009 zu ihrer Hochzeit in den Westen von Sizilien ein. Nachdem die Gespräche mit den Freunden des deutschsprachigen Bräutigams abflauten, wurde ich am späteren Abend als Agrarjournalist dem Tomatenbauer Gaetano Salerno vorgestellt.

Salerno trug einen teuren Anzug, der durch Weste und Taschenuhr noch an Klasse gewann. In dieser stattlichen Aufmachung wäre er auch als Senator durchgegangen. Ein gemeinsamer Espresso an der Bar stärkte die Freundschaft, und wenig später fand ich mich in einem angeregten Gespräch über Pizza-Tomaten, Erntezyklen und Preise wieder – auf Italienisch und mitten auf einer Hochzeit.

»Ich mache das seit 35 Jahren«, erklärte er, und in dieser Zeit hätte sich wenig verändert. »Anders als die großen Kooperativen, wo alles maschinell geht, pflücke ich noch immer mit der Hand.« Wenn es viel zu tun gebe, helfe ihm sein Neffe Angelo, in der Hochsaison oft auch Nachbarn oder Freunde. Aber dann korrigierte er sich und fand doch noch eine Veränderung: »Die Tomaten sind kleiner geworden«, meinte er, das liege wohl im Trend.

Zweimal pro Jahr erntet er Tomaten von den Sträuchern, die direkt auf dem Feld wachsen und keine Folientunnels brauchen. Bewässern muss er sein 200 Quadratmeter großes Tomatenfeld trotz Hitze nicht. Seine Tomaten verkauft er auf lokalen Märkten. Exportieren könnten nur die großen Genossenschaften rund um Marsala oder Neapel. Was er nicht als Salattomaten verkaufen kann, wird nach alter Tradition von den Frauen in kleine Würfel geschnitten, in Flaschen abgefüllt, erhitzt – fertig sind Pizza-Tomaten und Sugo für Pasta.

12 Stunden später war ich auf seinem Tomatenfeld und erhielt noch Anfang Oktober die Aufforderung, einige Tomaten zu pflücken. Salerno hatte seinen besten Anzug gegen Jeans und T-Shirt getauscht, war aber noch vergnügter als am Tag zuvor: »Mangia, mangia – iss, iss!«, rief er mir zu, und der süße Geschmack von natürlich gereiften Tomaten schoss mir ins Gehirn. Zwischen 1 und 1,50 Euro bekommt er für das Kilo frische Tomaten am Markt, für die gewürfelten 25 Cent. Bei einer Erntemenge von 2000 Kilogramm kann er jedoch mit seiner Familie

davon nicht leben, so dass Salerno auch Getreide anbaut und Wein erntet.

Dann zeigte er mir stolz seine Regale, wo ordentlich aufgereiht Hunderte kleiner Flaschen mit Sugo standen, seine Weinfässer, in denen der frische Most ordentlich rumorte, und seine Bananenstauden und Granatäpfelbäume, deren Früchte ein Mitteleuropäer nur aus dem Supermarktregal kennt. Zum Abschied drückte mir Salerno zwei mit Sugo gefüllte Bierflaschen in die Hand und gab mir einen durchaus wertvollen Tipp mit auf den Weg: »Weißt du, für eine gute Pizza, da müssen die Tomaten frisch sein.«

Der rote Riese

Nicht jeder hat das Glück, dass seine Tomaten direkt vor seiner Haustür wachsen. In nördlicheren Gebieten wie Deutschland oder Österreich bauen sie Gärtner vor allem in Glashäusern oder Folientunnels an. Diese Konstruktionen aus Metallträgern und Glas oder hellen Plastikplanen schaffen konstante Temperaturen und viel Licht. Der Boden spielt bei diesem Anbau oftmals keine Rolle: Es ist schon möglich, die Tomatenpflanzen in neutralen Trägermaterialien wie Steinwolle zu kultivieren, indem man sie regelmäßig mit einer Nährstofflösung versorgt. Hummelkolonien sorgen für die Bestäubung der Tomatenblüten. Um das Wachstum zu beschleunigen, werden die Tomatenpflanzen in einigen Betrieben künstlich mit CO_2 begast, was die Photosynthese ankurbelt.[98] Begast werden manchmal auch die Tomaten selbst: Müssen sie über längere Strecken transportiert werden, werden sie noch recht grün geerntet. Durch eine Begasung mit Ethylen, das auch von der Pflanze selbst produziert wird, kann am Zielort für eine rasche Nachreifung gesorgt werden.

Aber zurück zur Tomatensauce für unsere Pizza: Die wird meist dort erzeugt, wo große Mengen an Tomaten anfallen. Mit einem Produktionswert von knapp acht Milliarden Dollar führt China vor den USA die Rangliste der größten Tomatenländer weltweit an, in Europa sind es Italien und Spanien.[99] Die nicht verkauften Salattomaten wandern wie beim Kleinbauern Salerno in die Sauce – allerdings in größerem Umfang.

Die Verarbeitungskonzerne in Europa heißen Unilever, Hengstenberg (Marke Oro di Parma), Cirio oder Mutti. Francesco Mutti führt den Familienbetrieb aus dem italienischen Parma nun in vierter Generation. Als wir uns treffen, trägt er einen gutsitzenden Anzug, die grauen Schläfen passen so gar nicht zum jugendlichen Aussehen des sympathischen Italieners. Über 90 000 Tonnen Tomatenprodukte setzte sein Unternehmen 2009 ab und erzielte damit einen Umsatz von 143 Millionen Euro. Seit 1899 verarbeitet das Unternehmen ausschließlich Tomaten. 1951 erfand einer seiner Vorgänger das erste Tomatenmark in der Tube und 1971 brachte man Polpa fine – feingehackte Tomaten – in der Dose auf den Markt. Heute sind die Produkte des Tomatenriesen Mutti in über 50 Ländern weltweit erhältlich.

Tomaten, Salz, Basilikum, Oregano, Zwiebeln und natürliches Aroma stecken in seiner Pizza-Sauce. Für passierte Tomaten reichen ihm Tomaten und Salz, auf Konservierungs- oder Verdickungsstoffe verzichtet man. Produziert werden fast ausschließlich Tomatenprodukte für den Einzelhandel sowie für die Gastronomie-Großmärkte. Nur in Überschuss-Jahren wird auch an die Industrie geliefert. Die Rohstoffe kommen aus der Region: »Innerhalb von 70 Kilometern um Parma wird ein großer Teil der italienischen Tomaten angebaut«, schätzt Mutti.[100]

Direkt nach der Ernte kommen die Tomaten in die Verarbeitungsanlage in der Gegend um Parma, wo Proben genommen werden. »Spätestens sechs Stunden nach der Ernte müssen die

Tomaten bei uns im Wasser sein, danach werden sie direkt verarbeitet und in Dosen gefüllt«, pocht Mutti auf Geschwindigkeit. Grüne oder gelbe Tomatenstücke werden streng ausgesondert. Daher die besondere Qualität: Während andere Hersteller aus 100 Kilogramm Tomaten bis zu 60 Kilo Polpa (feingehackte Tomaten) machen, wären es bei Mutti gerade einmal 19 Kilo.

»Wir haben rund 140 Bauern, die uns durchschnittlich je 1000 Tonnen Tomaten pro Jahr liefern«, erzählt Mutti. Für die geforderte Premium-Qualität zahlt er fünf bis sieben Prozent mehr als der Markt. Üblicherweise erhalten die Bauern rund zehn Cent je Kilo (Bauern, die Tomaten höchster Qualität liefern, bekommen mehr Geld). Die einst üblichen Förderungen für Bauern und Verarbeiter hätte die EU seit 2008 kräftig gekürzt mit Plan-Ende 2011. Zeitweise hatten die Verarbeiter von der EU 180 Euro pro Tonne Tomatenmark erhalten[101] – und brachten, so subventioniert, Märkte in Entwicklungsländern unter Druck.

Doch zurück zu den Bauern: Muttis Bauern wissen schon im Januar den Preis, den sie im Sommer erhalten werden, und stehen mit Mutti in einem Vertragsverhältnis. Dafür sichert er sich auch ein Mitspracherecht bei den Böden und achtet auf einen vierjährigen Fruchtwechsel. Im Februar werden die Tomatensamen im Glashaus ausgesät, bis April wachsen die Pflanzen. Im Mai werden die jungen Tomatenpflanzen mit Maschinen auf Äckern ausgepflanzt, meist wird im August dann geerntet. »Die Ernte dauert rund 65 Tage. Sie geht meist von Mitte Juli bis in den September«, erzählt mir Mutti. In dieser Zeit arbeite man sieben Tage die Woche, beschäftige bis zu 400 Mitarbeiter. Bei seinen Lieferanten, die bis zu 30 Hektar Tomaten anpflanzen, erfolgt die Ernte immer öfter mittels Erntemaschinen. Tomaten zum sofortigen Verzehr werden aber immer noch mit den Händen geerntet, erklärt mir der Tomaten-Experte.

Diese Arbeit, die monoton und schlecht bezahlt ist, erledigen zu großen Teilen Saisonarbeiter. In Deutschland kommen sie aus

Polen oder noch weiter aus dem Osten, in Italien oder Spanien aus Afrika. Schon des Öfteren las ich von üblen Behausungen der Erntehelfer im spanischen Almeria, aber auch von schlechten Unterkünften polnischer Spargelstecher in Deutschland. Dass hinter der Ernte von Tomaten und anderen Obst- oder Gemüsesorten ein wahres System der Ausbeutung von verzweifelten Menschen steckt, sollte mir bei einer Recherche-Reise in Italiens Süden drastisch vor Augen geführt werden.

Die Revolte der Saisonarbeiter

Ob Tomaten, Erdbeeren, Trauben, Äpfel oder Orangen: Der Anbau von Obst und Gemüse ist arbeitsintensiv. Zwischen der Zeit der Reife und des Verderbens liegt oft nur ein kurzes Zeitfenster von wenigen Wochen. Weil die Früchte sensibel sind, ist eine maschinelle Ernte anders als beim Getreide nur schwer bzw. nur mit teuren Spezialmaschinen möglich. Gefragt sind in dieser Zeit daher viele fleißige Hände, die in wenigen Wochen die Ernte einholen. Die Löhne für diese Arbeit sind aber denkbar niedrig, gilt es doch, mit Anbietern in Nordafrika oder Lateinamerika zu konkurrieren. Wohin dieses Lohndumping aber führt, möchte ich Ihnen nun am Beispiel der Orangenernte in Süditalien erzählen.

Eigentlich könnte im süditalienischen Rosarno eine der größten Fabriken für Olivenöl im ganzen Land stehen. Doch in den 1970ern, nachdem man einige Milliarden Lire investiert hatte, überlegten es sich Politiker und lokale 'Ndrangheta-Mitglieder anders: Die fertige Fabrik startete nie mit der Produktion. Trotzdem herrschte in der Fabrik Sila wenige Kilometer vor Rosarno im Winter 2009/10 Hochbetrieb. Zwischen 600 und 700 Saisonarbeiter aus Afrika hausten hier – ohne Betten, ohne fließendes Wasser, ohne Toiletten, ohne Strom. Sie lebten hier bis zum

Nachmittag des 7. Januar 2010, als die Situation überkochte: In einem langen Demonstrationsmarsch zogen sie an diesem Tag vor das städtische Rathaus, um auf ihre menschenunwürdige Situation aufmerksam zu machen. Es kam zu Ausschreitungen mit Sachschäden; es kamen Polizisten und Tränengas – und das kleine Städtchen Rosarno kam in die internationalen Schlagzeilen.

Drei Monate später stehe ich mit Salvatore Moro vor der nie eröffneten Fabrik an der Via Nazionale in Rosarno. Aus den offenen Fenstern in zehn Meter Höhe wehen Plastikfetzen, an der Straßenkreuzung davor zeugt ein verkohltes Autowrack von den Protesten. »Wir können reingehen, es ist niemand mehr hier«, fordert mich Moro auf. Der Chef der lokalen Biobauern kennt die Situation genau – schließlich versuchte er als Lokalpolitiker jahrelang, etwas an der Situation der Saisonarbeiter zu ändern: »Sie wurden alle weggebracht, einige sind auch freiwillig zu Fuß weitergezogen«, erklärt er. Gemeinsam betreten wir die Fabrik. »Hier, das war wohl der Drei-Sterne-Bereich«, meint Moro und verweist auf einen windgeschützten Platz zwischen riesigen Silos. Zahlreiche am Boden liegende Kleidungsstücke zeugen von der hastigen Abreise ihrer Bewohner. »Und hier, das war schon fünf Sterne«, erwidere ich und blicke durch eine rund einen Meter breite Öffnung auf den Boden eines Silos. Auf Augenhöhe liegen eine Matratze, dazu bunte Decken und ein Polster. Davor ein Löffel mit rotem Plastikgriff, noch verschmutzt mit Essensresten. Bei der eiligen Abreise empfand ihn sein Besitzer wohl als nicht wichtig genug.

Wir treten vor die Fabrik. Ein Auto ist zurückgeblieben, ein grauer alter Fiat mit bulgarischem Kennzeichen. Er gehörte wohl einem der Vorarbeiter. Dahinter wehen Dutzende Plastikfetzen von einer Art Laube aus Metall, darunter nackter Betonboden: »Ein Schlafplatz«, meint Moro, und als ich ungläubig dreinblicke, erklärt er: »Um sich vor dem kalten Meereswind zu schützen, wurden am Abend einfach die Planen heruntergelassen.« So sah also der Null-Sterne-Bereich aus.

Deprimiert verlassen wir das Gelände: »Jeden Morgen ab halb sechs Uhr warteten hier auf der Via Nazionale Hunderte junge Männer auf Arbeit«, erzählt mir Moro die Geschichte der Menschen, die einst in der Fabrik hausten. »Sie kamen aus Afrika nach Italien, um saisonal zu arbeiten.« Allerdings wären viele von ihnen nach Italien gekommen, mit der Absicht zu bleiben. Moro: »Aber es gibt in Italien das Gesetz Bossi-Fini, welches Leute, die eine Einreiseerlaubnis bekommen hatten, wieder nach Hause schickt.« Viele würden untertauchen, um illegal in Italien zu bleiben.

Diese Illegalität fördert ein System der Ausbeutung, das der kalabresischen Mafia 'Ndrangheta in die Hände spielt. Die Nachwuchskräfte der 'Ndrangheta würden den Bedarf der Arbeiter für die Ernte von Orangen, Mandarinen oder Oliven ermitteln und die Arbeiter mit ihren Autos zur Ernte bringen, erzählt Moro: »Dafür kassieren die Capolavori genannten Vermittler doppelt: bei den Bauern und bei den Arbeitern.« Die Absicht, den Vermittlungspreis von fünf auf sieben Euro zu erhöhen, brachte das Fass zum Überlaufen. Einige Erntehelfer weigerten sich zu zahlen – und wollten das Geschäft selbst mit den Bauern ausmachen. »Die Ursache für die Revolte war, dass die 'Ndrangheta zeigen wollte, dass sie hier das Sagen hat«, erzählt Moro. Zahlreichen Zeitungsberichten zufolge verletzten Unbekannte zwei Schwarze mit einer Schrotflinte. Das Gerücht, die Mafia beginne, auf sie zu schießen, vier von ihnen wären schon tot, ließ die teils illegalen Erntehelfer ihre Angst vor der Polizei vergessen.

»Sie haben Autos umgekippt, die Straße blockiert, Feuer gelegt«, erzählt Moro. Bei einer Demonstration vor dem Rathaus kam es zu Straßenschlachten zwischen Immigranten und Einwohnern. Die lokale Bevölkerung hätte Angst bekommen angesichts der Brutalität, meint der Bauer: »Es ist fast ein rassistisches Klima entstanden« – obwohl viele ihrer Vorfahren einst selbst ausgewandert sind und die Menschen daher sehr viel Verständnis für dieses schwere Los haben. Um die Situation zu beruhigen, schickte die Regierung tags darauf Polizei und Militär. Insgesamt wurden an diesem Wochenende 67 Menschen verletzt: 31 Immigranten, 19 Polizisten und 17 Einwohner. 72 Stunden nach den ersten Protesten wurden die einstigen Bewohner der Slums in Autobusse verfrachtet und in Auffanglager in Bari und Crotone gebracht. Hunderte von ihnen gingen zuvor schon freiwillig.[102]

Schon seit den 1980ern kommen Afrikaner ab November zur Ernte von Mandarinen und Orangen auf die Hochebene von Rosarno/Gioia Tauro. Auf 25 000 Hektar stehen hier Orangenbäume, dazu kommen 45 000 Hektar an Olivenbäumen. Rosarno, das ist das Florida Italiens – nur mit zahlreichen Bauruinen statt Art-Deco-Gebäuden. Die Arbeit, die einst die Italiener aus dem armen Süden erledigten, ist nun Angelegenheit von rund 3000 Immigranten. Maximal 25 bis 30 Euro können die Saisonarbeiter am Tag verdienen – abzüglich einer Vermittlungsprovision. Der Arbeitstag ist lang: Er beginnt oft um sechs Uhr und endet erst um 21 Uhr.

Gab es früher reichlich zu tun, ist Arbeit jetzt rarer geworden, erzählt Bauer Moro. Nun gäbe es höchstens zweimal in der Woche Arbeit für die Migranten. Eine entscheidende Rolle spielte dabei die Förderpolitik der EU. Biobauer Moro: »Bis vor einigen Jahren zahlte die Europäische Union Beiträge, die an die produzierte Menge gebunden waren. Man sammelte die Zitrusfrüchte und zerstörte sie, um den Preis zu halten.« Es galt immer mehr zu produzieren. Die Qualität zählte nicht.

Seit 2007 aber ist alles anders. Da änderte die EU (auch auf Druck der WTO) die Förderrichtlinien für den Obstanbau – weg von mengengekoppelten Zahlungen hin zum Standard-Flächenmodell.[103] Moro: »Nun gibt es eine fixe Förderquote, die mit der Anbaufläche zusammenhängt. Deshalb findet man heute einen Zitrusfrüchte-Anbau, der keinen Absatzmarkt findet.« Konsumenten müssten für ein Kilo Zitrusfrüchte etwa 1,50 bis 2 Euro ausgeben. Moro: »Aber hier erntet man das Kilo um rund 25 Cent. Zu diesem Preis habe ich als Obstbauer meine Früchte dieses Jahr nicht geerntet, weil ich Verlust machen würde. Schon letztes Jahr haben wir 200 Euro draufgezahlt.« Die Konsequenz: Immer öfter werden von September bis Dezember nur die höherpreisigen Clementinen geerntet. Die ab Dezember reifen Orangen verfaulen in den Gärten, besonders, wenn die Preise wieder abstürzen: »Wegen des Preisdrucks durch billige Ware aus Nordafrika erhalten die Bauern heute weniger Cent je Kilo Orangen«, erzählt Moro. Angesichts dieser niedrigen Preise seien die Lohnkosten trotz Billighelfern oft zu hoch.

Für die Wohnungsmiete der Arbeiter will kein Bauer mehr aufkommen. Auch für die Migranten wurde das zunehmend schwieriger: »Wer nur eine Woche im Monat arbeitet, kann nicht einmal seine Miete bezahlen«, erzählt El Afia Abdel-Ilah. Vor 23 Jahren startete auch er sein neues Leben als Erntehelfer in Rosarno. Heute ist er Funktionär bei der lokalen Gewerkschaft CGIL und versucht, auf die missliche Lage der Erntehelfer aufmerksam zu machen: »Wer hier Miete zahlt, zahlt nicht für eine Wohnung, sondern nur für ein Bett«, erklärt er. Das sei schon zu seinen Zeiten als Erntehelfer üblich gewesen, so Abdel: »Als ich durch dieses Land fuhr, schlief ich oft mit drei oder sogar fünf Personen in einem Raum, weil der Besitzer der Häuser einzelne Betten vermietete.« Mit dem geringer werdenden Einkommen wurde auch dieser letzte kleine Komfort zunichtegemacht: Rund 600 Saisonarbeiter zelteten vor dem Aufstand in der Nähe der Felder, viele zogen in leerstehende Gebäude. Abdel: »Sie leben dort schlechter als die Tiere. Den Dreck und den Gestank kann man sich nicht einmal vorstellen.«

Von »unmenschlichen Zuständen« spricht auch Vicenzo Alampi, als wir uns treffen. Er ist Direktor der lokalen Caritas-Organisation Oppido Mamertina – Palmi. »Wir gingen um fünf Uhr in der Früh hinaus und sahen, wie sie fröstelnd aus ihren Baracken krochen. Sie hatten nichts Ordentliches anzuziehen, keine Mäntel und keine Jacken. Es war denkbar kalt, doch sie hatten nur T-Shirts an«, erzählt er. Denn die Orangen werden im Januar geerntet, wo die Temperatur auch in Süditalien abends bis auf wenige Grad über null sinkt.

Organisationen wie Caritas oder Ärzte ohne Grenzen und viele Bürger versuchten zu helfen, die Behörden jedoch hätten untätig zugesehen, kritisiert Alampi: »Alle wussten, was los war, aber niemand unternahm etwas.« 70 Prozent der Menschen hätten eine legale Aufenthaltsgenehmigung gehabt. Die Politik wisse schon ewig von dem Problem – verdränge es aber. Die Caritas könne nur die schlimmsten Nöte lindern, die strukturellen Probleme müsse aber die Politik lösen: »Der Staat müsste zuerst würdige Behausungen mit fließendem Wasser, Strom, Dusche und WC bauen. Das gehört in menschenwürdige Häuser. Und die Immigranten sollten eine kleine Miete bezahlen sowie die sozialrechtlichen Abgaben«, meint Alampi. Eine Fremdenfeindlichkeit in der Gemeinde ortet er nicht: »Die Leute sagen, die Erntehelfer dürfen und sollen bleiben.« Man brauche sie für schwere landwirtschaftliche Arbeiten, die sonst niemand machen wolle. Dass der Staat die zugesagte Investition in ein Aufnahmezentrum bis zur nächsten Erntesaison zustande bringe, glaubt er kaum.

System der Ausbeutung

Saisonarbeit der Migranten, das ist nicht auf die Orangenernte beschränkt. Sie ist eine wichtige Voraussetzung für die Produktion von saisonalen Nahrungsmitteln, wie ich lernte. Gewerkschafter El Afia Abdel-Ilah erzählte mir von der Route, die Italiens Saisonarbeiter üblicherweise im Jahresverlauf absolvieren: »Im November und Dezember ernten die Migranten Clementinen, im Januar und Februar Orangen in Kalabrien. Dann gehen sie nach Neapel zur Pfirsich- und Kirschernte und danach nach Apulien zur Tomatenernte.« Im Herbst folgt oftmals noch die Apfelernte im Trentino. Danach beginnt der Kreislauf von vorn.

Rosarno, das hätte also überall sein können. Überall dort, wo frische Lebensmittel noch günstiger als bisher produziert werden, damit sie auf dem freien Markt eine Chance haben. Dort, wo wir uns über die nächste Preisschlacht der Discounter freuen, ist das Risiko groß, dass die Einsparungen zu Lasten der Schwächsten gehen.

»Die Verarmung der Landwirtschaft hat die Qualität der Arbeit vermindert«, ist Andrea Ferrante, der Präsident der italienischen Biobauernvereinigung AIAB, überzeugt. Nur so hätten sich diese Mechanismen der Ausbeutung bilden können – und nur sie würden die billigen Supermarktpreise ermöglichen: »Ohne die Beschäftigung von Migranten wäre die Obst- und Gemüseernte in Italien zu den heutigen Preisen nicht mehr möglich. Sie sind essentiell für das Funktionieren dieser Art von Agrarindustrie.«

Die Lebensmittelindustrie würde so tun, als ob sie von all dem nichts wüsste. Ihre niedrigen Preise sind es, die die Bauern oftmals in dieses System der Ausbeutung drängen: Auf 30 bis 40 Prozent schätzt Antonio Onorati die Zahl der illegalen Beschäftigten in Italiens Landwirtschaft. Eine offizielle Beschäftigung würde zwischen 36 und 60 Euro pro Tag kosten, meint der Präsident der italienischen NGO Associazione Rurale Italiana. Das sei für Bauern kaum zu finanzieren: »Der Preis von Gemüse und Obst wird gebildet durch Produktions- und Lieferverträge, die vom Großhandel kontrolliert werden.« Die Summe der Produktionskosten für den Bauern spiele hingegen keine Rolle, denn der Bauer könne aufgrund seiner geringen Marktmacht nicht mit dem Großhandel verhandeln: »Um ein ökonomisches Ergebnis zu bekommen, muss er die Herstellungskosten senken. Der einzige Punkt, an dem er eingreifen kann, sind die Arbeitskosten«, meint Onorati, der anfügt, dass dies in Familienbetrieben meist in der Selbstausbeutung der eigenen Arbeitskraft münde. Die Alternative für Großbetriebe: illegale Beschäftigung.

»Genau in diesem Mechanismus der Illegalität der landwirtschaftlichen Arbeit spielt die 'Ndrangheta eine wichtige Rolle«, erzählt er. »Betreut« würden auch die vor- und nachgelagerten Bereiche. Neben der Arbeitsvermittlung seien diese Organisationen auch in den Großmarkthallen sehr stark vertreten. Während die Mafia von dieser Landwirtschaft profitiert, zahlen Tausende Erntehelfer die Zeche, obwohl sie für das System unentbehrlich sind: Die Caritas Italiana vermutet, dass sich rund 500 000 Einwanderer ohne Papiere in Italien aufhalten. Die Hälfte etwa arbeite illegal auf den Feldern.[104]

Auch in anderen Ländern ist die Obst- und Gemüseernte ohne billige Erntehelfer kaum denkbar. Laut Zahlen des deutschen Bauernverbandes arbeiten jährlich 340 000 Saisonarbeitskräfte bei der Ernte von Obst und Gemüse in Deutschland. 80 Prozent davon wären nicht deutscher Herkunft, sie kommen meist aus Polen. Auch wenn die Wohnsituation eine andere ist: Die Arbeit ist hart, der Lohn denkbar gering.

Die Hoffnung der Asylanten

Saisonarbeiter aus Osteuropa, Arbeitslose, Asylanten: Nur wenige Gesellschaftsschichten sind bereit, die körperlich anstrengende Erntearbeit zu erledigen. Wenn rechte Politiker nach noch härteren Vorgangsweisen gegen Migranten rufen und so auf Stimmenfang gehen, verschweigen sie, dass dies in letzter Folge unsere Nahrung entscheidend verteuern würde. Denn die Billigproduktion unserer Nahrungsmittel spart bei jenen Menschen, die kaum Alternativen besitzen, damit wir mehr Geld in den Taschen haben.

Aber warum tun sich diese Menschen unwürdige Lebensumstände und Schikanen von Vorarbeitern an? Ausweglosigkeit und Hoffnung sind wohl für viele von ihnen zwei gegensätzliche, aber zentrale Antriebsfedern. Einige der ausgebeuteten Menschen haben zuvor die Investition ihres Lebens getätigt – in eine Reise von Afrika nach Europa. Der italienische Journalist Fabrizio Gatti hat sie mitgemacht:[105] In seinem Buch *Bilal* berichtet er über den beschwerlichen Weg von Dakar im Senegal über Niger und Libyen nach Italien. Er beschreibt die tagelange Reise von 150 Personen auf einem Lastwagen durch die Ténéré-Wüste, die Schläge und Erpressungen durch Beamte auf der Route, das Geschäft mit morschen Fischerbooten für die Fahrt über das Mittelmeer und schließlich das große Aufnahmelager Lampedusa, in das er sich mit einer falschen Identität schmuggelt.

Neben zahlreichen Entbehrungen, gesundheitlichen Gefahren sowie dem Risiko, in der Wüste oder auf dem offenen Meer ums Leben zu kommen, laufen für den Reisewilligen Kosten auf von rund 1900 Euro inklusive Transport durch die Wüste, Bestechungsgeldern und Überfahrt mit dem Boot von Lybien aus. Zum Vergleich: Der Monatslohn einer Kellnerin im Senegal liege bei umgerechnet 15 Euro, schreibt Gatti.[106]

Diese Rieseninvestition für eine Reise in ein besseres Leben ist nur mit Hilfe von Eltern, Brüdern, Schwestern, Onkeln, Cousins, Bekannten etc. zu stemmen. Entsprechend groß sind die Erwartungen – und ebenso groß die Verzweiflung, wenn europäische Gesetze Arbeit unmöglich machen und zügige Abschiebungen nach Hause garantieren wollen. Saisonarbeit auf den Feldern und das Baugewerbe sind die einzigen Chancen, für harte Arbeit zumindest etwas Geld zu bekommen – auch ohne gesetzliche Erlaubnis.

Von einem Saisonarbeiter in Süditalien profitiere zu Hause in Afrika oft eine Großfamilie mit bis zu 20 Menschen, ist Caritas-Chef Vincenzo Alampi überzeugt: »Über Agenturen schicken sie, was sie verdienen, nach Hause, weil sie hier fast nichts ausgeben. Bei uns sind die Summen nichts wert, aber bei ihnen baut man mit 2500 Euro ein Haus.« 100 bis 200 Euro würden die Saisonarbeiter pro Monat nach Hause schicken, schätzt Gewerkschafter El Afia Abdel-Ilah. Viele der Menschen würden nach Ende der Saisonarbeit untertauchen: »Ich glaube nicht, dass man einem Armen, der herkommt, anfängt zu arbeiten und ein bisschen was verdient, nach sechs Monaten sagen kann, du sollst nach Hause gehen. Das ist unmöglich.« Doch genau das regeln italienische Gesetze – wer keine Arbeit hat, wird illegal.

Die Hoffnung, immer wieder Arbeit zu finden und damit Geld nach Hause schicken zu können, ist gar nicht so abwegig: Zahlen der UNO zufolge waren 2005 rund 75 Millionen Menschen aus Entwicklungsländern internationale Migranten. Drei Jahre später, 2008, betrugen ihre (offiziellen) Überweisungen in die Heimatländer 300 Milliarden Dollar oder zwei Prozent der weltweiten Wirtschaftsleistung.[107] In schwächeren Volkswirtschaften sei die Bedeutung weit höher: In Ägypten oder Nigeria würden die Zahlungen zwischen fünf und zehn Prozent des jeweiligen BIP betragen, in Tadschikistan gar 47 Prozent.

Groß sind also die Erwartungen, und noch größer die Enttäuschungen der Zu-Hause-Gebliebenen, wenn der Auserwählte in Europa scheitert. Ideale Opfer also für ein ausbeuterisches System in der Agrarindustrie. El Afia Abdel-Ilah will auf diese Situation aufmerksam machen. Er hat Angst, dass die Politik das Thema Saisonarbeiter rasch wieder vom Tisch haben will: »Wir wollen das Thema der Einwanderung in der Öffentlichkeit präsent halten«, meint er. Abdel weiß: Wenn für immer mehr Menschen Rosarno nur eine kleine, monatealte Schlagzeile wird und schließlich verblasst, wird auch das Schicksal der Wanderarbeiter aus unseren Köpfen verschwinden. Sie aber werden da sein – und uns mit zu billigem Obst und Gemüse versorgen.

Gift ist billiger

Die geringste mögliche Bezahlung von menschlicher Arbeit in der Landwirtschaft wird ausgelöst durch einen Wettlauf um die niedrigsten Produktionskosten. Internationale Bezugsmöglichkeiten von Rohstoffen und Nahrungsmittelerzeugung in Niedriglohnländern dienen als subtiles Druckmittel auch für Bauern in Wohlstandsnationen. Dankbar ist man da für alle Möglichkeiten, den Kostenfaktor Arbeit aus der Produktion so weit wie möglich zu eliminieren.

Eine wichtige Säule der Lebensmittelproduktion sind heutzutage daher die chemischen Helfer – die eine menschliche Arbeitskraft gleich gänzlich ersetzen. Unkraut zu jäten oder Kartoffelkäfer per Hand einzusammeln war gestern: Der Einsatz von »Pflanzenschutzmitteln«, wie Pestizide (gegen Schädlinge) und Herbizide (gegen Unkräuter) genannt werden, senkt die Kosten der Produktion. Zuvor sorgen Düngemittel für Nährstoffe im Boden, damit die Pflanzen groß und widerstandsfähig sowie ertragskräftig werden. Beide sind in der modernen Herstellung von Nahrungsmitteln weit verbreitet – auch in der Produktion der Tomaten für meine Tiefkühl-Pizza: Dank der Vermeidung von Ernteausfällen ermöglichen die chemischen Helfer eine konstante Rohstoffversorgung der weiterverarbeitenden Industrie; kämen sie nicht zum Einsatz, würden die Erträge weit kräftiger schwanken und mit ihnen auch die Preise für die Konsumenten. Auch hier profitieren Verbraucher von günstigen Preisen. Für die entstandenen Umweltprobleme zahlen sie an der Supermarktkasse nicht.

Die chemische Industrie weiß um ihre wichtige Rolle in der industriellen Herstellung von Nahrung und lässt sich für diese Produktionshilfe ordentlich entlohnen. Wie in anderen Agrarbereichen ist auch hier die Machtkonzentration groß, die zentralen Partner für die Bauern sind milliardenschwere Konzerne: Im Bereich Pflanzenschutz heißen sie Bayer, Syngenta, BASF oder Monsanto, bei Düngemitteln Yara, Agrium, Potash oder K+S.

Dass man mit den eingesetzten Mengen ein gutes Geschäft machen kann, zeigt der Jahresumsatz bei Pestiziden: Laut Zahlen des deutschen Industrieverbandes Agrar war der weltweite Markt für Pflanzenschutz 2008 stolze 27,1 Milliarden Euro schwer.[108] Das Geschäft teilen sich weltweit nur wenige Player. Die Konferenz der Vereinten Nationen für Handel und Entwicklung (UNCTAD) schätzte anhand der Umsatzzahlen 2004 die Marktkonzentration und kam zum Ergebnis: »Allein die drei führenden Konzerne (Bayer, Syngenta und BASF) repräsentierten schätzungsweise rund die Hälfte des Marktes.«[109]

Neben der Machtkonzentration in den Händen der Industrie führen Kritiker im Bereich Düngemittel immer wieder die negativen Umweltauswirkungen an: »Die Herstellung von einem Kilogramm Stickstoffdünger setzt etwa sechs Kilogramm CO_2 frei«, kritisiert die Nichtregierungsorganisation (NGO) Klimabündnis Österreich. Auf dem Feld gibt der Stickstoffdünger, wenn er sich auflöst, als Nebenprodukt das klimaschädliche Lachgas N_2O in die Luft ab. Hinzu kommen weitere 19 Kilo CO_2 pro Kilo eingesetztem Pestizid.[110] Zu viel, meinen die Klimaschützer: Durch den Verzicht auf Pestizide und vor allem auf Düngemittel, würde die biologische Landwirtschaft dem Klima pro Hektar 60 Prozent CO_2 ersparen.[111]

Auch das Grundwasser leidet unter dem intensiven Einsatz von Dünger und Pflanzenschutzmitteln. Etwa 30 Prozent des Grundwassers in Deutschland sind mit Pestiziden oder ihren Abbauprodukten verunreinigt, schätzen Experten. Setzt man Kosten von 75 Cent für die Aufbereitung von einem Liter Trinkwasser an, ergibt das 150 Millionen Euro pro Jahr.[112] Zudem kann es zur Anreicherung von problematischen Stoffen wie Kupfer im Boden kommen. Auch die Artenvielfalt ist durch den Chemieeinsatz bedroht: Forscher rund um Professor Teja Tscharntke von der Universität Göttingen analysierten in neun europäischen Regionen die Auswirkungen von immer intensiverer Landwirtschaft auf Pflanzen, Käfer und auf dem Boden brütende Vögel.[113] Kernaussage der Studie: Verdoppelt sich die Getreideproduktion, halbiert sich die Zahl der Pflanzenarten, die Käfer- und Vogelvielfalt sinkt um ein Drittel. Zwar würde sich auch das Verschwinden von Büschen und Wiesenstreifen aufgrund der Ausbreitung von Monokulturen negativ auswirken, Hauptursache für das Artensterben sei aber der Einsatz von Pestiziden.

Müssten die Chemiekonzerne für all diese Umweltschäden aufkommen, die durch ihre Produkte verursacht werden, wären Pestizide und Dünger viel teurer und die Landwirte würden weit sparsamer damit umgehen. Der schon erwähnte Weltagrarbericht drängt genau auf diese Handlungsoption: »Pestizide und Düngemittel wirken sich weltweit negativ auf die Qualität von Luft, Böden und Wasserquellen aus«, heißt es.[114] Der Bericht empfiehlt die »Reduzierung des Einsatzes von Agrarchemikalien« als Maßnahme für mehr Nachhaltigkeit in der Landwirtschaft. Um dieses langfristige Ziel herbeizuführen, sind auch politische Entscheidungen nötig. Eine der wichtigsten Maßnahmen, um diese negativen Effekte zu minimieren, sei die »Abschaffung verkehrter Subventionen für synthetischen Dünger«, steht im Bericht. Gleiches gelte für Pestizide.[115] Das heißt: Noch trägt die Kosten der industrialisierten Landwirtschaft zu großen Teilen die Umwelt. Bleibt zu hoffen, dass uns unsere Erde mittels abnehmender Bodenfruchtbarkeit, vergiftetem Trinkwasser oder Zunahme von extremen Klimaphänomenen langfristig nicht doch eine hohe Rechnung präsentiert.

Gift auf Ihrem Gemüse

Wer das Glück hat, über einen Garten zu verfügen, und dort mühevoll Tomaten züchtet, weiß, was es heißt, wenn Pflanzenkrankheiten oder Ungeziefer die Freude auf sonnengereifte eigene Tomaten zu verderben drohen. Ebenso geht es den Bauern, die ihre Ernte durch das Überhandnehmen von Unkraut oder Schädlingen gefährdet sehen.

In beiden Fällen muss meist ein chemisches Mittel das Problem möglichst rasch und effizient beseitigen. Was sich hinter den lateinischen Wirkstoff-Bezeichnungen verbirgt, lässt sich für Laien nur schwer feststellen.

Problematisch wird es, wenn diese Mittel über Umwege in unserem Essen landen. Zwar haben sich die Chemiekonzerne Mühe gegeben, dass bei sachgemäßer Anwendung die Mittel bis zur Ernte weitgehend abgebaut werden. Allerdings lässt sich kaum ausschließen, dass manche Bauern in der Not gerne mal ein wenig überdosieren. Werden die Produkte dann im Labor auf Schadstoffe überprüft, fliegen schwarze Schafe auf.

Die Umweltschutzorganisation Greenpeace Deutschland

überprüft seit Jahren die Pestizidbelastung von Obst und Gemüse in unseren Supermärkten. Mit den Ergebnissen bei den Tomaten zeigten sich die Prüfer 2010 recht zufrieden, man sehe aufgrund von öffentlichem Druck eine Besserung der Situation. Von 61 genommenen Proben wurde nur eine als nicht empfehlenswert eingestuft, weil sie gesetzliche Höchstgrenzen überschritt.[116] Produzenten dürften mittlerweile also vorsichtiger geworden sein, auch wenn der Trend offenbar zur Kombination mehrerer Mittel geht, um keine Höchstwerte bei einzelnen Wirkstoffen zu überschreiten. In 92,3 Prozent der Proben konnte Greenpeace allerdings noch Spuren von Pestiziden nachweisen. (Biotomaten waren übrigens weitgehend pestizidfrei.) In dem Bericht heißt es: »Insgesamt wurden 27 unterschiedliche Pestizide in Cherry-Tomaten und 38 unterschiedliche Pestizide in Strauchtomaten aus konventionellem Anbau nachgewiesen. Ein Großteil dieser Pestizide gilt als besonders gesundheits- und umweltgefährdend. Sie sind unter anderem krebserregend, können Nervenschäden, Fortpflanzungsstörungen oder Störungen des Hormonsystems sowie Veränderungen des Erbgutes auslösen.« Ähnlich war die Situation bei einem 2010 durchgeführten Test von Salat: In nur drei von 36 Stichproben wurden gesetzliche Grenzwerte übertroffen, allerdings wurde in 26 Fällen ein Mix aus mehreren Pestiziden gefunden.

Offenbar wollen die Supermarktketten raus aus den schlechten Schlagzeilen und brummen ihren Lieferanten strenge Produktionsvorschriften auf. Ob auf lange Sicht die neue Strategie, mehr Wirkstoffe in geringerer Konzentration einzusetzen, für die Gesundheit der Konsumenten besser ist, bleibt fraglich.

Was die gefährlichsten Giftstoffe weltweit sind, versuchte die Umweltschutzorganisation 2009 in einer großangelegten Studie zu bewerten.[117] Ergebnis: Von 1150 weltweit relevanten Pflanzenschutzmitteln wurden 451 als besonders gesundheits- und umweltgefährdend eingestuft. »Darunter befinden sich auch

149 in der EU zugelassene Pestizide«, heißt es im Bericht. 209 der schlimmsten Wirkstoffe hätte die EU jedoch von der Zulassung ausgeschlossen. Lob gibt es in der Studie übrigens für die 2009 in der Richtlinie EC 1107/2009 erschwerten Zulassungskriterien der EU für Pestizide. Auch die Anstrengungen einzelner Lebensmittelketten in Deutschland oder England, mit ihren Lieferanten eine Liste von wenigen zugelassenen Pestiziden zu erarbeiten, werden positiv hervorgehoben. Beides helfe mit, dass sich die Rückstandsbelastung seit 2007 etwas entspannt habe.

Allerdings führt die erschwerte Zulassung in der EU zu einer bizarren Situation bei den deutschen Chemieriesen, schreiben die Autoren des Buches *Die Joghurtlüge*: »Firmen dürfen zwar in Deutschland bestimmte Wirkstoffe produzieren, auch wenn sie hierzulande nicht als Pestizide zugelassen sind – wohl aber bei unseren Nachbarn. Daher wird exportiert, was nicht in deutschen Gewächshäusern und auf deutschen Äckern ausgebracht werden darf, landet dort auf den Kulturen und wird, appetitlich versteckt hinter roten Backen und knackigen Blättern, wieder nach Deutschland zurückgeführt.«[118]

So könnten in Ihrem Heimatland verbotene chemische Keulen per importierter Tomatensauce schließlich doch noch auf Ihrer Tiefkühl-Pizza landen. Eine verpflichtende Herkunftskennzeichnung für die einzelnen Bestandteile unserer Nahrung gibt es nämlich nicht. Selbst strenge Rechtsvorschriften im Erzeugerland der Tiefkühl-Pizza bezüglich des Chemieeinsatzes helfen da nicht, wenn die verschiedensten Probleme einfach durch die Zutaten importiert werden. Wie Sie gleich sehen werden, ist das nicht nur beim Thema Chemie der Fall.

DAS FLEISCH

Von Salami und Statistik

Je sieben Scheiben Salami liegen auf Millionen von Tiefkühl-Pizzen – feinsäuberlich sortiert, immer abgezählt. Doch diese sieben Scheiben Wurst haben ein Vorleben, das bei genauerer Betrachtung voller Probleme ist: An Fleisch kommt man nur, wenn man Tiere tötet. Viele Tiere werden in engen Ställen zusammengepfercht und in einem unnatürlichen Eiltempo gemästet. Die Fleischproduktion schadet der Umwelt. Das Futter wird oft mit Gentechnik hergestellt. Und mit dem Futter unserer Tiere könnten wir den Hunger in der Welt stillen.

Trotzdem: Ich esse Fleisch, weil es mir schmeckt. Damit bin ich nicht allein. Aber nirgendwo sonst werden die Probleme unserer Nahrung von Konsumenten derart konsequent verdrängt wie beim Fleisch. Statistisch gesehen verbrauchte jeder Europäer 2008 durchschnittlich 86,6 Kilogramm Fleisch (davon 46 Prozent Schwein, 25 Prozent Geflügel, 18 Prozent Rind).[119] Wenn Sie ein Durchschnittseuropäer sind, liegt das wahrscheinlich sogar über Ihrem Körpergewicht. Aber um Ihnen die Sorge um die Figur zu nehmen: Sie essen nur rund zwei Drittel davon. Der Rest sind Knochen, Schlachtabfälle, Häute oder Fette, die nicht verzehrt werden. Aus ihnen wird Tierfutter, Fischmehl, Seifen, Schuhpaste oder Gelatine zum Beispiel für diese leckeren kleinen Fruchtgummis gemacht. Ja, genau die, die Sie beim Fernsehen immer so gerne naschen. Und was nicht verwertet werden kann, wird einfach verbrannt.

Interessant dabei: In den letzten Jahren veränderte sich der

Preis für Fleisch scheinbar nicht. Bauernvertreter präsentierten mir eine Rechnung aus dem Jahr 1974: Damals kostete das Kilo Schweineschnitzel ohne Knochen umgerechnet fünf Euro. 2010 gibt es in meinem Supermarkt ums Eck Aktionen mit 3,49 Euro pro Kilo. Ein Kilo Katzenfutter kostet etwa gleich viel.

Während Autofahren, Wohnen oder Kinobesuch teurer werden, haben wir im Verhältnis noch nie so wenig für Fleisch gezahlt. 2540 Euro hatte ein österreichischer Haushalt 2007 statistisch gesehen pro Monat zur Verfügung. Nur 22 Euro davon wurden im Supermarkt für Fleisch ausgegeben. Doch obwohl wir im Vergleich immer weniger zahlen, werden wir immer anspruchsvoller: Weil wir gelernt haben, dass sichtbares Fett schädlich ist, müssen Schweinekoteletts heute makellos mager sein. Ein Huhn sollte gar am besten nur aus Brust und Keule bestehen. Wir haben verlernt, was unsere Vorfahren einst perfektionierten: nichts verschwenden, alles verkochen. Schon werden Hühnerteile, für die es in Industrienationen keinen Absatz gibt, in Entwicklungsländer exportiert und dort zu Dumpingpreisen verkauft. Dass damit die lokale Produktion untergraben wird, werde ich Ihnen später erzählen.

Der größte Teil der Fleischreste aber wird in Wurstwaren verarbeitet – wie die Salami auf meiner Pizza. Von der Konsistenz eines Schweinekopfes ist bald nichts mehr zu sehen. Abhängig von der gewünschten Qualität der Wurstwaren kommt aber auch bestes Fleisch hinzu, sowohl vom Schwein als auch vom Rind – zum Beispiel jenes, das überlagert ist und die vom Supermarkt verlangte Restlaufzeit auf die Mindesthaltbarkeit nicht mehr schafft. Vom einst üblichen Eselfleisch ist in meiner Salami längst keine Spur mehr, neben Schweine- und Rindfleisch kommen Speck, Wasser (in Eisform), Kochsalz und Traubenzucker hinzu. Dann wird alles mit einer Gewürzmischung abgeschmeckt, die oft von künstlicher Würze unterstützt wird. Um den Fleischanteil reduzieren zu können, wird das geschmacksneutrale, aus Stärke gewonnene Maltodextrin als Füllstoff und Konservierungsmittel eingesetzt.

Zum Haltbarmachen wird Pökelsalz verwendet, das sich neben dem erwähnten Kochsalz aus Natriumnitrat und Kaliumnitrat zusammensetzt. Dieses Einsalzen dient seit Jahrhunderten der Konservierung von Fleisch: Wasser in den Zellen wird durch Salzwasser ersetzt, das eine Bakterienausweitung verzögert, das Fleisch wird röter. Natriumascorbat bzw. Ascorbinsäure wirken verstärkend als natürliches Antioxidationsmittel: Sie dienen dazu, die Reaktion von fein aufgeschnittener Wurst mit Sauerstoff zu vermeiden. So bleibt sie dauerhaft rötlich und wird nicht unappetitlich grau. Das ist vor allem bei den immer beliebter werdenden Aufschnitten in den kleinen Plastikschalen wichtig. Dass in Produkten wie »Wellness-Schinken«, »Krusten-Schinken« etc. eine wahre Flut an Zusatzstoffen das Austrocknen, Verfärben und Verderben verhindern muss, wird von Konsumenten gerne übersehen.

Doch zurück zum Ausgangsprodukt: Um für jeden Europäer jährlich 86,6 Kilogramm Fleisch zu erzeugen, müssen Millionen Tiere sterben. Die EU führt darüber strikt Buch und weiß etwa, dass 2008 insgesamt 46,6 Millionen Tonnen Fleisch erzeugt wurden.[120] Dafür ließen in den 27 EU-Ländern 255 Millionen Schweine ihr Leben, 23 Millionen Kühe, 5,8 Millionen Kälber, 72,6 Millionen Schafe und Ziegen sowie unglaubliche 5,7 Milliarden Hühner.[121]

Diese Zahlen lassen die industrialisierten Ausmaße der Fleischproduktion erkennen. Wie diese über die Bühne geht und aus einem Stück Kuh ein Steak auf Ihrem Teller wird, durfte ich bei einem Besuch in einer Fleischfabrik erfahren.

In der Fleischfabrik

Fabrik und Fleisch sind zwei Wörter, die in der Werbung von heute gerne gemieden werden. In Zeiten von Modewörtern wie Wellness, Vital und Flatrate scheinen sie an das vorige Jahrhundert zu erinnern. Tatsächlich aber nimmt wohl der Großteil Ihrer Schinkensandwiches, Cesar Salads oder Spaghetti Carbonara ihren Anfang in einer Fleischfabrik in Ihrer Nähe.

Für das Klima bringt die Erzeugung von Fleisch viele Nachteile, aber einen wesentlichen Vorteil: Fleisch wird nicht gerne weit transportiert. Schon kleine Unsicherheiten in der Kühlkette können große gesundheitliche Probleme auslösen, wenn Fleisch etwa mit Salmonellen oder Meningokokken verunreinigt ist. Um derartige Probleme zu vermeiden (und ihre lokalen Märkte zu verteidigen), haben viele Länder strenge Einfuhrauflagen erlassen.

Also wird vor allem Frischfleisch lokal produziert, was aber auch heißt, dass man dafür lieber lebende Tiere durch die Gegend chauffiert. Gesetzeslücken erlauben es, dass ausländisches Schweinefleisch dank Schlachtung und Verarbeitung im Land trotzdem als heimisches Produkt verkauft werden darf.

Doch wie geht diese industrialisierte Fleischproduktion vonstatten? Ein Beispiel dafür steht in der 50 000-Einwohner-Stadt St. Pölten, nicht weit von Wien entfernt. Der Fleischerzeuger Tann fertigt hier exklusiv für eine große Supermarktkette. Auf insgesamt 9300 Quadratmetern versorgen 140 Mitarbeiter die 380 Supermarktfilialen im Großraum Niederösterreich und Wien mit Frischfleisch und Wurstwaren.

Irgendwie hatte ich mir meinen Besuch blutiger vorgestellt. Aber ich sollte wieder einmal auf industrialisierte Perfektion stoßen. Der Empfangsraum war poliert, die Mitarbeiter freundlich, als ich das Gebäude betrat. Auf Lärm oder Geruch achtete ich vergeblich. Bevor mich Leopold Scharmer, zuständig für die Qualitätssicherung beim Unternehmen, in die Produktionshallen führte, hieß es wieder Verkleiden. Ein Käppchen als Haarschutz, ein weißer Wegwerfkittel und Plastikhüllen für die Schuhe deuteten eher auf Mikrochip-Produktion denn auf Fleisch hin. Dann musste ich die mir bereits bekannte Hygieneschleuse mit Bürsten und Desinfektionssprays passieren, bevor es in die Produktionshallen ging. Dort angekommen, richtete ich meinen Blick zunächst auf den Boden. Rutschige Fliesen waren gestern, heute sorgt ein Spezialbelag für Abwaschbarkeit und Bodenhaftung. Irgendwo ein Bluttropfen am Boden? Fehlanzeige.

An zwei Fließbändern standen Arbeiter mit langen Schürzen, Schnittschutzhandschuhen und scharfen Messern. Schiene eins zerlegte Schwein, Schiene zwei Rind. Die Tiere wurden als saubere Hälften oder ganze Keule angeliefert, denn das Fleischwerk war nur Zerlegebetrieb. Das Töten der Tiere erfolgte in Schlachthöfen von Partnerbetrieben. »Wir haben 45 Tonnen an Wareneingang – täglich«, gab Scharmer Auskunft über die Verarbeitungsmenge. Mit flinker Hand zerlegten die Arbeiter die großen Fleischstücke in Schnitzel, Filets, Bratenstücke, Siedefleisch. Die küchenfertigen Stücke kamen in eine Folie, wurden vakuumverpackt, erhielten ein Etikett und waren auch schon fertig zur Auslieferung. »Rindfleisch lassen wir durchschnittlich zwei Wochen in der Verpackung reifen«, erklärte mir Scharmer, »Schweinefleisch wird, wenn möglich, innerhalb eines Tages ausgeliefert.«

»Wie geht denn das in dieser Geschwindigkeit?«, wollte ich wissen. »Bis 19 Uhr erhalten wir die Bestellungen aus den Verkaufsstellen«, meinte Scharmer. Am darauffolgenden Tag kommen zeitig in der Früh die Lieferungen aus den Schlachthöfen. Das Fleisch durchläuft den Zerlegungsprozess und kommt in ein großes Lager, wo die Ware kommissioniert wird. Das bedeutet, dass aus dem Zentrallager heraus verschiedene Fleischstücke in mannshohe Kühlboxen geschichtet werden. Danach rollt die Kühlbox über einen Verbindungsgang direkt in das Zentrallager der Supermarktkette und wird dort auf LKWs aufgeteilt. Am nächsten Morgen hat jeder Supermarkt seine exakte Bestellung in der Kühlbox im Lager stehen.

80 Tonnen Wurst- und Räucherwarenspezialitäten stellt das Unternehmen pro Woche mit der zweiten Produktionslinie her, in der unter anderem auch die Restmengen aus der Fleischproduktion verwertet werden können. Baulich von der Frischfleischhalle getrennt, stand in der Wursthalle eine riesige Mischmaschine, gefüllt mit Wurstmasse. »Exakt zwei Drittel Schweinefleisch und ein Drittel Rindfleisch sind da drinnen«, erzählte Scharmer der Journalistenrunde. In Betrieb machten die Wurstverarbeitungsanlagen scheinbar einen Heidenlärm, da einige Arbeiter vergessen hatten, ihre Ohrenschützer abzunehmen, als wir eintraten. Nun aber wartete die Wurstmasse behäbig darauf, in Plastikhäute oder Schaf-Saitlinge abgefüllt zu werden. Zuvor würde sie jedoch noch mittels Infrarotanalyse auf ihre Zusammensetzung geprüft werden. Abhängig davon werden Magerfleisch oder Speck zugegeben, der vorher durch den Fleischwolf gedreht wurde. Schließlich kommt Salz hinzu und je nach Produkt die bevorzugte Gewürzmischung.

Je nach Sorte entscheiden sich nach der Abfüllung auch die Zubereitungsarten. Feine Extrawurst wird in 72 Grad heißem Wasserdampf gebrüht, Wiener/Frankfurter Würste werden davor noch geräuchert. Doch »Mit Buchenholz geräuchert« hatte ich mir anders vorgestellt: Nicht ein nettes Feuer aus Buchenscheiten erhitzt den Trockenraum. Der Rauch entstand durch Reibung: Genormte Buchenholzstaffel wurden mechanisch gegen ein drehendes Metallteil gepresst, der entstehende Rauch daraufhin in den Trockenraum geblasen.

»Und wie lange putzt man das Gelände am Ende des Tages?«, wollte ich wissen. »Acht Stunden«, lautete die verblüffende Antwort. Denn wenn am Ende des Arbeitstages die Fleischer Messer und Mantel fallen lassen, zieht eine Putzkolonne ein, reinigt grob mit heißem Wasser und erstickt dann alles in Reinigungs- und Desinfektionsschaum: »Das sieht dann aus wie eine Mondlandschaft«, verglich es Scharmer. Danach werde alles weggespritzt, und wenn am nächsten Morgen die Fleischprofis wieder anrücken, würden erneut saubere Schürzen und scharfe Messer auf sie warten.

Diesen Service hätte ich auch gerne nach einem meiner privaten Kochabende, dachte ich mir beim Nachhauseweg halb im Scherz. Fakt war: Ich war ziemlich beeindruckt. Höchste Hygiene, perfektionierte Arbeitsabläufe, sinnvolle Verwertung von Abfallprodukten – die Industrialisierung unserer Nahrungsmittelproduktion hat auch viel Gutes, stellte ich fest. Doch auch wenn hier alles perfekt ablief – das Töten eines Tieres zeigte man uns lieber nicht. Das hatte ich aber schon an anderer Stelle miterlebt.

So töten Sie eine Kuh

Sensible Vegetarier sollten dieses Kapitel besser überblättern, denn Fleisch essen heißt Tiere töten. Weil dies für die allermeisten von uns kein angenehmer Vorgang ist, wird er beim Konsum gerne verdrängt. Ich finde, man sollte sich dessen zumindest bewusst sein – schließlich lässt ein anderes Lebewesen für unseren Genuss sein Leben. Da ein großer Teil der Konsumenten Fleisch nur einzeln verpackt in einem Plastikbehälter kennt, möchte ich Ihnen nun erzählen, wie das Töten eines Tieres vonstattengeht.

Auf dem Land aufgewachsen, durfte ich als kleiner Junge einmal beim Schlachten einer Kuh zusehen. Die Kuh wurde von ihrem Bauern zum Schlachtplatz gebracht. Dort durfte sie noch ein wenig ausruhen, wohl um möglichen Stress abzubauen. Dann ging alles blitzschnell: Mit einem Bolzenschuss-Apparat wurde in das Gehirn der Kuh geschossen. Sie verdrehte erst die Augen, ging dann vornüber in die Knie, kippte auf die rechte Seite. Der Schlachter eilte herbei, steckte durch das Einschussloch eine dünne Eisenrute, um das Rückenmark zu zerstören. Danach trennte er der Kuh die Kehle durch. Blut strömte aus dem Schnitt, und die hinteren Hufe zappelten noch ein wenig. Doch mit dem Ausbluten wurden auch die Bewegungen rasch weniger, und kurz darauf war der Spuk vorbei.

Das Schlachten der Kuh war für mich damals nichts Schreckliches. Die Kuh hatte recht lange auf dem Hof gelebt, frisches Gras auf der Weide gefressen und im Winter einen warmen Stall gehabt. Mit dem Schlachten endete der natürliche Kreislauf eines Tierlebens. Mich verwunderte vor allem, wie ruhig die Kuh gestorben war – ohne einen Mucks. Der Tod musste recht unvorhergesehen über sie gekommen sein – eigentlich ein schöner Tod, dachte ich mir. Offenbar war die Vorgangsweise korrekt, denn im Deutschen Tierschutzgesetz heißt es im Paragraph 4 a: »Ein warmblütiges Tier darf nur geschlachtet werden, wenn es vor Beginn des Blutentzugs betäubt worden ist.« Dies war mittels Bolzenschuss-Apparat auch geschehen. Bestimmte Ausnahmen davon, etwa für das religiös bedingte Schächten von Tieren, müssen laut Gesetz behördlich erteilt werden.

Nicht immer kommt der Tod so reibungslos über ein Tier wie beim Erlebnis meiner Kindheit: Bei der industriellen Tötung von Tieren in Schlachthöfen käme es durch Fehlschüsse des Öfteren zu Problemen, warnte Anfang 2010 Klaus Troeger vom deutschen Lebensmittelinstitut MRI (Max Rubner-Institut): Seit 2001 sei nämlich der »Rückenmarkzerstörer«, also die Eisenrute, EU-weit verboten – man fürchtete sich vor der Verteilung von BSE-infiziertem Rückenmark. Vier bis sieben Prozent aller Schüsse mit dem Bolzenschuss-Apparat wären allerdings Fehlschüsse, schätzt Troeger – ohne Rückenmark-Zerstörer fehle es daher oft an ordentlicher Betäubung vor dem Kehlschnitt.[122]

Auch manche Schweine würden qualvoll sterben, klagten Experten dem *stern*:[123] In kleineren Betrieben werden Schweine mittels eines Stromschlags am Kopf durch eine lange Elektrozange betäubt, bevor sie gestochen werden. In Großbetrieben, die es auf bis zu 20 000 Tiere pro Tag bringen, betäubt man Schweine mit Gas. Ein hydraulischer Metallschieber drückt mehrere Schweine gleichzeitig in einen Metallgitterkorb, der in einen Behälter mit Kohlendioxid-Gas abgesenkt wird. Laut deutschem Tierschutzbund kann der Kampf gegen die Bewusstlosigkeit bis zu 20 Sekunden dauern. Werden zudem danach Tiere versehentlich nicht richtig abgestochen, könnten einige Tiere auf dem Weg in die Brühanlagen (zur Entfernung der Borsten) wieder erwachen. Troeger vom MRI: »Das Schwein wird dabei lebendig mit heißem Dampf verbrüht.« Er fordert daher den Einbau von Kontrollgeräten in den Schlachtprozess. Sie sollen sicherstellen, dass durch den Blutentzug das Gehirn nicht mehr mit Sauerstoff versorgt wird und das Tier daher rasch tot ist. Allerdings: Diese Geräte kosten Geld, was man in der unter Preisdruck stehenden Branche nicht gerne sieht.

Nach dem Töten der Tiere werden sie ausgenommen, die Haut, Kopf und Gliedmaßen abgetrennt und meist geviertelt oder halbiert. Derart standardisiert, kann man auf den Preis von gefrorenen Schweinehälften gar an den internationalen Warenbörsen spekulieren. Meist werden die Stücke aber in den großen Zerlegebetrieben rasch zerteilt. Schon nach wenigen Schnitten ist vom Tier kaum mehr etwas zu sehen. Die kochfertigen Stücke kommen in Plastikschalen, werden vakuumverpackt oder begast, um die Haltbarkeit zu erhöhen. Die Folie wird zugeschweißt – und fertig ist der Sonntagsbraten.

0,75 Quadratmeter pro Schwein

Zeit ist Geld. Das trifft nicht nur auf das Schlachten und Zerteilen von Tieren zu, sondern ganz speziell auf die Zucht. Je länger Tiere gemästet werden, desto mehr Futter verbrauchen sie – und desto länger belegen sie einen Platz im Stall. Das Leben eines Nutztieres endet daher schon nach wenigen Monaten.

Rund zwölf Jahre alt könnte ein Schwein werden, tatsächlich erreichen Mastschweine nach vier bis sechs Monaten ihr Schlachtgewicht von 100 bis 130 Kilogramm. Bei Rindern beträgt die Lebenserwartung etwa 20 Jahre. Üblicherweise werden Rinder mit einem Gewicht von rund 500 Kilogramm geschlachtet, das sie nach etwa 15 bis 18 Monaten erreichen. Bei Weidehaltung dauert es etwa zwei Jahre. Milchkühe hingegen gebären jährlich ein Kalb, geschlachtet werden sie mit vier, fünf Jahren. Die Kälber werden (mit Ausnahme der Mutterkuhhaltung) rasch von der Mutter getrennt und mit einer Milchersatz-Lösung großgezogen. Raufutter gibt es kaum – so bleibt das Fleisch fein und weiß. Nach fünf, sechs Monaten ist auch ihre Zeit abgelaufen.

2008 lebten in Deutschland geschätzte 13 Millionen Rinder und 26,7 Millionen Schweine. Damit ist Deutschland der größte Schweinefleisch-Erzeuger in der EU. Weltgrößter Produzent von Schweinefleisch ist aber mit Abstand China (rund 45 Millionen Tonnen) vor den USA.[124] Die Haltungsbedingungen dieser Tiere differieren stark nach geltender Rechtslage und Betrieb, eine Freilandhaltung wie im »Hollywood-Schinken« *Schweinchen Babe* trifft aber nur auf die wenigsten Tiere zu. Zumeist werden die Tiere heute ein Leben lang in Ställen gehalten, einen Bauern, der seinen Tieren noch Namen gibt, gibt es kaum. Kleinbetriebe mit 20 Stück Vieh werden bedrängt von Großbauern, die Hunderte oder gar Tausende Stück Vieh in ihren Ställen stehen haben.

Die industrielle Produktion von Fleisch hat Vor- und Nachteile. Entscheidende Vorteile sind: Großinvestitionen in neue Ställe können die Viehhaltung auf einen modernen Stand der Technik bringen, samt Abwassermanagement und Geruchsfiltern. Durch erprobte Systeme werden Wasser- und Futterzufuhr oft automatisiert sowie der Arbeitseinsatz drastisch gesenkt, was Kosten spart. Für den Bauern wird die Produktion planbarer, weil konstanter, denn die Fleischqualität ist vorhersehbar. Erkrankungen werden schneller erkannt, Parasitenbefall, etwa von Fadenwürmern, der beim Fleischverzehr auch für den Menschen gefährlich werden kann, ist nahezu ausgeschlossen.

Wie Tiere gehalten werden, ist Ländersache. Eine europaweit einheitliche Tierschutzverordnung gibt es nicht, lediglich an einer »Tiergesundheitsstrategie« wird seit geraumer Zeit seitens der EU gearbeitet. Wie Tiere leben, hängt also sehr stark davon ab, in welchem Land ihr Stall steht. Welche Probleme bestehen, obwohl sich die Länder ob ihres strengen Tierschutzgesetzes rühmen, möchte ich Ihnen an den Beispielen Österreich und Deutschland zeigen.

In Deutschland regeln das »Tierschutz-Gesetz«[125] sowie die »Tierschutz-Nutztierhaltungs-Verordnung«[126] den Umgang mit dem Tier, in Österreich heißen sie »Tierschutz-Gesetz«[127] und »Tierhaltungs-Verordnung«[128]. Interessierte können die Rechtsvorschriften unter den angeführten Adressen im Internet einsehen. Dass es auch schwarze Schafe gibt, die Rechtsvorschriften nicht immer auf Punkt und Komma einhalten, sei nur am Rande erwähnt.

Um über die problematischen Seiten der industriellen Tierzucht zu sprechen, treffe ich mich mit Sabine Hartmann. Sie ist zuständig für Nutztierhaltung bei der internationalen Tierschutzorganisation Vier Pfoten, die sich erfolgreich für ein Käfigverbot in der Geflügelzucht einsetzt. Ich möchte mit ihr über die Massentierhaltung von Tieren sprechen und die Probleme, die sie trotz strenger Tierschutzgesetze weiterhin sieht.

»Wie werden Tiere denn gehalten?«, will ich von ihr zunächst wissen. Sie startet mit den Ausführungen bei der Schweinehaltung: »Bei der Schweinemast sind die Haltungsvorgaben unseres Erachtens nach in Deutschland sehr minimalistisch: Die Tiere werden auf engstem Raum zusammengepfercht. Der Boden ist mit Spalten perforiert, damit die Exkremente durch die Eigenbewegung durchgetreten werden und leichter zu entsorgen sind. Einstreumaterial gibt es nicht. Die Tiere sollten Beschäftigungsmaterial im Stall haben, was in der Regel nur eine Kette oder ein Holzstück ist. Weil die Tiere sehr intelligent sind, wird ihnen das schnell langweilig, und sie beginnen, sich gegenseitig in Schwänze oder Ohren zu beißen«, erzählt Hartmann.

Eine Maximalbeschränkung von Stückzahlen pro Betrieb gibt es nicht, 5000 Stück seien keine Seltenheit. Der Fernsehsender ZDF berichtete 2007 im Magazin *Frontal 21* von Bürgerinitiativen in Ostdeutschland, die sich gegen Pläne niederländischer Investoren wehrten, Mastanlagen für rund 80 000 Schweine zu errichten.[129] Grenzen setzen bloß Immissionsgesetze, solange das Platzangebot pro Tier eingehalten wird.

Dieser ist aber sehr bescheiden: »Bei 100-Kilo-Tieren muss es pro Mastschwein 0,75 Quadratmeter Platz geben.[130] Das entspricht im Großen und Ganzen seiner Körpergröße. Gemeinsam hinlegen können sich die Tiere so nicht«, kritisiert Hartmann. Ähnlich gering sei das Platzangebot für Rinder, für die es in Deutschland aktuell abseits der Kälberhaltung gar keine Vorschriften gibt. In der Milchviehhaltung sei nach wie vor eine Anbindehaltung recht oft anzutreffen: »Die Tiere können sich ein ganzes Leben lang vom Punkt der Anbindung gerade mal einen Schritt vor und einen Schritt zurück bewegen.«

»Generell sehen wir eine Anpassung des Tieres an das System und nicht umgekehrt«, klagt Hartmann. Freien Auslauf, Wühlen, Scharren, Tageslicht – das kennen die meisten Tiere nicht. Auch körperliche Eingriffe ohne Betäubung sind allgemein üblich. So werden Tieren Schwänze gekürzt, weil sich etwa Schweine oder Schafe aus Langeweile gegenseitig beißen. Das deutsche Tierschutzgesetz[131] erlaubt auch das Wegschleifen von Eckzähnen (bei Ferkeln), das Entfernen von Krallen (bei Zuchthähnen) sowie das Kürzen von Schnäbeln oder das Enthornen von Rindern – alles ohne Betäubung, solange es in den ersten Tagen oder Wochen (abhängig von Tier und Eingriff) nach der Geburt passiert.

Dasselbe gelte für die Kastration von männlichen Ferkeln: »99 Prozent der männlichen Ferkel werden kastriert, weil man befürchtet, dass sich aufgrund der Sexualhormone der sogenannte Ebergeruch entwickelt. Gesetzlich kann das innerhalb der ersten sieben Lebenstage ohne Betäubung passieren: Der Bauer klemmt das Ferkel zwischen die Beine und schneidet ihm die Hoden raus. Wenn die Konsumenten erfahren würden, wie das vor sich geht, würde vielen der Appetit vergehen«, glaubt die Tierschützerin, die strengere Vorschriften zu den Eingriffen fordert: »Man bräuchte ganz genaue Vorschriften zur Kastration in Vollnarkose durch den Tierarzt und anschließender Schmerzbehandlung. Deutlich tiergerechter und zudem auch ökonomischer für die Landwirte wäre es allerdings, auf die Kastration zu verzichten.« In Ländern wie Spanien, Großbritannien oder den Niederlanden würde auch Eberfleisch immer stärker vermarktet werden.

Auch Krankheiten, Verletzungen oder Infektionen sind im Verlaufe eines Tierlebens möglich, sind doch viele der hochgezüchteten Rassen anfälliger als die alten Haustierrassen. Nur bei wertvollen Kühen gibt es heute noch eine individuelle Betreuung durch den Tierarzt. Bis 2006 wurden ganze Hühnergenerationen vorsorglich mit Antibiotika gefüttert – bis es europaweit verboten wurde. Grund war eine gesundheitsgefährdende Entdeckung: Mit der leichtfertigen Gabe von Antibiotika stieg das Risiko, dass der Mensch durch Fleischkonsum Resistenzen entwickelt und bei schweren Infektionskrankheiten auf Antibiotika nicht mehr anspricht. Schon 2002 warnte die WHO vor zunehmender Resistenz gegen Penicillin und andere Antibiotika und sprach von einer ernsten Bedrohung.[132] Schätzungen sprechen von 65 000 Menschen, die 2008 allein in den USA durch Antibiotka-resistente Bakterien starben.[133] Etwa die Hälfte der am Markt befindlichen Antibiotika-Medikamente werden laut WHO in den USA und Europa in der Tierzucht verwendet. Das aber kann bedeuten, dass sich diese Stoffe über unsere Nahrung langsam auch in unseren Körpern anreichern könnten.

Nachdem die Gesundheitspolitik das Problem erkannt hat, sind die Tierzüchter nun gesetzlich zur Zurückhaltung aufgerufen. Hartmann stellt aber klar: »Auf tierärztliche Verschreibung werden auch heute Antibiotika verabreicht. Bei gesundheitlichen Problemen im Bereich der Schweine- oder Geflügelhaltung werden nicht die Einzeltiere, sondern sofort der ganze Bestand behandelt.« Das geschieht meist gleich über das Futter oder das Wasser. Gegen diese undifferenzierte Behandlung lief 2009 aber der VZBV, die Verbraucherzentrale Bundesverband, Sturm: Der Gesetzgeber solle nur gezielte Behandlungsmethoden vorschreiben, um den Einsatz von antibiotisch wirkenden Stoffe zu beschränken.[134]

Generell ist die Medikamentenverabreichung an Tiere in Deutschland streng geregelt.[135] Es gibt beispielsweise klare Vorschriften für die Abgabe von Medikamenten durch den Tierarzt oder auch dafür, wie lange das Fleisch oder die Milch von behandelten Tieren aus Sicherheitsgründen nicht in den Verkauf gelangen darf. Doch weil der Medikamenteneinsatz ein gutes Geschäft ist, ist auch das Lobbying der Pharmaindustrie groß, den Weg zum Bauern zu erleichtern und Tierärzte außen vor zu lassen.

Weitere Schwierigkeiten sehen viele Tierschützer schließlich auch beim Transport der Tiere zum Schlachthof. Schätzungen zufolge werden weltweit jährlich 55 Milliarden Tiere in die Schlachthöfe gekarrt. In Europa dürfen diese Transporte laut

EU-Verordnung 1/2005 maximal acht Stunden dauern. Mit einer einstündigen Ruhepause können Schweine oder Rinder nach acht Stunden nochmals 24 Stunden lang transportiert werden. Danach bedarf es einer eintägigen Ruhe, um die Fahrt wieder fortzusetzen. In der Praxis berichten Tierschutzgruppen und Grüne immer wieder über laxe Kontrollen.

Trotz der Strapazen für die Tiere werden sie des Öfteren nicht nur vom Bauern zum nächstgelegenen Schlachthof, sondern auch über Ländergrenzen hinweg transportiert: Einfuhren von 4,4 Millionen Schweinen nach Deutschland im Jahr 2008 standen Ausfuhren von 659 000 Tieren gegenüber. Aufgrund der Unterauslastung russischer Schlachtbetriebe und Zollvorteilen seien 20 000 Lebendschweine gar nach Russland transportiert worden. Bis 2006 gab es dafür auch noch Exporterstattungen der EU für Lebendtiere, was einige Beteiligte zu stundenlangen Fahrten im Kreis – samt mehrfachem Grenzübertritt und mehrfacher Verrechnung von Exporterstattungen – animierte. Nun wird nur noch die Ausfuhr von einigen tiefgekühlten Fleischsorten gefördert. Schließlich muss das Fleisch ja an den Mann, denn produziert wird in Europa mehr, als die Konsumenten verzehren können.

Das Wegwerf-Huhn

Auch die Tiere sind mittlerweile Gegenstand von Gewinnmaximierung und Kostenoptimierung. Weil spezialisierte Hochleistungsrassen höhere Erträge versprechen, sind alte Haustierrassen vom Aussterben bedroht.

Welche bedenklichen Folgen das hat, möchte ich Ihnen am Beispiel der Hühner erklären. 2008 wurden in den 27 EU-Ländern rund 11,6 Milliarden Kilogramm Hühnerfleisch erzeugt.[136] Um derartige Mengen zu produzieren, wird auf Hochleistungsrassen zurückgegriffen, die möglichst schnell an Muskelmasse zulegen. Weil aber die Züchtung dieser Tiere zu Lasten der Legeleistung bei Eiern geht, gibt es dafür eigene Züchtungen. In der Fachsprache nennt sich das Hybridlinien: Hühner für die industrialisierte Produktion sind heute also entweder Mast- oder Legehennen – nie aber beides.

Die seit den 1960ern kräftig vorangetriebene Zucht der Hochleistungsrassen hat der Geflügelwirtschaft einen ordentlichen Effizienzschub verschafft, schrieb die *Neue Zürcher Zeitung* 2004: »Die extremen Zuchterfolge lassen sich in Zahlen fassen: Vor der Hybridrevolution setzte ein durchschnittliches Masthuhn etwa ein Viertel des zugeführten Futters in Fleischmasse um; beim modernen Huhn ist es bereits die Hälfte.«[137] Auch die Leistung von Legehühnern sei von 200 auf 300 Eier pro Jahr enorm gewachsen. Wie Zahlen aus den USA zeigen, habe die Effizienz die Produktionskosten kräftig gesenkt: Innerhalb von 50 Jahren sei der Produktionspreis für ein Kilo Geflügel um 90 Prozent auf unter 50 US-Cent gesunken.

Für die Tiere brachte diese Entwicklung zahlreiche negative Effekte: Die problematischen Haltungsbedingungen in Käfigen haben sogar schon die Politiker zu einem europaweiten Verbot ab 2012 veranlasst. Weiter zulässig ist aber das Halbieren der Schnäbel mittels eines heißen Messers. So soll das gefürchtete gegenseitige Picken unterdrückt werden. Es wird vor allem durch Stress ausgelöst, den eine weitgehende Haltung der Tiere im Dunkeln abmildern soll. Die hochgezüchteten Hühner sind krankheitsanfälliger, für Freilandhaltung sind sie daher nur schwer verwendbar. Gleichzeitig legen die Tiere durch mangelnde Bewegung und viel Kraftfutter so stark an Gewicht zu, dass sie am Ende der Mast kaum noch laufen können, kritisieren Tierschützer: »Masthybriden aus Intensivlinien erreichen mit 32 bis 36 Tagen ihr Mastendgewicht. Ab dem 25. Tag sind sie nur noch schwer in der Lage, sich fortzubewegen.«[138]

Besonders kräftig fällt das Wachstum bei den heutigen Arten im Bereich der Brustmuskulatur aus – schließlich ist die Hühnerbrust bei den Konsumenten am meisten gefragt. Was aber oftmals vergessen wird: Ein Huhn ist mehr als Brust und Chicken Wings. Was früher in den Suppentöpfen landete, um herzhafte Hühnersuppen zu zaubern, wird heute oft tiefgekühlt nach Afrika geschickt. Industrielle Massenproduktion und ein recht stabiler Preis für eine schöne Hühnerbrust erlauben es den Produzenten, die restlichen Teile eines Huhns zu Spottpreisen auf den Markt zu werfen oder sie gleich ganz wegzuwerfen: Weil heutige Legehennen »kaum Fleisch an den Knochen hätten und Konsumenten Suppenhühner nicht mehr mögen«, würde der Großteil der Tiere nach nur einem knappen Jahr Legedauer getötet, zu Tiermehl verarbeitet und lande etwa zur Verbrennung in der Zementfabrik, schreibt die *Neue Zürcher Zeitung*.[139]

Getötet und weggeworfen werden aber nicht nur alte Tiere, sondern auch ganz junge: Weil Hähne der hochgezüchteten Arten weder Eier legen noch viel Fleisch ansetzen, lohnt sich deren Aufzucht bei der knappen Kalkulation schlicht nicht. Sie werden daher kurz nach dem Schlüpfen ausgesondert, mit Gas getötet und meist zu Tiermehl verarbeitet. Schätzungen zufolge sterben in Deutschland rund 40 Millionen männliche Küken kurz nach der Geburt – oder jedes zehnte der 400 Millionen jährlich in Deutschland verspeisten Hühner, schreibt 2009 das *Süddeutsche Zeitung Magazin*.[140] Denselben Makel weist übrigens auch die Produktion des berühmten italienischen Mozzarella-Käses auf. Tierschützer klagen, dass männliche Kälber am Tag nach ihrer Geburt ertränkt oder am nächsten Baum erhängt würden, da sie für die Milchproduktion nicht geeignet seien.

Ein Ausweg aus all diesen Problemen ist kaum in Sicht. Initiativen zur Bewahrung alter Rassen gibt es zwar, bei denen, am Beispiel Huhn, die weiblichen Tiere Eier legen und die männlichen als Masthähne dienen (genannt Zweinutzungsrassen). Allerdings spielen diese Projekte in der industrialisierten Produktion noch keine Rolle. Selbst Biobauern können es sich meist nicht leisten, mit Tieren zu arbeiten, die nur 200 statt 300 Eier pro Jahr legen. Weiterentwicklungen der Tiere durch kleinere Züchter sind kaum möglich: Dafür bräuchte man die Zuchttiere der Hybridlinien, doch erhältlich sind nur ihre Nachfahren, die »Endprodukte«.

Ein sicheres Geschäft also für die wenigen großen Zuchtkonzerne, die das Geschäft dominieren. Unter dem Titel »Das Tierzucht-Monopoly« schrieb Greenpeace Deutschland 2007: »Nur vier Konzerne beliefern die Welt mit Zuchtmaterial für Legehennen, Mastküken, Truthähne und anderem Geflügel.«[141] Die Eigenschaften der Zuchtlinien sind durch geheimes Know-how und Patente auf Genom-Sequenzen vor Nachahmern geschützt. Davon profitieren wenige große Konzerne, die global aufgestellt sind.[142] So wird der Geflügelbereich in Europa von der deutschen PHW Lohmann-Gruppe, Hendrix Genetics oder Grimaud Group dominiert, in den USA ist Cobb-Vantress, Tochter des weltgrößten Fleischvermarkters Tyson, vorherrschend. Mit seiner Tochter Hypor ist Hendrix Genetics auch einer der größten Ferkelproduzenten Europas, der gleichzeitig eng mit AgFeed zusammenarbeitet, dem größten Ferkelproduzenten Chinas. Im englischsprachigen Raum dominieren der weltgrößte Schweinefleischproduzent Smithfield Foods, der britische Züchter PIC sowie Newsham Choice Genetics: Das US-Unternehmen kaufte 2007 die Schweinesparte von Monsanto und gehört heute zur schon erwähnten Grimaud Group. Weltgrößter Player am Rindermarkt schließlich ist der britische Tiergenetik-Konzern Genus, der 2005 auch den Schweinezüchter PIC übernahm. Nur wenige der Unternehmen sind börsennotiert, Umsatzzahlen daher Mangelware. Wo veröffentlicht, bewegen sie sich im dreistelligen Millionenbereich.

Wie gezeigt, herrschen auch auf dem Tierzuchtmarkt Konzentrationstendenzen. Die bunte Vielfalt der Tierwelt schwindet durch diese Entwicklung. Die Tiere im Stall werden dadurch immer einheitlicher. Schon dominiert ein Konzern wie Hendrix Genetics 80 Prozent des Marktes mit braunen Eiern im Zuchtbereich, schreibt Greenpeace.[143] Im Bereich Schweinezucht stellen in Deutschland nur vier Rassen 99 Prozent des Schweinebestandes. Für die Artenvielfalt bedeutet die industrielle Tierzucht eine Bedrohung: Jeden Monat stirbt eine der 8000 Nutztierrassen weltweit aus.[144]

Klimakiller Fleisch

Die Liste der Probleme ist lang beim Fleisch. Forscher arbeiten deshalb bereits an Fleisch aus dem Labor, das aus Zellen gezüchtet wird. Die Tierschutzorganisation PETA (People for the Ethical Treatment of Animals) lobte eine Million Dollar Preisgeld aus, sollte es einem Forscherteam gelingen, bis 2012 dieses sogenannte In-Vitro-Fleisch zur Marktreife zu bringen.[145] Noch scheitert es neben technischen Schwierigkeiten vor allem an den Kosten. Und auch ein Markterfolg ist nicht garantiert – oder möchten Sie Labor-Salami auf Ihrer Pizza sehen?

Bis Ihr Schnitzel im Labor wächst, wird wohl noch einige Zeit vergehen. Und bis dahin werden nicht nur Tiere weiter unter der industrialisierten Produktion leiden, sondern auch unsere Erde. Die Landwirtschaft gilt zwar als einer der Hauptbetroffenen vom Klimawandel, aber vor allem die Produktion von Fleisch ist auch ein bedeutender Klimakiller. Haken wir im Gedanken also die Problematik für das einzelne Tier ab und sehen wir uns an, was die Masse an Tieren für unsere Umwelt bedeutet.

2009 schätzte die FAO in ihrem Bericht »The State of Food and Agriculture« die Zahl der aktuell auf der Erde lebenden

Rinder auf 1,5 Milliarden, jene der Schafe und Ziegen gar auf 1,7 Milliarden.[146] Die Viehzucht hätte rechnerisch einen Anteil von 15 Prozent an der globalen Nahrungsmittelmenge, rund eine Milliarde Menschen sei zudem wirtschaftlich von ihr abhängig. Weil immer mehr Menschen westliche Ernährungsweisen übernehmen würden, prognostizierte die FAO einen kräftig steigenden Fleischbedarf: »Um den steigenden Bedarf zu decken, erwarten wir, dass die weltweite Fleischproduktion pro Jahr von aktuell 228 auf 463 Millionen Tonnen im Jahr 2050 steigt.«[147] Die Folge: Die Zahl der Tiere wird kräftig ansteigen, und der größte Teil – 80 Prozent – wird aus industrialisierten Produktionssystemen stammen.[148]

Betrachtet man die Tiermast im Vergleich zur Erzeugung von pflanzlicher Ernährung, ist sie furchtbar ineffizient: Zur Erzeugung von einem Kilogramm Fleisch benötigt man bei Hühnern rund zwei Kilogramm Futtergetreide, bei ausgewachsenen Schweinen vier bis fünf, bei Rindfleisch sind zwischen acht und zehn Kilogramm Futtermittel notwendig.[149] Um dieses Futter herzustellen, wird eine Reihe von Ressourcen benötigt. Die Viehzucht sei für acht Prozent des globalen Wasserverbrauchs verantwortlich, hauptsächlich für die Bewässerung von Futterpflanzen, schrieb die FAO 2009.[150] Ein Drittel der landwirtschaftlichen Anbaufläche werde für die Produktion von Futter verwendet, gleichzeitig mache Grasland für die Viehzucht 26 Prozent der eisfreien Oberfläche der Erde aus.[151]

Lastet man die Futtermengen der Tierzucht an, ist sie ein schlimmer Klimasünder. 2006 schrieb die FAO, die Viehzucht sei einer der Hauptgründe für die Abholzung des Regenwalds: »70 Prozent der abgeholzten Fläche des Amazonasgebietes ist nun von Viehweiden bedeckt, und Futteranbau bedeckt den Großteil des Restes.«[152] Keine Kleinigkeit, wenn man bedenkt, dass allein im brasilianischen Amazonasgebiet laut brasilianischer Weltraumbehörde INPE (Instituto Nacional de Pesquisas

Espaciais) täglich knapp 20 Quadratkilometer Regenwald abgeholzt werden.[153] Auf die Klimabilanz der Viehzucht wirkt sich das verheerend aus.

»Die Viehzucht ist einer der bedeutendsten Verursacher der größten Umweltprobleme unserer Zeit«, meinte Henning Steinfeld, oberster Tierexperte bei der FAO, schon 2006. »Um die Situation zu verbessern, ist rasches Handeln erforderlich.«[154] Betrachtet man nämlich sämtliche Prozesse der Wertschöpfungskette von der Bereitstellung von Land, die oftmals mit Abholzung verknüpft ist, über die Düngemittel für das Futter bis zum Transport ins Fleischregal, hat Fleisch eine schlimme Klimabilanz, schreibt die FAO: »Unsere Studie schätzt, dass die Viehzucht für 18 Prozent der [weltweiten] Treibhausgas-Emissionen verantwortlich ist, ein größerer Anteil als jener des Transports.«[155] Japanische Forscher vom Institut für Landwirtschaft in Tsukuba legten die Umweltbelastung auf ein Kilo Rindfleisch um. Ergebnis: Die Produktion von einem Kilo Fleisch verursacht umgerechnet 36 Kilogramm CO_2.[156]

Nobelpreisträger Rajendra Pachauri, Vorsitzender des UNO-Weltklimarates (IPCC), machte wiederholt auf diesen Umstand aufmerksam. »Unter den Optionen, den Klimawandel zu dämpfen, sollte man daher auch eine Änderung der Ernährungsgewohnheiten erwägen«, meinte er 2008 in einem BBC-Interview.[157] Abholzung, Düngung, Spritverbrauch der Maschinen und Methanausstoß der Tiere – das alles belaste das Klima. Eine CO_2-Steuer könnte den Fleischkonsum durch den damit verbundenen Preisanstieg senken, sieht Pachauri eine Option für Verhaltensänderung. Vorerst setzt er aber auf eine freiwillige Mäßigung des Fleischkonsums: »Wenn wir ehrlich sind, würde weniger Fleisch auch unserer Gesundheit guttun, und gleichzeitig würde der Verzicht auch den Ausstoß von Treibhausgasen reduzieren.«

Das Gentechnik-Futter

Denken Sie doch mal kurz an Ihre letzten Mahlzeiten zurück. Sicher werden Sie sich erinnern können, welches Fleisch Sie beim letzten Mal gegessen haben. Was Sie aber nicht wissen, ist, was das Tier vorher gefressen hat. Mit einiger Wahrscheinlichkeit war aber Eiweißfutter dabei, das gentechnisch verändert war.

Wer sich in den vergangenen Jahren nur ein klein wenig für Landwirtschaft interessierte, kam um ein Thema nicht herum: die Diskussion um Gentechnik. Wenn Sie nun glauben, das hätte mit Ihrer Tiefkühl-Pizza nichts zu tun, irren Sie gewaltig. Gensoja dient als Futter für die Schweine, aus denen Salami wird. Es könnte im Futter für die Kühe sein, die die Milch für den Pizza-Käse geben. Aromen und Enzyme für die Zusatzstoffe werden mittels Gentechnik hergestellt, und technisch ist das auch schon für Hefe machbar, die Ihren Pizza-Teig so schön aufgehen lässt.

Gentechnik steckt heute indirekt also schon in viel mehr Dingen, als uns bewusst ist. Eine Kennzeichnung ist nur erforderlich, wenn die Produkte direkt aus gentechnisch veränderten Organismen (kurz GVO) hergestellt wurden. Auf Ihre Salami trifft dies nicht zu: Auch wenn die Tiere vorher Gensoja zu fressen bekamen, darf eine Kennzeichnung daher unterbleiben. Die Diskussionen über Gentechnik wurden in den vergangenen Jahren ziemlich emotional geführt. Umweltschützer entdeckten ein neues Lieblings-Feindbild, und Gegner wie Befürworter bewarfen sich regelrecht mit Auftragsstudien. Konsumenten in Europa hat das verunsichert – sie lehnen Gentechnik lieber ab. Nur eines steht fest: Von Gentechnik profitieren in erster Linie die riesigen Chemie- und Saatgutkonzerne.

Welche Rolle Gentechnik in der industrialisierten Landwirtschaft spielt, möchte ich Ihnen am Beispiel Soja erklären. Im Vergleich mit anderen Futtermitteln ist es relativ gesehen recht günstig, da es einen hohen Eiweißanteil hat und so zum raschen Fleischaufbau der Tiere beiträgt. In der Tierzucht ist Soja daher sehr beliebt. Das Problem an der Soja-Erfolgsgeschichte: Es gibt in Europa viel zu wenig davon. 2007 analysierte der deutsche Raiffeisenverband: »Eiweißreiche Rohstoffkomponenten pflanzlicher Herkunft sind unverzichtbar für die ausgewogene Versorgung der europäischen Tierbestände. Allerdings beträgt der Selbstversorgungsgrad der Europäischen Union (EU-25) nur etwa 35 Prozent. Im Jahr 2006 mussten deshalb rund 35 Millionen Tonnen eiweißreiche Futtermittel in die EU importiert werden. Den größten Anteil hieran hatte Sojaschrot mit einem Importvolumen von 23 Millionen Tonnen, was die Bedeutung des Einsatzes von Soja für die europäische Futtermittelwirtschaft unterstreicht.«[158]

Was der Raiffeisenverband aber nicht erwähnte: Der Großteil des importierten Sojas ist gentechnisch verändert. Die drei wichtigsten Anbauländer weltweit sind die USA, Brasilien und Argentinien. Sie decken rund 80 Prozent der weltweiten Sojaexporte ab. Deutschland importierte zwischen 2004 und 2006 durchschnittlich 2,95 Millionen Tonnen Sojaschrot jährlich. Laut der forschungsfreundlichen Initiative Transgen wächst in Argentinien und den USA jedoch auf deutlich über 90 Prozent der Soja-Anbaufläche GVO-Soja. 64 Prozent sind es immerhin in Brasilien.[159] 2007 waren 60 Prozent des am Weltmarkt verfügbaren Sojas gentechnisch verändert.[160] Auch in anderen Bereichen wie Mais, Raps, Baumwolle oder Kartoffeln wachsen gentechnisch veränderte Pflanzen heute weltweit schon auf den Feldern.

Führende Anbieter von gentechnisch verändertem Saatgut sind das Schweizer Unternehmen Syngenta oder der Chemiekonzern Bayer, klarer Marktführer ist jedoch der US-Agrarriese Monsanto. 1996 übernahm Monsanto die Mehrheit am Biotech-Unternehmen Calgene, das 1994 mit der Anti-Matsch-

Tomate »Flavr Savr« die erste gentechnisch veränderte Pflanze auf den Markt brachte. Seither treibt Monsanto die anderen Biotech-Unternehmen mit seinen Innovationen vor sich her.

Durch die künstliche Veränderung ihres Erbgutes weisen Genpflanzen gewünschte Eigenschaften auf, die sie von Natur aus nicht haben. Für die Bauern bringt der Einsatz von gentechnisch veränderten Nutzpflanzen zahlreiche Vorteile, meint Monsanto auf seiner deutschen Website: »Entsprechende Sorten ermöglichen unter effizienter Nutzung verfügbarer Ressourcen den Einsatz nachhaltiger Anbauverfahren, wie den teilweisen oder vollständigen Verzicht auf wendende Bodenbearbeitungsmaßnahmen (Pflügen) oder eine reduzierte Anwendung konventioneller Pflanzenschutzmittel. Weiterhin ermöglichen die GV-Kulturpflanzen eine effizientere Nutzung der Ackerflächen einhergehend mit einer höheren Produktivität.«[161]

Den hohen Forschungsaufwand wollen sich die Gentech-Konzerne naturgemäß kräftig entlohnen lassen. Sie sind daran interessiert, dass Bauern jährlich neues Saatgut kaufen. Zu diesem Zweck liebäugelten die Saatgutkonzerne einst mit der sogenannten »Terminator«-Technologie. Die zeigte erstmals drastisch auf, in welche Abhängigkeit von wenigen Konzernen die Menschheit durch die Gentechnik schlittern könnte: »Bereits seit 1983 bastelte die Delta and Pine Land Company mit Unterstützung des US-amerikanischen Landwirtschaftsministeriums an einer ›gentechnologischen Beschränkung der Wiederverwertbarkeit‹ von Saatgut«, beschreibt Manfred Christ im Buch *Bedrohte Saat* die Entwicklung.[162] »Jene Eigenschaft, die die natürliche Bestimmung des Samens bildet, die Reproduktionsfähigkeit, sollte ihm abgewöhnt werden, indem der Keimling bereits während der Ausreifung des Samenkorns abgetötet wird. Danach kann die Pflanze auf natürlichem Weg nicht mehr vermehrt werden.« 1988 schließlich schaffte man es, sterile Samen zu erzeugen, die nur in den Labors der Konzerne wieder fruchtbar gemacht werden konnten. Die Entwicklung hätte jede illegale Vermehrung von Saatgut unmöglich gemacht. Allerdings stieß die Technologie auf derart breiten Widerstand, dass sich Monsanto und Syngenta 1999 verpflichteten, keine Vermarktung von Terminator-Pflanzen anzustreben.

Heute verhindern vor allem umfangreiche Lizenzverträge und unangekündigte Kontrollen eine neue Aussaat der Ernte im nächsten Jahr. Ein sicheres Geschäft also, müssen die Bauern doch jährlich neue GVO-Samen kaufen. Für Monsanto war und ist vor allem Gensoja ein Erfolgsmodell, das gleichzeitig ein altes Geschäftsfeld absicherte: Seit 1973 war der Chemieriese vor allem mit seinem Breitbandherbizid Roundup erfolgreich. Der Wirkstoff Glyphosat wirkte mit einem Schlag gegen alle Unkräuter – was Zeitersparnis für die Bauern brachte. Damit der Giftcocktail aber nicht auch die Nutzpflanze abtötete, wurde der Sojabohne ein Resistenzgen eingepflanzt. Nun konnten Landwirte die Sojabohnen einfach in die aufgelockerte Erde säen und danach das Feld mit Roundup besprühen. Ein Umpflügen des Feldes zur Bekämpfung mehrjähriger Unkräuter war nicht mehr nötig. Vor allem beim Anbau in Monokulturen bedeuteten diese Innovationen riesige Kostenvorteile. Neuere GVO-Anwendungen versprechen zudem mehr Widerstandsfähigkeit gegen Trockenheit oder Schädlinge und somit auch in Entwicklungsländern bessere Erträge.

Kritiker sehen die Gentechnik hingegen in einem ganz anderen Licht. »Die einstigen Versprechen der Industrie sind inzwischen ad absurdum geführt: Erhöhter Spritzmittelverbrauch, fehlende Ertragssteigerungen für Landwirte, ungeahnte Nebenwirkungen und Resistenzen bei Schädlingen sind nur einige durch Genpflanzen verursachte Probleme«, schreibt die Umweltschutzorganisation Greenpeace.[163] Die Natur sei kein Versuchslabor, meinen die Kritiker. Denn einmal ausgepflanzt, würden sich GVO bei vielen Pflanzenarten per Insekten und

Pollenflug unkontrolliert ausbreiten. Eine Entfernung sei dann kaum möglich.

In Europa ist die Zulassung von gentechnisch veränderten Organismen aufgrund der umstrittenen Auswirkungen streng geregelt.[164] Viele Anträge auf Freisetzung scheitern bereits an Bedenken der zuständigen Lebensmittelsicherheitsbehörde EFSA (European Food Safety Authority), zahlreiche andere an nationalen Widerständen. Im internationalen Vergleich ist die Verbreitung von Gentechnik daher gering: Ende Mai 2010 waren laut EU-Kommission in der EU sechs Sorten gentechnisch veränderter Baumwolle, 17 Sorten Genmais, zwei gentechnisch veränderte Arten von Mikroorganismen, drei Rapsarten, eine Kartoffel, drei Sojabohnen-Arten und eine Gen-Zuckerrübe zugelassen.[165] Dutzende weitere Anträge lagen in der Pipeline. Bedeutung hat dies hauptsächlich für den Import, denn für den Anbau ist eine eigene Genehmigung erforderlich. Die hatten im Mai 2010 nur die besonders stärkehaltige Kartoffel Amflora von BASF (nicht zum menschlichen Verzehr vorgesehen), der Mais T25 von Bayer und der Mais MON810 von Monsanto.

Weil Konsumenten laut Gesetz eine Wahlmöglichkeit gelassen werden muss, ist für Produkte der Gentechnik eine Kennzeichnung zwingend erforderlich.[166] Die haben Sie aber bestimmt noch nie gesehen. Weil das Thema Gentechnik in der Bevölkerung sehr unpopulär ist, halten die Supermärkte Gentechnik quasi aus den Regalen fern. Einzige Möglichkeit also für die Agrarriesen, Gentechnik in Europa zu verkaufen, sind Futtermittel und Rohstoffe für die Industrie. In den USA hingegen ist das anders: Eine verpflichtende Kennzeichnung existiert dort mit Stand 2010 nicht, Gentechnik liegt in jedem Supermarktregal.

Gentechnik hat es grundsätzlich also nicht leicht in Europa, und die Meinungen über ihre Zulassung sind gespalten. Genforscher warnen vor einem Zurückfallen der Forschung in Europa hinter jene in den USA. Die Konzerne kritisieren die Unsicherheit bei der Zulassung und wehren sich mit Klagen gegen nationale Anbauverbote. Schließlich haben sie hohe Summen in die Entwicklung des Saatguts gesteckt. Umweltschützer fordern vorerst ein Totalverbot der Gentechnik in Europa, solange keine aussagekräftigen, unabhängigen Langzeit-Studien über die Auswirkungen vorliegen. Die Bevölkerung wissen sie hinter sich. Die Politik muss in diesem Umfeld weitreichende Entscheidungen treffen. Keine leichte Aufgabe, wie Sie sehen werden.

So gefährlich ist Gentechnik

Rund zehn bis zwölf Jahre dauert die Entwicklung eines neuen Saatguts bis zur Zulassung. Das gilt sowohl für konventionell erzeugtes Saatgut als auch für Gentechnik-Saatgut. Die Zulassung ist sehr unsicher, die Kosten sind riesig. Das *Forbes Magazine* bezifferte die Investitionskosten für die Entwicklung einer neuen GVO-Pflanze auf bis zu 100 Millionen Dollar.[167] Verständlich, dass kritische Studien nach dem In-Verkehr-Bringen des Saatguts bei Konzernen sehr unbeliebt sind. Unter Berufung auf das Betriebsgeheimnis werden Bitten um Saatgutspenden abgelehnt, Bauern wird es vertraglich untersagt, GVO-Saatgut herauszugeben. Erklärt sich das Unternehmen doch einmal dazu bereit, dürfen die Ergebnisse nur mit Zustimmung des Konzerns veröffentlicht werden, klagen Forscher. Passiert trotz dieser Sicherheitsvorkehrungen etwas Negatives für die Konzerne, marschieren Heerscharen von Anwälten auf.

Arpad Pusztai und seine Frau Susan Bardocz bekamen die Macht der Konzerne kräftig zu spüren. 20 Jahre lang forschte Pusztai als einer der führenden Wissenschaftler für Pflanzenlektine (komplexe Proteine, die fähig sind, biochemische Reaktionen auszulösen) am Rowett Research Institute der Universität

Aberdeen in Schottland. Er war als Experte international respektiert – bis zu jenem Abend 1998, als er in der britischen Channel-4-Sendung »World in Action« von seinen neuesten Erkenntnissen berichtete. Im Interview behauptete er, dass der Verzehr von Genkartoffeln, die mit einem insektenabwehrenden Lektin eines Schneeglöckchens versehen waren, die inneren Organe von Laborratten verändert hatte.

Im später veröffentlichten Beitrag im angesehenen Wissenschaftsmagazins *The Lancet* klang das so: »Die Fütterung von Ratten mit gentechnisch veränderten Kartoffeln, die das Lektin Galanthus nivalis agglutinin (GNA) enthalten, hatte verschiedene Effekte auf diverse Teile des Magen-Darm-Traktes. Einige Effekte, wie Wucherungen der Magenschleimhaut, waren vor allem auf das GNA-Transgen zurückzuführen. Andere Teile des Konstruktes oder der genetischen Transformation können ebenso zu den generellen biologischen Effekten von GVO-Kartoffeln beigetragen haben, wie einem kleinen Darm und Blinddarm.«[168]

Der Umstand, dass er die Erkenntnisse allerdings im Fernsehen und nicht, wie in Forscherkreisen üblich, zuerst in internationalen Fachmagazinen samt der Prüfung der Aussagen durch Kollegen tat, kostete ihn offiziell den Job. Erst wurde behauptet, einer seiner Mitarbeiter hätte Ergebnisse vertauscht, dann wurde versucht, die Veröffentlichung des Beitrags in der Fachzeitschrift zu verhindern. Zahlreiche Kollegen stellten sich hinter ihn – vergebens. Pusztai war mit einem Schlag eine Persona non grata.

Da Pusztai an Gesundheitsproblemen leidet, treffe ich im März 2010 seine Frau, Susan Bardocz. Sie hatte mit ihm am Institut gearbeitet und gehörte seinem Forscherteam an. »Ich kann bestätigen, dass zwei Tage nach dem Interview meines Mannes Arpad unsere Computer gesperrt wurden, die Daten entfernt, unsere Telefonanrufe umgeleitet und unsere E-Mails von Fremden gelesen wurden«, erklärt sie mir. Auch zu Hause seien ihre Telefonate abgehört, ihre Post geöffnet worden. Ein britischer Journalist, Andy Rowell,[169] will herausgefunden haben, dass der unvermittelte Abgang der Pusztais durch politische Interventionen beschleunigt wurde. Bardocz: »Man sagte uns, wir haben der britischen und amerikanischen Industrie einen milliardenschweren Schaden zugefügt – indem wir die Menschen vor Gentechnik warnten.«

Doch was ist nun so gefährlich an dieser Gentechnik, will ich von ihr wissen: »Die Art, wie wir ein Gen in das Erbgut einer Pflanze einbringen, verursacht die meisten Probleme«, erklärt sie. (Zur Erläuterung: Als Genom wird das gesamte Erbgut einer Zelle bezeichnet, das beispielsweise in einer menschlichen Zelle auf 46 DNA-Strängen gespeichert ist. Definierte Abschnitte, die einen Erbfaktor ausdrücken, nennt man Gen.[170]) Ihr Mann Arpad Pusztai erklärte es in einem Interview wie folgt: »Um die Ungenauigkeit der gewöhnlich mit der Genkanone durchgeführten Methode, die man unzutreffend als Biotechnologie bezeichnet, richtig zu verstehen, muss man sich nur Wilhelm Tell vorstellen, dem die Augen verbunden werden, bevor er seinen Pfeil abschießt: Man kann unmöglich vorhersagen, wo das Gen in der Zielzelle landen wird. Ich glaube, dass die zufällige Lokalisierung des Gens die Variation in der Expression des Proteins erklärt, in diesem Fall des Lektins.«[171]

»Es gibt derzeit keinen sicheren Weg, ein Gen in fremdes Erbgut einzuschleusen«, ergänzt Bardocz. Die Methoden der GVO-Technologie würden noch aus der Steinzeit der Biotechnologie stammen, kritisiert sie: »Damals dachte man, dass ein Gen nur ein Protein und damit eine Eigenschaft hervorruft. Aber die Studien am menschlichen Genom stellten fest, das es rund 27 000 Gene gibt, die 200 000 bis 250 000 Proteine produzieren, also fünf bis zehn pro Gen.« Bardocz bringt einen Vergleich: »Stellen Sie sich ein Orchester vor, das nach gemeinsamen Noten wunderbare Musik macht. Ändern Sie nur die Noten für ein Instrument, wird es eine Dissonanz geben, die Harmonie geht verloren.«

Diese Dissonanzen wurden vereinzelt nachgewiesen: »Es gibt geprüfte Studien, dass drei von Monsantos Bt-Genmais-Sorten[172] die Leber und Nierenfunktionen von Tieren beinträchtigen.« Auch Probleme bei der Fruchtbarkeit, mit dem Immunsystem und häufigere Allergien würden damit in Verbindung gebracht. Insgesamt würden in 68 Studien Gesundheitsschäden nachgewiesen. »Die Politiker müssen darauf drängen, dass unabhängige Forscher Material für Studien erhalten, bevor es eine Zulassung auf den Markt gibt«, fordert Bardocz.

Ein weiteres Problem sieht sie in der einst üblichen Verwendung von Antibiotika als Marker. Eine Antibiotika-Resistenz wurde in Verbindung mit dem gewünschten Protein eingebaut: Bei all jenen Genen, die eine Antibiotika-Behandlung überlebten, war die Genmanipulation geglückt. Aus Angst, zahlreiche Menschen könnten so resistent werden gegen die Behandlung von Erkrankungen mit Antibiotika, wurde dies verboten – ebenso wie die präventive Antibiotika-Gabe in der Massentierhaltung. Bardocz: »Nach europäischen Regeln sollten heute keine neuen Transgene mit Antibiotika-Resistenz herausgebracht werden. Was aktuell am Markt ist, wurde aber bereits vor Jahren herausgebracht. Einige enthalten also noch diese Antibiotika-Resistenz. Das gilt auch für Monsantos MON810-Mais.«

Auch die Fütterung von Nutztieren mit gentechnisch veränderten Pflanzen hält sie für keine gute Idee. »Es gibt einige offizielle Studien, die zeigen, dass in der Milch von GVO-gefütterten Kühen das Transgen präsent ist.« Dasselbe gelte für Hühnerfleisch, erzählt Bardocz und zieht wieder einen Vergleich: »Wenn Sie Kühe mit Getreide füttern, ist die Milch ebenfalls weitaus weniger gesund als bei einer Fütterung mit Gras. Der Anteil an Omega-3-Fettsäuren etwa ist viel geringer, Gleiches gilt für die mineralische Zusammensetzung.«

Sind wir Konsumenten also einfach nur Versuchskaninchen, die aktuell einem Langzeit-Fütterungsversuch unterzogen werden? Die Vorwürfe von Bardocz beunruhigten mich – und ich beschloss, auch die Gegenseite zu hören.

So ungefährlich ist Gentechnik

Anders als in den USA werden Sie in Europa angesichts strenger Kennzeichnungsrichtlinien kaum eine Tiefkühl-Pizza verspeisen, die Rohstoffe aus Gentechnik-Pflanzen enthält.[173] Die Konzerne sind zurückhaltend, denn das Thema ist unbeliebt. Abgesehen vom Essen ist Gentechnik aber auch in Europa weiter verbreitet als gedacht, erzählt mir Josef Glößl. Im Gegensatz zur populären Meinung sieht er die Technik als weitgehend ungefährlich an. Täglich hat er damit zu tun, ist er doch Vorstand des Departments für Angewandte Genetik und Zellbiologie und Vizerektor für Forschung an der Wiener Universität für Bodenkultur.

Zahlreiche Anwendungsbereiche gäbe es in der Chemie, etwa zur Herstellung unserer Waschmittel, meint Glößl, auch in der Pharmaindustrie spiele Gentechnik eine immer stärkere Rolle. Die Züchtung von Pflanzen werde bereits seit geraumer Zeit durch DNA-Marker unterstützt: »So kann man eine große Zahl gewünschter Eigenschaften kombinieren und nicht erwünschte Eigenschaften entfernen.« Für große Züchter wäre das bereits Routine.

Glößl erklärt mir zunächst vereinfacht den Entstehungsprozess einer neuen Pflanze mit Hilfe der Gentechnik: »Erst muss man das gewünschte Gen isolieren aus dem Organismus, wo es vorkommt. Dann wird dieses Gen in die Zelle einer Laborpflanze übertragen. Danach selektiert man jene Pflanzen, die das neue Gen enthalten und die gewünschte Eigenschaft ausdrücken. Das ist nach wie vor eine gewisse Herausforderung.« Schließlich kreuze man die neue Laborpflanze in die eigentlichen Kulturpflanzensorten ein.

Aus dem Gespräch mit Susan Bardocz wusste ich, dass vor allem der Prozess der Übertragung des Gens in die Laborpflanze umstritten ist. Tatsächlich meint auch Glößl: »Heute ist diese Einbringung noch ein Zufallsereignis.« Bei Pflanzen könne man nicht festlegen, wo das Gen im Erbgut integriert werde. Bei Tieren und gewissen Moosen habe man es bereits geschafft, das Gen mechanisch mit einer Art Mini-Nadel exakt an die gewünschte Stelle einzubringen. Auch eine Einbringung von DNA-Sequenzen in eine Zelle mittels dem Botenorganismus Agrobacterium tumefaciens ist mittlerweile möglich. Üblich ist laut Glößl derzeit aber noch die Einbringung mittels Genkanone: »Eine DNA-Lösung wird auf Goldpartikel aufgebracht, deren Durchmesser nur wenige Nanometer betragen. Durch Druck werden sie in Gewebestücke eingebracht, so dass sie in einigen beschossenen Zellen in den Kern eindringen und die DNA in das Genom eingebaut werden kann. Das ist aber ein ziemlich seltenes Ereignis.« Daher müsse man mittels Markern feststellen, ob das geklappt hat: »Bislang verwendete man dafür Antibiotika-Resistenz-Gene, heute gibt es auch andere Marker-Gene zur Selektion.«

Tatsächlich scheint also die Einbringung von fremden Genen in das Erbgut aktuell eher eine Sache des Glücks denn eine exakte Angelegenheit zu sein. Doch was Kritiker wie Bardocz beunruhigt, sieht Glößl gelassen: »Chemisch ist das Ergebnis völlig gleich. Und es gibt keine vernünftigen Anhaltspunkte, dass eine Änderung bei bestimmten Inhaltsstoffen und Eigenschaften eine Gefährdung für Umwelt oder für Menschen mit sich bringt.« Denn den Aspekt, dass sich Inhaltsstoffe und Eigenschaften verändern, hätte man bei jeder sexuellen Kreuzung: »Das Prinzip dieser Vermehrung ist, dass man die Eigenschaften der Eltern neu kombiniert, um so zu neuen Eigenschaftskombinationen zu kommen.«

Also alles ein Fehlalarm? »Natürlich kann es hier aber – wie in der konventionellen Züchtung – zu Überraschungen kommen, dass etwa toxische Eigenschaften vermehrt entstehen. Aber Nahrungsaufnahme birgt generell Risiken in sich: Man kann eine Allergie gegen etwas entwickeln, oder es können auch bei konventionell gezüchteten Pflanzen toxische Inhaltsstoffe enthalten sein.« Würde man etwa rohen Holunder essen, wäre das auch nicht bekömmlich. Pflanzen mit unerwünschten Ergebnissen würden im Labor gewissenhaft aussortiert.

Doch was ist dann mit den diversen Studien, die negative Auswirkungen auf die Gesundheit durch GVO sehen? Glößl weist die Probleme zurück: Oftmals wären statistische Absicherungen nicht gewährleistet, Kausalzusammenhänge nicht abgesichert, Ergebnisse nicht von anderen Forschern gegengecheckt oder aus dem Zusammenhang gerissen. Einige Male mussten einst von Umweltschützern gefeierte kritische Studien wie etwa eine Studie zum Thema Fortpflanzungsprobleme bei Mäusen aufgrund mangelnder Qualität still und heimlich zurückgezogen werden.[174] Glößl: »Mir sind aktuell keine wissenschaftlichen Fakten bekannt, die einer stringenten Überprüfung standhalten, die aussagen, dass gentechnisch veränderte Pflanzen ein höheres Risiko tragen als konventionelle Pflanzen.«

Glößl sieht also ein klares Überwiegen der Vorteile und nennt die zwei wichtigsten: »Die zentralen Vorteile sind neue Eigenschaften von Pflanzen und stabilere Erträge.« So sei es möglich, durch Gentechnik den Einsatz von Pestiziden zu reduzieren, durch bessere Nährstoffverwertung auch den Düngemittelbedarf zurückzufahren. Angesichts dieser Eigenschaften sieht er gar langfristig keinen Widerspruch für den Einsatz von Gentechnik in der Biolandwirtschaft, sei es doch möglich, dank besserem Saatgut stabile Erträge zu erzielen – ohne den Einsatz von

Düngern oder Pestiziden. Der rückläufige Bedarf an diesen künstlichen Hilfsmitteln sei eines der zentralen Themen der Pflanzen, die in den nächsten zehn Jahren auf den Markt kommen würden. Gleichzeitig seien auch verbesserte Inhaltsstoffe ein Thema. »Auch im Bereich nachwachsender Rohstoffe ist einiges zu erwarten.« Glößl sieht ein Riesenpotential, um erdölbasierende Produkte durch Rohstoffe aus Pflanzen zu ersetzen. »Und eine Nebenschiene wäre auch, dass man Pflanzen als Produktionssystem für medizinisch anwendbare Proteine verwenden kann, etwa zur Erzeugung von Impfstoffen.« Auch dazu würden bereits Versuche laufen.

Was aber im Labor bereits möglich wäre, ist noch lange nicht gesetzlich zugelassen. Glößl sieht daher großen Bedarf an »wissenschaftlich fundierter, unabhängiger Begleitforschung«. In Großbritannien oder Deutschland gäbe es durchaus gute Sicherheitsforschung: »Aber die Durchführung im Freiland ist trotz guter Gesetzeslage kaum möglich, weil Versuche nicht genehmigt werden oder Feldzerstörung durch Gentechnik-Gegner droht.«

Machen sich also die Gentechnik-Gegner mitschuldig am von ihnen oft geforderten Mangel an Langzeitforschung? Hört man den Forscher, könnte man durchaus dieser Ansicht werden. »Die Protestindustrie spielt eigentlich den großen Herstellern in die Hände, weil sich kleine Züchter das wirtschaftliche Risiko einer abgelehnten Pflanze nicht leisten können«, ist Glößl überzeugt. Die strikte Zulassungspolitik in Europa sei vor allem für kleinere Saatgutfirmen ein riesiges Problem. Das Risiko eines negativen Zulassungsbescheides von der EU sei angesichts von zehn Jahren Entwicklungsarbeit für kleinere Hersteller einfach zu groß – auch wenn man alle gesetzlichen Vorgaben erfülle. Daher kritisiert Glößl: »In Europa ist derzeit auf diesem Gebiet keine Rechtssicherheit gegeben.«

Der umstrittene Agrar-Riese Monsanto

Sie sind verwirrt angesichts der unterschiedlichen Ansichten der Gentechnik-Forscher? Keine Angst – nicht nur Sie. Auch die zuständigen Politiker bekommen beide Seiten zu hören. Sowohl die Nichtregierungsorganisationen (NGO) als auch die Konzerne lobbyieren bei den politischen Entscheidungsstellen, um Unterstützung für ihre Position zu erhalten. Wer der finanzstärkere der beiden Gegner ist, dürfte allerdings klar sein. So gab der Agrar-Riese Monsanto zwischen 1998 und 2001 offiziell 21 Millionen Dollar für Lobbyarbeit allein in den USA aus.[175]

Immer wieder stößt man bei Recherchen über Gentechnik auf den Namen des einstigen Produzenten des Entlaubungsmittels Agent Orange, Monsanto. Der US-Konzern nimmt auch in zahlreichen anderen Bereichen der globalen Agrarindustrie eine dominierende Rolle ein: Neben der weltweiten Marktführerschaft beim Herbizid Glyphosat mittels Roundup entwickelte sich Monsanto durch Zukäufe in den letzten Jahren zu einem globalen Anbieter von Getreide-Saatgut. Mit der Marke Seminis ist der Konzern laut eigenen Angaben Weltmarktführer bei Obst und Gemüsesamen. Auch im Bereich Schweinezucht versuchte Monsanto Fuß zu fassen, zog sich 2007 aber wieder zurück. Im Bereich gentechnisch veränderter Pflanzen dominiert Monsanto den Markt: »90 Prozent der US-Sojapflanzen und 80 Prozent der Mais- und Baumwollpflanzen wachsen mit Monsanto-Technologie«, schrieb das *Forbes Magazine* 2010.[176] Diese Marktmacht rief wenige Wochen zuvor das US-Justizministerium auf den Plan, das mögliche Verstöße gegen das Kartellrecht untersuchte. Der zentrale Vorwurf laut Nachrichtenagentur AP: Mittels umfangreicher Lizenzvereinbarungen mit kleineren Saatgutunternehmen hätte Monsanto zwar seine Technologie zur Verfügung gestellt, gleichzeitig aber auch andere Anbieter vom

Markt ausgeschlossen. Der De-facto-Monopolist auf GVO-Saatgut würde so willkürlich die Preise diktieren können.[177]

Tatsächlich setzte Monsanto 2009 stolze 11,7 Milliarden Dollar um und erzielte einen Nettogewinn von 2,1 Milliarden Dollar. Zum größten Umsatzbringer entwickelte sich über die Jahre das Saatgut-Geschäft, nachdem das Patent-Ende für Roundup in den letzten Jahren verstärkt billige Nachahmer auf den Markt brachte. Beim Wandel vom Chemie- zum Saatgutkonzern ging man aber nicht gerade zimperlich mit Gegnern um, wie ich Ihnen am Beispiel von Percy Schmeiser erzählen möchte.

Bei einem Europa-Aufenthalt 2008 klagte der kanadische Großbauer und Saatgutzüchter über die üblen Geschäftspraktiken von Monsanto, gegen die er sich jahrelang zur Wehr setzte. Sein Kampf gegen Monsantos Gentechnik und für die Artenvielfalt wurde 2007 mit dem Alternativen Nobelpreis belohnt. Zur Geschichte: 1996 wurde der Anbau von GVO in Kanada zugelassen. Seither hätte sich die Landwirtschaft kräftig zuungunsten der Bauern verändert, ist Schmeiser überzeugt: »Wir haben keinen reinen Raps mehr in Kanada – heute ist alles GVO-Raps und es gibt keine Chance für Biobauern.« Die Bauern hätten davon nicht profitiert: »Jetzt sinken die Erträge, bei Soja zuletzt um 15, bei Raps um zehn Prozent. Im Gegenzug hat sich der Verbrauch von Pflanzenschutzmitteln um das Drei- bis Vierfache erhöht« – und das sei das giftigste Zeug, dass die Bauern je hatten.[178]

Percy Schmeiser wehrte sich stets gegen den Anbau von GVO. Doch über Wind und möglicherweise LKWs, die GVO-Rapskörner anderer Bauern verloren, breiteten sich die Gentech-Pflanzen auch auf seinen Feldern aus. Wie in vielen anderen Fällen versuchte Monsanto Schmeiser zu verklagen – wegen Anbaus von Monsanto-GVO-Pflanzen ohne Lizenz-Zahlungen.[179] Schmeiser, der selbst Saatgut entwickelte und sein Geschäftsmodell durch Monsanto bedroht sah, drehte den Spieß einfach um:

Er verklagte den Agrarriesen wegen Verunreinigung seiner Felder und Rufschädigung – und musste letztlich nicht zahlen.[180]

Als er 2005 erneut Monsanto-Raps auf seinen Feldern fand, ließ er ihn professionell entfernen und schickte dem Konzern die Rechnung. Monsanto wollte nur zahlen, wenn Schmeiser eine lebenslange Schweigevereinbarung unterzeichnete. Das lehnte Schmeiser ab und ließ es auf eine Gerichtsverhandlung ankommen. Monsanto akzeptierte Schmeisers Bedingungen wenige Stunden vor dem Gerichtstermin im Frühjahr 2008. (Monsanto sieht die Sachlage naturgemäß etwas anders, wie Sie im Internet nachlesen können.[181])

»Ich möchte Sie aufmerksam machen auf das, was in Kanada geschehen ist«, beginnt Schmeiser seine zentrale Botschaft an die Leute. »Einmal eingeführt, gibt es keine Wahl mehr zwischen GVO und GVO-frei.« Sollte jemals GVO-Weizen zum Anbau zugelassen werden, könne man ihn kaum mehr eindämmen, was das Ende der Biolandwirtschaft bedeuten würde. Denn durch seine Zugehörigkeit zur Familie der Gräser würde er sich besonders leicht in der Natur ausbreiten.

Besonders die Geschäftspraktiken des Konzerns stießen Schmeiser übel auf: »Allein durch das Öffnen eines Sackes mit Monsanto-Saatgut akzeptieren Sie einen umfangreichen Vertrag mit Monsanto.« So verpflichten sich die Bauern, für jede Ernte neues Saatgut von Monsanto zu kaufen, und nicht, wie früher üblich, aus der letzten Ernte Teile für die nächste Saat zu verwenden. Um dies sicherzustellen, werden Kontrolleure durch das Land geschickt. »Wenn sie [Monsanto] annehmen, du zahlst die Lizenzgebühr für ihr Getreide nicht, fordern sie 100 000 Dollar innerhalb von zwei Monaten. Sie drohen mit Gericht, und sie drohen mit Strafen, falls man diesen Brief jemand anderem zeigt«, klagt Schmeiser. In Inseraten werde diese Geschäftspraktik sogar noch positiv dargestellt: »Der Konzern bewirbt in Annoncen die gegenseitige Bespitzelung der Bauern – und verspricht dafür eine

Gratis-Lederjacke!« Das zerstöre das Prinzip der Nachbarschaftshilfe, meint Schmeiser und schließt: »Gentechnik schafft so eine Kultur der Angst unter den Bauern.«[182]

Patent auf Leben

Wenn Sie auf den vergangenen Seiten schon ein wenig gedacht haben, die Gentechnik hätte abgesehen vom Futtermittel wenig mit Ihrem fleischlichen Pizza-Belag zu tun, so schließt sich hier der Kreis. Denn Monsanto belässt es nicht dabei, weltweit gentechnisch veränderte Pflanzen für Tierfutter zu verkaufen und diese Erfindungen mittels Patenten zu schützen. Seit 2004 versucht Monsanto in Europa offenbar auch die Patentierung von Tieren.

Im April 2010 meldete Greenpeace, der US-Saatgutkonzern strebe nun ein Patent für Schnitzel und Schinken an. Hintergrund war der Patentantrag WO 2009097403, den Monsanto bei der World Intellectual Property Organization (WIPO), dem Welt-Patentamt mit Sitz in Genf, eingebracht hatte. Unter dem Titel »Methode zur Fütterung von Schweinen« beanspruchte man folgende Innovation für sich: »Die Innovation bezieht sich auf die Anreicherung von wünschenswerten Eigenschaften in Schweinen und/oder Schweinefleisch-Produkten durch die Beimischung von positiven Fettsäuren in Tierfutter oder Tierfutter-Ergänzungen.«[183] In Paragraph 2 des Patentantrags wird erläutert, dass die Innovation eine Methode sei, den Nährwert der »menschlichen Nahrungsquelle« Schweinefleisch zu verbessern, indem die Verwertung von gesundheitsfördernden Stoffen in Genpflanzen erleichtert werde. Schon 2004 versuchte es Monsanto vor dem Europäischen Patentamt in München unter der Patentnummer EP 1651777 mit einem ähnlichen Vorstoß zur

Patentierung von Schweinen. Nachdem das Amt erst zugestimmt hatte, widerrief es das Patent Jahre später nach heftigen Protesten.[184]

Fakt ist vorerst weiterhin: Leben ist nicht patentierbar. In der Richtlinie 98/44/EG des Europäischen Parlaments und des Rates über den rechtlichen Schutz biotechnologischer Erfindungen heißt es:[185]

»Nicht patentierbar sind:

- Pflanzensorten und Tierrassen;
- im Wesentlichen biologische Verfahren zur Züchtung von Pflanzen oder Tieren, beispielsweise Kreuzung oder Selektion. Diese Nichtpatentierbarkeit bezieht sich jedoch nicht auf Erfindungen, die ein mikrobiologisches Verfahren zum Gegenstand haben;
- der menschliche Körper sowie die bloße Entdeckung eines seiner Bestandteile, einschließlich der Sequenz oder Teilsequenz eines Gens.«

»Viel zu schwammig«, so die Umweltschützer von Greenpeace. »Die Patentvergabe ist Auslegungssache der Patentämter. Seit Jahren erteilt zum Beispiel das Europäische Patentamt in München Monopolrechte auf Tiere und Pflanzen, die nur durch Einsprüche neu verhandelt und zum Teil rückgängig gemacht werden können.«[186]

»Schluss mit dem Patentieren von Saatgut und Nutztieren!«, fordert daher Greenpeace und lehnt Patente auf das Leben strikt ab. Die großen Agrarkonzerne hoffen auf ebendiese, um künftig Lizenzeinnahmen von den Bauern kassieren zu können, wie es bereits bei den gentechnisch veränderten Pflanzensorten üblich ist. Schließlich wollen sie auch für die oft jahrzehntelange Forschungsarbeit belohnt werden. Doch stellen Sie sich vor, Monsanto oder ein anderer Agrar-Riese würde sich durchsetzen und künftig zum Beispiel einen Euro pro gezüchtetem Schwein erhalten: bei rund 250 Millionen geschlachteten Schweinen in Europa pro Jahr ein sehr verlockendes Geschäft – und einträglich Jahr für Jahr.

Daher verwundert es auch nicht, dass das auf internationaler Ebene geltende Abkommen zum Schutz geistiger Eigentumsrechte, TRIPS (Trade Related Aspects of Intellectual Property Rights), heftig umstritten ist. 1994 kam es auf Druck der USA zustande, um im Gegenzug für Handelserleichterungen für Schwellenländer durch international klagbare Patentgesetze die Forschungsarbeit ihrer Spitzenkonzerne vor Piraterie und Billigkopien zu schützen. Neben der Verhinderung billiger Generika-Medikamente für kranke Menschen in Entwicklungsländern kritisieren Experten auch immer wieder die Formulierung zum Thema Patent auf Leben: Artikel 27 erlaubt es WTO-Mitgliedern zwar, Pflanzen und Tiere sowie biologische Verfahren zur Züchtung von der Patentierbarkeit auszunehmen. Allerdings heißt es: »Die Mitglieder sehen jedoch den Schutz von Pflanzensorten entweder durch Patente oder durch ein wirksames System sui generis[187] oder durch eine Kombination beider vor«, zitiert Greenpeace und beklagt: »Weltweit wurden bereits über 1000 Patente auf Hauptnahrungspflanzen wie Weizen, Mais, Reis oder Soja erteilt. Dabei ging die große Mehrheit der Patente an die Chemie- und Agrar-Riesen Bayer, Syngenta, Monsanto und DuPont. Die Konzerne können so diktieren, wer, was, zu welchen Bedingungen und Preisen anbauen oder verkaufen darf.«[188]

Der UN-Sonderberichterstatter für das Recht auf Nahrung, Olivier de Schutter, warnt daher vor einer zunehmenden Patentierung von Nahrung: Durch die Professionalisierung der Züchtung in spezialisierten Unternehmen seien monopolartige Privilegien bei Züchtern und Patent-Inhabern zu finden: »Private Forschung versucht zwar die Bedürfnisse der Bauern in den Industrienationen zu erfüllen, jene der Bauern in Entwicklungsländern werden aber ignoriert.« Sie würden hingegen zunehmend abhängig werden von externen Inputs, was angesichts instabiler Einkommen das Risiko der Verschuldung in die Höhe treibe.[189]

Für die Bauern in den Entwicklungsländern könnten die Patente also bedeuten, dass sie im Spiel der globalen Nahrungsmittelproduktion künftig auf der Strecke bleiben, wenn sie kein Geld für Lizenzgebühren haben. Für uns Konsumenten in Westeuropa hingegen bedeutet es, dass unsere Ernährung langfristig vielleicht nur noch von einer Handvoll globaler Konzerne kontrolliert wird.

DER KÄSE

Der Markt für Milch

Sieht man genauer über den Pizzarand, so dominieren in vielen Bereichen der Ausgangsprodukte für meine Pizza wenige globale Konzerne. Die Marktkonzentration und die Macht, Preise zu gestalten, stellen Bauern und Verarbeiter vor große Herausforderungen. Schließlich bekommen sie auf der Absatzseite auch den Preisdruck des Handels gehörig zu spüren.

Etwas anders gelagert ist die Problematik bei Milch, üblicherweise der Rohstoff für Pizza-Käse. Während der Markt für die Ausgangsprodukte von Teig und Salami – also Saatgut oder Jungtiere – von ganz wenigen Produzenten geprägt ist, gibt es bei Pizza-Käse sehr viele Hersteller des Ausgangsproduktes. Denn streng genommen ist jede Kuh ein Milchhersteller. Wie Sie noch sehen werden, kann auch die Vielzahl der Produzenten eines Rohstoffes zum Problem werden. Produziert ein Bauernhof mehr Milch, steigt der Ertrag für den Bauern. Produzieren alle Bauernhöfe mehr Milch, indem sie mehr Kühe einstellen, übersteigt das Angebot für Milch die Nachfrage – der Preis stürzt ab. Zum steigenden Angebot trägt auch die Tendenz zur Verwendung leistungsstarker Hybridrassen bei: Lag die durchschnittliche Milchleistung je Kuh 2006 bei 6093 Kilo pro Jahr[190], so beziffert ein Bericht der EU-Kommission die Milchleistung im Jahr 2015 bereits mit 6735 Kilo.[191] Schon heute gibt es Hochleistungskühe wie das populäre Holstein-Rind, das bis zu 10 000 Kilo pro Jahr schafft.

Von diesen Zahlen war in den 1950ern keine Rede. Um die

Produktion des Grundnahrungsmittels Milch nach dem Zweiten Weltkrieg anzukurbeln und die Versorgung zu sichern, wurden in zahlreichen Ländern Preisbindungen für Milch eingeführt. Bauern konnten so ihre Milch zu garantierten Preisen am Markt oder dem Staat verkaufen. Das sichere Geschäft führte über die Jahre jedoch zu Überkapazitäten, man sprach von Milchseen und Butterbergen. Um gegenzusteuern, wurde 1984 EU-weit eine sogenannte Quotenregelung eingeführt, die die gesamte Milchmenge mittels Milch-Lieferrechten für jeden einzelnen Hof begrenzen sollte. Über die Jahre wurden die Fixpreise in »Interventionspreise«, also eine Art Mindestpreis, umgewandelt, Mengenbegrenzungen eingeführt und beständig gekürzt, das Preisniveau gesenkt. Der Milchmarkt sollte an den freien Markt herangeführt werden. Das gelang, allerdings mit Nebenwirkungen. Die notwendigen Budgetmittel für die Marktregulierung sanken, und der konstante Abbau der stabilisierenden EU-Milchpolitik führte in zunehmendem Maße zu einem stärkeren Schwanken der Preise.

Die Preisausschläge nach unten überlebten viele Bauernhöfe nicht. Eine weitere Öffnung des Marktes dürfte diese Tendenz verstärken, vor allem für Kleinbetriebe. Steht ein Generationenwechsel auf einem Hof an, bedeutet das oft auch das Ende für die Milchproduktion. 2007 gab es in den 25 EU-Mitgliedsstaaten rund 2,4 Millionen Milchhöfe – 2005 waren es noch sechs Prozent mehr.[192] Doch obwohl die Zahl der Milchbauern konstant abnimmt, steigt die Milchmenge und überragt die Nachfrage in der EU bei weitem. Heute ist die Union hinter Neuseeland zweitgrößter Milch-Exporteur der Welt. 2008 lieferten Europas Molkereien rund 11,8 Millionen Tonnen Milch Richtung Russland, den Nahen Osten oder die Schweiz.[193] Auch innerhalb der EU wird Milch kräftig herumgeschickt, vor allem Richtung Süden. Der Preis, den die Bauern für den Rohstoff Milch bisher erhielten, pendelte zwischen 40 Cent pro Liter in guten und 20 Cent in schlechten Jahren. Abhängig ist dieser Preis vor allem davon, welche Preise die Molkereien am Markt erzielen können. Da die Milchwirtschaft in Nordeuropa eher verbreitet ist als im Süden, ist die Milchmenge dort tendenziell höher und die Preise sind niedriger. Entsprechend dem erzielten Ertrag werden die vorläufigen Auszahlungen an die Bauern im Nachhinein korrigiert.

Weil sich der Transport von Frischmilch über weite Strecken kaum lohnt, gibt es noch eine vergleichsweise große Anzahl an lokalen Molkereien, die über Genossenschaftsmodelle oftmals im Besitz der Bauern sind. Allerdings gibt es auch hier Konzentrationstendenzen und Zusammenschlüsse, die zu riesigen Konzernen führen. Weltmarktführer und größter Milchverarbeiter Europas ist der weltgrößte Lebensmittelhersteller Nestlé aus der Schweiz: 13,5 Milliarden Euro des Gesamtumsatzes 2009 in Höhe von 74,4 Milliarden Euro[194] stammten aus dem Segment Milch und Eiscreme. Unter den Top Ten in Europa[195] folgen hinter Nestlé der französische Konzern Danone (8,5 von 15 Milliarden Euro Umsatz 2009 stammten aus dem Bereich Molkereiprodukte), dahinter finden sich die französische Lactalis-Gruppe, die holländische Friesland Campina und Arla aus Dänemark. Größte Verarbeiter in Deutschland waren 2009 Nordmilch und die Müller Gruppe.

Der Großteil der Milch wird von den Molkereien als Vertragsmilch an Supermarktketten oder große Verarbeiter geliefert, freie Mengen werden tagesaktuell am Spotmarkt als Versandmilch angeboten. Gleichzeitig notieren Milch, Butter oder Milchpulver am Terminmarkt der Rohstoffbörsen wie Chicago oder Paris. Wer seine Milch nicht billig am Spotmarkt verschleudern will, muss sie weiterverarbeiten, damit sie haltbar bleibt: entweder zu Käse, Kondensmilch oder zu Milchpulver, das meist von der Industrie verwendetet wird. Auch dafür gibt es einen Börsenpreis. Das Problem: Die Preise auf diesen im Vergleich kleinen Märkten beeinflussen alle anderen Milchmengen: »Der Weltmarkt ist aufgrund des im Vergleich zur Gesamterzeugung und zum Gesamtverbrauch geringen Handelsvolumens durch ein hohes Maß an Volatilität gekennzeichnet«, schrieb die EU 2009.[196] Für die Bauern hat das negative Folgen: Müssen die Molkereien viel Milch zu niedrigen Preisen am Spotmarkt anbieten, sinkt auch der Durchschnittspreis für die Bauern im Nachhinein. Auch Einbrüche bei Exporten bekommen sie so kräftig zu spüren.

Den Preisschwankungen sind die Bauern recht schutzlos ausgeliefert. Eine Kuh gibt Milch, egal wie der Preis steht. Entsprechend wichtig erachten Bauern die Zahlungen und Interventionsmaßnahmen der EU gegen Preisstürze; einem Auslaufen des EU-Quotensystems 2015 und einer Heranführung des Milchmarktes an den freien Markt sehen viele daher mit Skepsis entgegen. Sie wissen um ihre geringe Marktmacht – bei den Preisverhandlungen zwischen Supermarktketten und Molkereiriesen sind sie nur Beobachter. Die EU empfiehlt den Bauern Kooperationen zur Steigerung von Effizienz und Marktmacht und bescheinigt dem Markt »mangelnde Transparenz«: Gefallene Preise für die Bauern würden bei den Konsumenten kaum ankommen, hieß es 2009.[197] Einem Preissturz bei Milchprodukten für die Produzenten um beispielsweise 31 Prozent für Milch oder gar 39 Prozent für Butter stand im Einzelhandel nur ein Preisrückgang von zwei Prozent gegenüber.[198] Vom Geschäft mit der Milch profitieren also weder Konsumenten noch die Bauern, sondern wohl die großen Unternehmen dazwischen.

In der Käserei

Über 130 Millionen Tonnen Milch wurden 2010 in ganz Europa verarbeitet. Rund 40 Prozent der Milchmenge wird traditionell zu Käse weiterverarbeitet.[199] Schon 5000 Jahre vor Christus soll im Orient Käse hergestellt worden sein. Vermutlich wollte man einst Milch in den Mägen frisch geschlachteter Kälber transportieren und stieß dabei auf die Erkenntnis, dass Lab die Milch gerinnen ließ: Käse war entdeckt. Heutzutage sind die Verarbeitung von Milch und die Herstellung von Käse für meine Pizza eine hochtechnologisierte Angelegenheit, wie ich im Rahmen einer Betriebsbesichtigung erfahren durfte.

Grob vereinfacht ist Pizza-Käse einfach leckerer Abfall. Weil Konsumenten immer kleinere Stücke kaufen und niemand einen runden, mehrere Kilo schweren Käselaib will, wird Käse heute meist fein verpackt in 150-Gramm-Plastikbehältern verkauft. Das ist ziemlich schade, denn in der alpenländischen Molkerei, die ich besichtigen durfte, beeindruckte mich am meisten der Käsekeller, in dem die riesigen Käselaibe in 20 Reihen übereinander langsam reifen. Sechs Wochen bis acht Monate liegen sie dort, dann werden sie für den Verkauf aufbereitet – das heißt: zerschnitten. Immer kleiner werden die Laibe in den einzelnen Verarbeitungsschritten, und zu guter Letzt bleiben zahllose Käsescheiben in Plastik zurück.

»80 Prozent unseres Käses verkaufen wir bereits in Plastik portioniert«, erzählte mir der Marketingleiter bei meinem Besuch. Was übrigbleibe, Abschnitte von den Laiben, Bruch oder Ausschussware mit zu großen oder zu kleinen Löchern, zu spröder Struktur oder einfach Laibe, die gerade nicht verkauft werden können, werde zu »Reibkäse«. Dabei kommen diese Reste in einen Zerhäcksler, wo aus dem Ausgangsmaterial Pizza-Käse für Konsumenten und Gewerbebetriebe wird. Der geraspelte Käse läuft über ein Förderband und wird in großen oder kleinen Tüten abgepackt.

Bis aus Milch aber Reibkäse wird, dauert es eine Weile. Zuerst wird die erhitzte Milch mit Lab versetzt. Die darin enthaltenen Enzyme lassen das Milch-Eiweiß gerinnen, ohne dass sie sauer wird. Ursprünglich wurde Lab aus dem Labmagen junger

Kälber gewonnen, die wenige Tage nach der Geburt geschlachtet wurden. Heute werden zwei Drittel des Bedarfs durch die künstliche Produktion von Enzymen gedeckt, wobei hier gentechnisch veränderte Mikroorganismen eine große Rolle spielen. Würde das unterbleiben, müsste man laut Autor Thomas Birus 70 Millionen wenige Tage alter Kälber schlachten, um 50 Tonnen Lab herzustellen.[200]

Doch zurück zur Käseproduktion, die ich in der Molkerei bestaunen durfte: Neben dem Lab wird der Milch oftmals auch ein Farbstoff wie Beta-Carotin beigesetzt, der dem Käse seine gelbe Farbe gibt. Ist die Milch dank Lab geronnen, kommt die Masse in die Käsefertiger, die ein Fassungsvermögen von insgesamt 25 000 Kilogramm haben. Danach wird der noch ganz junge Käse fast drei Stunden in Blöcke zu 100 Kilo gepresst und landet im Salzbad. Dort bleibt er oft 36 Stunden, bevor er in der Mitte durchgeschnitten wird und die Prozedur nach einer Trocknung von neuem beginnt. Danach kommen die Käseblöcke in einen Reifekeller, wo der individuelle Geschmack der einzelnen Käsesorten erst geprägt wird.

Auch hier war jedoch von der Hüttenromantik, die in der TV-Werbung so gerne vermittelt wird, nichts zu sehen. Stattdessen: Leicht abwaschbare Böden und Wände sowie zahllose Bottiche und Rohre aus Edelstahl. Nicht einmal blinkte das Weiß des Rohstoffes Milch hervor, lediglich ein käsiger Geruch deutete an, wo man sich gerade befand. Käse-Wender »Robert« störte der Geruch nicht: Nicht ein bärtiger alter Mann strich zärtlich über den Käselaib und wendete ihn, sondern ein High-Tech-Roboter, von den Mitarbeitern liebevoll mit einem Namen versehen. Ganze zwei Millionen Kilogramm Käse müssen er und seine Kollegen aus den Regalen entnehmen, mit einer Salzlake einbürsten, wenden und wieder in das Regal zurückschieben. Das Salz entzieht dem Käse Wasser, wodurch die trockene Käserinde entsteht, die den Käse konserviert. Zwei- bis dreimal pro Woche erhält jeder Laib diese Behandlung, je nach Reifegrad. Bei den unzähligen Laufmetern an Käseköstlichkeiten ein Job rund um die Uhr. Trotz der andauernden Belastung könnte man aber denken, Robert hätte einen angenehmen Job – ganz so wie die Bauern, die pfeifend auf Bergwiesen das Gras für ihre Kühe abmähen. Doch ganz so idyllisch war die Lage am Milchmarkt zum Zeitpunkt meines Besuches nicht.

Besuch beim Milchbauern

Um Ihren Pizza-Käse herzustellen, bedarf es also eines entsprechenden Maßes an technischem Know-how, Zeit – und vor allem viel Milch. Der Milcheinsatz ist abhängig von der erzeugten Käsesorte: Grob gilt, dass man für die Herstellung von einem Kilo Käse rund zehn Liter Milch benötigt. 2009 wurden in Europa rund 133 Millionen Tonnen Milch produziert – von rund 23 Millionen Kühen.[201]

80 Stück davon stehen im Stall von Bauer Erich Lerf. Ich besuche ihn stellvertretend für die 2,4 Millionen Milchhöfe in der EU auf seinem Hof im süddeutschen Allgäu. Mich interessieren die Produktion von Milch und die damit verbundenen Probleme. 1700 Liter Milch produzieren seine Milchkühe pro Tag. Rund die Hälfte davon liefert er an eine nahe gelegene Biomolkerei, erzählt mir Lerf. Den Rest verarbeitet er zu Joghurt (hält übrigens auch ohne Konservierungsstoffe 21 Tage), beliefert eine lokale Supermarktkette, Hofläden oder die Eisdiele im Dorf. Im Familienbetrieb, den er vor 25 Jahren übernommen hat, helfen seine Frau, die Kinder, ein Lehrling, ein Praktikant und vier Teilzeitkräfte.

»Von der Arbeitsleistung her kommt man in der Woche locker auf 70, 75 Stunden«, erzählt er mir in der Stube. Von fünf bis sieben Uhr in der Früh wird gemolken, dann erst gibt es Frühstück. Bis Mittag wird gefüttert, nachmittags werden anstehende Außenarbeiten wie Mähen erledigt. Von fünf bis sieben Uhr abends wird nochmals gemolken, und nachts hat man dann manchmal noch eine Kälbergeburt zu betreuen.

Seine Jungtiere hält er den Sommer über auf den saftigen Weiden im Allgäu, die Milchkühe haben einen Auslauf mit eingestreuten Boxen, wo sie jederzeit den Stall verlassen können. Noch melkt Lerf mit Melkmaschinen, die bei Laufstallhaltung in Melkständen fix installiert sind und per Hand auf das Euter der Kuh gesteckt werden: »Aber wir sind hier sechs Vollerwerbshöfe, und da laufen schon vier Melkroboter.« Die Betriebe investierten dafür rund 150 000 Euro, um ihre Kühe automatisch melken zu lassen: »Das ist natürlich eine Arbeitsentlastung«, meint Lerf. Es funktioniert so: Die Kühe gehen freiwillig auf den Melkstand. Der Roboter weiß anhand von Sensoren auf dem Halsband, welche Kuh da ist, erkennt die Zitzenstellung, peilt diese mit Laserstrahlen an und steckt die Melkvorrichtung an das Euter. »Alles kein Problem«, erzählt Lerf überzeugt. Bis zu 200 Melkvorgänge pro Tag schaffen derartige Einrichtungen bereits, gemolken werden kann technisch gesehen Tag und Nacht, gleichzeitig wird die Milchqualität geprüft und analysiert.

Doch bei den hohen Investitionen wird man leicht nervös, wenn der Milchpreis wieder einmal auf Talfahrt ist, erzählt mir der Bauer: »Da macht die Bank nicht mit, vor allem bei den Betrieben, die richtig investiert haben. So ein Stall kostet schnell 500 000 Euro.« Betriebskosten wie Pacht, Diesel, Sozialabgaben etc. sind dabei noch gar nicht mitgerechnet.

Mittels Subventionen versucht die EU, die Bauerneinkommen halbwegs stabil zu halten, auch bei stark schwankenden Milchpreisen. Dafür gibt es Betriebsprämien, aber auch Zusatzgelder, EU-gestützte Einlagerung zu fixen Preisen oder Absatzfördermaßnahmen wie ein Schulmilchprogramm. »Wir bekommen

Ausgleichszahlungen, weil wir die Kulturlandschaft pflegen. Auch Umweltmaßnahmen werden immer mehr forciert und bezahlt.« So gäbe es beispielsweise jährlich 30 Euro, wenn man eine Kuh auf eine Weide bringe. »Mit diesen Ausgleichszahlungen sollten dann 35, 38 Cent Marktpreis pro Liter Milch reichen«, nennt Lerf einen seiner Meinung nach angemessenen Auszahlungspreis der Molkereien.

2009 waren die Preise aufgrund eines weltweiten Nachfrage-Rückgangs davon jedoch meilenweit entfernt: 25, teils nur 20 Cent erhielten die Bauern in weiten Teilen Europas für einen Liter Milch. Dieses Preisniveau gefährdet auf Dauer die Existenz, meint Lerf. »So etwas kann man höchstens ein, zwei Jahre durchhalten.« Vor allem die Großbetriebe, etwa in Ostdeutschland, seien stark betroffen gewesen: »Die haben bis zu 2000 Stück Milchvieh, arbeiten mit vielen Fremdarbeitskräften und konnten teilweise ihre Leute nicht bezahlen.«

Die Berg- und Talfahrt der Preise tut sich Lerf nicht mehr an: Er setzt auf Bio. Dafür muss er seinen Kühen etwa mehr Platz bieten und einen Auslauf. Auf chemische Betriebshilfen und Gentechnik-Soja muss er verzichten. Im Gegenzug kann er bis zu 15 Cent je Liter mehr verlangen für seine Milch. Auch durch die Verarbeitung zu Joghurt kann Lerf höhere Preise erzielen – und mit einer lokalen Supermarktkette hat er einen stabilen Abnehmer. »Den Bauern würde es besser gehen, wenn sie sich mehr um die Vermarktung kümmern würden«, ist er überzeugt. »Viele meiner Berufskollegen haben das nie gelernt. Wenn der Tankwagen die Milch eingesaugt hat, ist das Thema für sie erledigt. Wir stellen uns einige Male pro Jahr in den Supermarkt rein und machen Werbung für unser Produkt. Da hat man auch mit dem Kunden viel mehr zu tun und erfährt dessen Anliegen.« Durch diese Kundenkontakte hätte er 1993 beschlossen, auf Bio umzustellen.

Für konventionelle Bauern sieht er kaum Lösungsmöglichkeiten. Vom Vorschlag, die Konsumenten sollten quasi freiwillig zehn Cent mehr für ihren Liter Milch zahlen, hält er nichts. Denn nur fünf Prozent der gesamten Milch werden als Frischmilch angeboten. Auch mit den oft genossenschaftlich organisierten Molkereien geht er hart ins Gericht: »Oftmals geben sich dort die Bauern durch hohe Auszahlungspreise den höchsten Preis. Dann fehlen oft die Innovationen, und weil sie nicht verstehen, dass ein guter Geschäftsführer auch angemessen verdienen soll, haben sie schwache Geschäftsführer.« Gegen große Molkereien hätten diese zudem kaum eine Chance, weil die Molkereiriesen dem Handel oft attraktivere Angebote machen können.

Die weitere Zukunft sieht er nicht unbedingt rosig. Wenn 2015 die Milchquoten-Regelung der EU ausläuft, stehe man vor großen Herausforderungen durch den freien Markt. Der europäische Milchpreis werde wohl auf Weltmarktniveau sinken – und dieses liegt weit unter den Kosten, zu denen etwa ein kleiner Bergbauernbetrieb produzieren kann. »Alles dem freien Markt zu überlassen, das wird wahrscheinlich nicht funktionieren. Kurzfristig werden die Preise sehr stark schwanken«, ist er überzeugt. Langfristig müssten viele Milchbauern für immer die Stalltür schließen: »Die Produktion könnte sich dann in die begünstigen Regionen verlagern. In den Ackerbaugebieten aber wird kaum mehr ein Tankwagen 150 Kilometer von der Molkerei zum Milchbauern fahren.«

Probleme auf der Milchstraße

Einen Vorgeschmack auf die massiven Probleme, die künftig auf Europas Milchbauern zukommen könnten, erhielten diese in den letzten Jahren mehrmals. Die Milchpreise schwankten in der Vergangenheit immer wieder, mal mehr, mal weniger. 2007 schossen aber die Preise zunächst für Magermilchpulver, dann auch für Frischmilch überraschenderweise steil in die Höhe. Die Nachfrage nach Milch war erstmals höher als das gesamte Angebot auf dem europäischen Markt, die Preise verdoppelten sich: China, Indien, auch Russland lauteten die Lieblingsschlagworte der großen Molkerei-Riesen, die sich vom damals grassierenden Asienfieber anstecken ließen. Sie sahen Asien mit Millionen potentieller Milchtrinker als Riesenmarkt – und vergaßen dabei, dass der Großteil der asiatischen Bevölkerung eigentlich von jeher eine Laktose-Unverträglichkeit hat.

Auch die EU sah diesen Markt und wollte angesichts steigender Preise weg von der starren Regelung der Milchquote, die einst zur Begrenzung von Überkapazitäten geschaffen wurde. Daher beschlossen die EU-Agrarminister, die Mengenbeschränkung per 2015 aufzuheben, und schon ab 2009 wurde die Milchquote jährlich leicht erhöht. Gleichzeitig wurden Interventionspreise gesenkt und Verarbeitungsbeihilfen sowie Exporterstattungen zurückgefahren. Der Markt sollte also zunehmend sich selbst überlassen werden.

Was beim Beschluss aber niemand ahnte: Schon wenige Monate später sollten die Preise kräftig abstürzen. Niemand brauchte diese hohen Milchmengen in der Zeit der Wirtschaftskrise, denn die Nachfrage nach Milch und Milchpulver nahm beständig ab. Die teilweise spekulative Nachfrage nach Milchpulver erwies sich als überzogen. Ohne Verarbeitungsbeihilfen sahen sich große Verarbeiter wie die Eis- oder Keksindustrie in Europa nun hohen Milch- und Butterpreisen gegenüber. Daher tüftelten sie an Rezepten, um Milch durch billigeres Pflanzenfett zu ersetzen. Die Nachfrage ging zurück. Europas Bauern aber produzierten mehr Milch aufgrund der Aufweichung der Quotenneuregelung, und gleichzeitig kam billiges Milchpulver aus Neuseeland auf den europäischen Markt. Um konkurrenzfähig zu bleiben, senkten die Molkereien die Milchpreise für die Bauern deutlich ab – was heftige Proteste hervorrief.

Schon im Mai 2008 gab es Proteste der Bauern, die gegen die EU-Pläne des Quotenendes Sturm liefen und Preise von 40, 45 Cent je Kilo Milch forderten. Nachdem die Preise in der Wirtschaftskrise teilweise unter 20 Cent gefallen waren, gingen 2009 – organisiert von der Milchbauerninitiative European Milk Board – in ganz Europa rund 20 000 Bauern auf die Straße. Sie riefen zum Milchliefer-Streik auf, verteilten gratis Milch an Konsumenten oder blockierten die Straßen zu Discount-Supermärkten. Vor allem diese standen im Schussfeld der Bauern, hatten sie doch im Kampf um Kunden die Milchpreise im Einzelhandel auf ein Niedrigstpreis-Niveau abgesenkt. Alle anderen Supermärkte mussten bei den Preissenkungen folgen, um ihre Kunden nicht zu verlieren. »Kein Erzeuger kann Milchpreise von unter 20 Cent aushalten«, beklagte der Präsident des deutschen Bauernverbandes, Gerd Sonnleitner, die harten Preisverhandlungen zwischen Molkerei-Riesen und Discountern, die 60 Prozent der deutschen Trinkmilch verkaufen.

Die Proteste schreckten auch die EU auf. Prämien für Kühe, erhöhte Interventionsmengen oder Wiederaufnahme von Exportsubventionen wurden beschlossen, um den Milchbauern über die Krise zu helfen. Stolze 600 Millionen Euro ließ sich die EU das Engagement kosten, zusätzlich zu den Milliarden an Direktzahlungen.[202] Expertenpaneele zur Diskussion über die langfristige Marktgestaltung wurden ins Leben gerufen. Die Milchwirtschaft und der freie Markt, das klappte nicht so reibungslos, erkannte die EU-Kommission. Der Preisdruck der großen Konzerne im Kampf um Kunden bedrohte viele Milchbauern in weniger begünstigten Lagen akut in ihrer Existenz.

Kleine Schummeleien

Achten Sie beim Kauf von Lebensmitteln auf den Preis? Klar. Ich auch, schließlich möchte ich nicht unnötig Geld an große Konzerne zahlen, die sich teure TV-Werbespots leisten. Außerdem weiß man, dass in vielen Handelsmarken der Supermärkte das gleiche Produkt steckt wie in der Markenverpackung. 2008 schauten viele Menschen hauptsächlich auf den Preis. Im Zuge des Rohstoffbooms vor der Finanzkrise stiegen die Preise von Energie und Nahrungsmitteln besonders an. Um das zu kompensieren, griffen die Menschen zu billigeren Produkten oder gingen zum Discounter. Diese Entwicklung merkten auch die Nahrungsmittelhersteller, die sich in einer Zwickmühle sahen: Einerseits wollten die Konsumenten verstärkt günstige Produkte kaufen, andererseits erreichten die Rohstoffpreise für Energie, Getreide oder Milch lichte Höhen und fraßen die Margen auf.

Die Unternehmen sahen sich daher verstärkt nach Alternativen um, auch zur Milch. »Aktuell ersetzen viele Unternehmen Milch in Eis oder Käse verstärkt durch Pflanzenfett«, klagten mir damals Milchmarkt-Experten. Das sei weitaus billiger und weniger preisvolatil. Es war die Geburtsstunde von »Schummelkäse«, der bis dato ein Nischendasein für den Export in milcharme Länder des Südens gefristet hatte.

Konsumenten finden derartige Produkte im Kühlregal etwa als Toast- oder Pizza-Käse. Er darf jedoch in Deutschland nicht Käse heißen, da die Milch fehlt. Also heißt der »Käse« Toast-Scheiben oder Pizza-Mix. Durch seine günstige Herstellung in wenigen Minuten ist der Mix aus Pflanzenfett und Eiweißpulver um rund 50 Prozent billiger als gereifter Käse. Heimische Milch wird dadurch von Pflanzenfett etwa aus Palmöl verdrängt, für dessen Gewinnung in tropischen Ländern oftmals sogar Regenwälder gerodet werden. Schätzungen zufolge werden in Deutschland jährlich 100 000 Tonnen vom sogenannten Analogkäse produziert – ein Zehntel der jährlichen Käseproduktion.[203] Die Tendenz ist steigend, denn auch Pizza-Hersteller mischen vermehrt zumindest einen Teil Analogkäse zum echten Käse.

Nachdem die Bauernlobby wegen der gesunkenen Milchpreise auf die Barrikaden gestiegen war und das Thema Analogkäse heftig kritisierte, kamen bald auch andere Tricksereien der Lebensmittelindustrie zu Tage: Schlagsahne-Imitate beispielsweise, die ebenfalls keine Milch enthalten. Oft als »Sprühsahne« bezeichnet, wird sie aus Pflanzenfett hergestellt und erhält durch den Zusatz von Stabilisatoren, Emulgatoren, Aroma- und Farbstoffen die Anmutung von echter Schlagsahne.[204] Auch der schon Jahre bekannte »Schummelschinken« wurde von den Lobbyisten in jenen Tagen wieder »ausgegraben«. Das ist jener in Vierecke gepresste Toastschinken, der durch den Einsatz von Geliermittel mehr Wasser aufnehmen kann – was den Einsatz von Fleisch reduziert.

Die Verbraucherzentrale Hamburg verdarb dann vielen Konsumenten endgültig den Appetit – sie zählte zahlreiche weitere Produkte auf, bei denen kräftig in die chemische Trickkiste gegriffen wird.[205] Beispiele gefällig? »Hähnchenschnitten Wiener Art« schmückten sich im Test mit fremden Federn. Tatsächlich muss ein echtes Wiener Schnitzel aus Kalbfleisch gemacht werden, die kostengünstigere Standardvariante (selbst in Wien) ist Schweinefleisch. Doch auf die Idee, einen in Form gepressten Verschnitt aus kleinen Stücken von Hähnchen- und Putenfleisch unter diesem Namen zu verkaufen, käme in Österreich wohl kaum jemand.

Die Verbraucherzentrale führte auf ihrer Liste zahlreiche weitere Fälle auf, bei denen die Angabe der Inhaltsstoffe auf der Rückseite der Verpackung ein ganz anderes Bild vom Produkt ergab als die bunten Bilder auf der Vorderseite. Als Beispiele nannten die Verbraucherschützer Schokoladenkekse, die mit »billigem Schokoladen-Imitat« gefüllt waren. Wasabi Erdnüsse eines bekannten deutschen Snack-Herstellers waren nie mit einem japanischen Meerrettich in Berührung gekommen, sondern erhielten durch Aroma, Geschmacksverstärker und Farbstoff die Anmutung des Trendgeschmacks. Tiefkühl-Garnelen oder Meeresfrüchte-Cocktails bestanden aus Surimi, gepresstem Fischeiweiß in Garnelenform. Ebenfalls in Form gepresst wurden Fleischstückchen für einen Putensalat. Chicken Nuggets oder Fleisch in Fertiggerichten werden meist in gleicher Form hergestellt.

Die Verbraucherschützer beanstandeten zudem Analogkäse, der als Schafskäse verkauft wurde, Kokosfett und synthetisches Vanillin statt echtem Vanilleeis, mit billigem Öl gestrecktes Pesto oder gefärbtes Zuckerwasser, das sich als Fruchtsaft tarnte. Getrickst wurde sogar bei Bio: Bio-Vollkorn-Toastbrötchen eines großen Discounters bestanden nur zu 60 Prozent aus Vollkornmehl – der Rest war gefärbtes Weizenmehl.[206] Vollkorn ist im Übrigen auch bei manch anderem Hersteller nur ein gutgehendes Verkaufsargument – tatsächlich beißt der Konsument statt in echte Körner oftmals in geröstete Weizenmehl-Klümpchen.

Hergestellt wurden diese Laborprodukte von Produzenten quer durch die Bank: Weltmarktführer wie No-Name-Hersteller greifen immer häufiger zu diesen Methoden, um die Kosten zu senken. Solange sie der Konsument kauft und der Schwindel nicht auffliegt, geht die Rechnung auf. Unter Druck geraten damit die echten Lebensmittel, die preislich gegen die Billig-Imitate keine Chance haben und im Regal liegen bleiben.

Die Macht der Supermärkte

Es sind diese Schummelprodukte, die das Grundproblem der modernen Nahrungsmittelerzeugung sichtbar machen: Essen muss für viele Konsumenten heute – mit Ausnahme von besonderen Anlässen – vor allem günstig sein. Während wir immer mehr Geld für Energie, Wohnen, Autos oder Fernreisen ausgeben, feierten Discount-Supermärkte in den vergangenen Jahrzehnten einen klaren Siegeszug. Am Ende der Preisspirale stehen die Landwirte – egal, ob ums Eck oder in Lateinamerika.

Profitiert haben von dem kräftigen Preiswettbewerb bei den Nahrungsmitteln vor allem die Konsumenten: »Heute beträgt der Anteil der Ausgaben für Nahrungsmittel in einem durchschnittlichen Haushalt 15 Prozent – 1960 waren es noch 30 Prozent«, schreibt die EU-Kommission.[207] Anzumerken ist: Ohne die osteuropäischen Staaten wäre der Durchschnitt noch geringer.

Vor allem in Deutschland scheint dieser Sparzwang beim Essen so ausgeprägt wie kaum irgendwo in Europa. Während die Ausgaben für Wohnen, Freizeitaktivitäten und Gesundheitspflege seit 1970 kräftig anstiegen, ist man von dem 18,8 Prozentanteil der Nahrungsmittelausgaben von einst weit entfernt. Heute geben die Deutschen nur 11,1 Prozent ihres Einkommens für Essen aus, rechnet man die alkoholfreien Getränke raus, bleiben gerade noch 9,7 Prozent.[208] 2008 erhob der Datenanbieter Acxiom die Zahl der Discountmärkte in Deutschland. Ergebnis: 15 255 Läden oder 19 pro 100 000 Einwohner locken mit niedrigen Preisen.[209] Insgesamt schneiden sich Discounter am Gesamtumsatz des Lebensmittelhandels mit 40 Prozent das dickste Stück vom Kuchen ab, weit vor normalen Supermärkten mit 26 Prozent und großflächigen Märkten mit 23 Prozent. Zum Vergleich: In England liegt der Discount-Anteil nur bei sechs Prozent.[210]

Die Discounter geben mit ihrer Einkaufsmacht die Preise vor, die anderen Supermarktketten hetzen hinterher. Die Billiganbieter können dank kleinerem Sortiment, schlichter Ladengestaltung, Verzicht auf teure TV-Werbung und günstige Marken natürlich weitaus billiger anbieten. Andere Supermarktketten versuchen oftmals, beim Einkauf diese Nachteile wettzumachen, und drücken kräftig die Preise für die Lebensmittelhersteller. Nicht die Qualität eines Produkts entscheidet über die besten Plätze im Regal, sondern Marktmacht und Geld. Die Handelsketten sind dabei kreativ: Listungsrabatte für Neu-Einführungen, Platzierungsrabatte, Jubiläumsrabatte, Beteiligungen an Aktionen und anderes verlangt der Handel von den Lebensmittelproduzenten.[211]

Die meisten Hersteller trauen sich kaum, den Preisdruck öffentlich zu kritisieren. Das zeigt auch die Erfahrung in der journalistischen Praxis: Wer öffentlich klagt – dass etwa Einkäufer mit oftmals nur vorgetäuschten billigeren Angeboten der Konkurrenz noch günstigere Preise erzielen wollen –, riskiert, seine Handelslistung zu verlieren. Als Lösungsmöglichkeit bleibt den Herstellern nur, noch billiger einzukaufen oder ihre Rezepturen zu verbilligen – womit wir wieder beim Analogkäse Ihrer Fertig-Pizza wären.

Eine schlechtere Platzierung im Regal oder gar eine Auslistung kann angesichts der enormen Machtkonzentration für einen Lebensmittelhersteller heute aber die Existenz bedrohen. Während die großen Supermarktketten kräftig expandierten, mussten viele selbständige Kaufleute angesichts der Konkurrenz der Supermarktriesen resignieren. Kleinere Supermarktketten wurden von den großen geschluckt. In Deutschland erzielten die fünf größten Ketten rund 70 Prozent des 157 Milliarden Euro schweren Branchen-Umsatzes.[212] Hersteller, die es sich mit den Einkäufern der wenigen verbliebenen Supermarkt-Riesen verscherzen, finden kaum mehr Absatzkanäle für ihre Ware.

Regionalität ist für die global agierenden Handelskonzerne kaum ein Thema. Die Geschäftsberichte der größten Lebensmittelhändler der Welt beeindrucken mit riesigen Umsätzen: Wal-Mart, größter Einzelhändler der Welt mit Sitz in den USA, beschäftigt weltweit 2,1 Millionen Menschen und setzte 2009 laut Geschäftsbericht rund 405 Milliarden Dollar um. Damit war der US-Konzern laut Ranking vom *Forbes Magazine* der drittgrößte Konzern der Welt – hinter den Ölkonzernen Royal Dutch Shell und ExxonMobil.

Im Ranking der Umsatzgiganten des Einzelhandels landete die deutsche Metro-Gruppe 2009 hinter dem französischen Carrefour-Konzern auf Platz drei. Metro setzte inklusive der Elektroketten Saturn und Mediamarkt stolze 65,5 Milliarden Euro um.[213] Auch der Lidl-Mutterkonzern Schwarz sowie die Rewe-Gruppe finden sich im weltweiten Ranking unter den Top Ten der größten Lebensmitteleinzelhändler.[214]

Das Bizarre am Lebensmittelhandel: Obwohl die Umsätze riesig sind, sind die Gewinne in der Branche vergleichsweise bescheiden. Bei einem Umsatz von 42 Milliarden Euro schaffte der größte deutsche Lebensmittelhändler Edeka mit seinen 12 000 Märkten 2009 gerade eine Umsatzrendite von 3,6 Prozent, also von 3,6 Euro Gewinn je 100 Euro Umsatz. Damit sei man eines der ertragsstärksten Unternehmen der Branche, meinte Edeka-Chef Markus Mosa bei der Bilanzpräsentation.[215] Wer wirklich Geld verdienen will, der sollte lieber in andere Branchen investieren: Über 35,3 Prozent Umsatzrendite durfte sich 2009 der brasilianische Bergbaukonzern Vale (ehemals CVRD) freuen; Nummer zwei in der Liste der umsatzstärksten Unternehmen des *Forbes Magazine* war der Pharma-Riese Merck vor Microsoft mit immer noch stolzen 29,3 Prozent.[216]

Angesichts der bescheidenen Umsatzrendite sind die Handelskonzerne zum Wachsen verdammt. Wer nicht jährlich ambitionierte Expansionspläne rund um den Globus vorlegt, wird an der

Börse mit Kursverlusten bestraft. Wem nur wenige Prozent des Umsatzes als Gewinn bleiben, der muss eben den Umsatz kräftig in die Höhe treiben und gleichzeitig die Kosten senken. In den gesättigten Heimmärkten versuchen die Händler, sich mit Discountpreisen Kunden abzujagen. Das geht so weit, dass sogar der mächtige Metro-Chef Eckehard Cordes die zahlreichen Preissenkungsrunden im Krisenjahr 2009 als »mörderischen Preiskampf« am deutschen Markt bezeichnete. In einem Interview meinte er: »Sobald einer die Preise senkt, ziehen alle anderen sofort nach. Es macht also wirtschaftlich keinen Sinn. Dieser Zusammenhang müsste allen Beteiligten klar sein.«[217] Scheint er aber nicht zu sein – auch nicht den Konsumenten, den lachenden Dritten der erbitterten Preisspirale.

Wir Verschwender

Die erbitterten Preiskämpfe der Supermärkte setzen eine Spirale an problematischen Folgen in Gang: Lebensmittelproduzenten, die aufgrund des Preisdrucks verzweifelt versuchen, mit Imitaten und chemischen Zusätzen Kosten zu senken; Milchbauern, für die einige Cent weniger pro Liter Milch die Existenz bedrohen; die EU, die mit Milliardensubventionen die europäischen Bauern zu retten versucht – und mit ihren subventionierten Exporten Landwirte in Entwicklungsländern gefährdet. Der Profiteur all dessen ist der Konsument, der immer billiger einkauft. Doch was macht er mit den Lebensmitteln? Er wirft einen nicht kleinen Teil der billigen Nahrungsmittel einfach in den Müll.

Ein Vortrag an der Wiener Universität für Bodenkultur führte mir 2009 vor Augen, wie sorglos Konsumenten heutzutage mit Essen umgehen, um deren Preis kurz zuvor die Marktteilnehmer unerbittlich gefeilscht hatten. Ein Forscherteam um Professor

Felicitas Schneider hatte sich einmal die Mühe gemacht und österreichische Haushalts-Mülltonnen auf Essbares untersucht. Das Ergebnis: »Zwischen sechs und zwölf Prozent des Restmülls waren Lebensmittel«, so Schneider.[218] Gefunden hätte man zum Beispiel Eier oder ungeöffnete Milchprodukte nah am Ablaufdatum. Würde man einem Kilo Lebensmittelmüll einen niedrigen Wert von 3,5 Euro zugrunde legen, ergäbe das einen Wert von 581 Millionen Euro, der jährlich an Essen weggeworfen werde. Das Problem, dass immer weniger Reste in Aufläufen oder Eintöpfen verwertet werden, sondern immer mehr Essen im Müll landen, besteht auch in anderen Industrienationen. In Deutschland sind es laut Schätzungen von Wolfgang Twardawa von der Gesellschaft für Konsumforschung rund zehn Prozent aller Lebensmittel, die ungeöffnet weggeworfen werden. Wert pro Jahr und Haushalt: 387 Euro.[219] Schätzungen aus Großbritannien sprechen von 2,7 Kilogramm pro Haushalt und Woche.[220]

Doch mit dem Müll in den Haushaltstonnen ist es nicht getan. Hinzu kommen die Abfälle, die in der Lebensmittelindustrie anfallen, etwa aus Überproduktion. Auch die Abfälle von Supermärkten fehlen in dieser Rechnung. Doch das ist nicht wenig, wenn man sich kurz selbst an die eigene Nase fasst. Wer greift im Supermarkt absichtlich zur Pizza mit schlampiger Belegung? Wer nimmt die Nudelpackung, die zerdrückt ist? Und wer den Apfel, der einen ersten braunen Fleck aufweist? Niemand – auch ich nicht. Einziger Ausweg der Supermärkte: Das Produkt massiv vergünstigen, vielleicht nimmt es ja dann jemand. Die Alternative: wegwerfen.

Besonders plastisch ist der Umgang mit Überschussmengen bei Brot, das vielen älteren Menschen in Europa noch als zentrales Grundnahrungsmittel in Erinnerung ist. Weil Frische heute das oberste Prinzip der Brötchenbäcker von Palermo bis Hamburg ist, wird Altbrot heute kurz nach Ladenschluss tonnenweise weggeworfen. Bis zu 25 Prozent der gelieferten Ware kämen aus Supermärkten retour, klagten mir Experten aus der Bäckerbranche. Aufgrund eines strengen Nahrungsmittelkodex dürfen diese Mengen aber nicht weiterverarbeitet werden. Daher wandere ein Großteil in Biogasanlagen zur Stromproduktion oder werde verbrannt. Durch das Prinzip, ausschließlich tiefgekühlte Teiglinge auszuliefern, die in den Filialen aufgebacken werden, haben Großbäckereien in den letzten Jahren zwar an der Qualität gespart, zumindest aber die retournierten Waren verringert.[221]

Zu diesen Mengen kommen schließlich noch all jene Ernteerzeugnisse, die die Bauern selbst vernichten müssen: Gemüse zum Beispiel, das zu groß, zu klein, zu krumm, zu fleckig oder zum Erntezeitpunkt schlicht noch nicht reif ist; Überproduktionen in Zeiten guter Ernten, wo sich die Ernte aufgrund sehr niedriger Preise nicht lohnt, bzw. Überschussmengen, die über langfristige Lieferverträge hinausgehen. Diese Mengen werden meist gleich am Feld eingeackert, britische Schätzungen sprechen gar von 30 Prozent der Ernte.[222]

All diese Mengen beinhaltet die Rechnung von Forschern an der japanischen Teikyo University. Sie verglichen die in Japan täglich zur Verfügung stehende Menge an Kalorien mit der täglich verzehrten Menge. Professor Kohei Watanabe bei einem Vortrag: »710 Kilokalorien oder 25,5 Prozent der Versorgung pro Person wandern täglich in den Müll.«[223] Von diesem Viertel der täglichen Versorgung müsse man zwar Knochen, Schalen etc. abziehen – aber durch Müllstochern eruierte 43 Prozent wären immer noch essbar. Britische Zahlen sprechen von 30 bis 40 Prozent, legt man diese Berechnung zugrunde.[224]

Schon komisch, dass wir Konsumenten beim Einkauf jeden Cent umdrehen und Discount-Milch kaufen und zwei Wochen später oftmals die volle Packung ungeöffnet in den Müll werfen.

Vom Hunger in der Welt

Ich weiß: Ob Sie oder ich ein nicht mehr ganz frisches Croissant oder überlagerte Milch in den Müll werfen, ändert nichts am Hunger in der Welt. Weil ich im Rahmen meines Besuches bei der Welternährungsorganisation mit dem FAO-Experten Kostas Stamoulis ein sehr interessantes Gespräch führte, möchte ich es Ihnen am Ende dieses Kapitels aber nicht vorenthalten.

Laut Weltgesundheitsorganisation litten im Jahr 2009 rund eine Milliarde Menschen weltweit an Übergewicht. Gleichzeitig waren laut Welternährungsorganisation weltweit 1,02 Milliarden Menschen unterernährt.[225] Zuletzt hätte es 1970 so viele hungernde Menschen gegeben, schrieb die FAO in ihrem Lagebericht 2009. Die Gründe: »Der Anstieg ist nicht bedingt durch schlechte Ernten. Hohe lokale Nahrungsmittelpreise, gesunkene Einkommen und zunehmende Arbeitslosigkeit haben den Zugang der Armen zu Nahrung reduziert«, so der Bericht.

Doch Hunger, was heißt das, und wie stellt man fest, wer hungert? Darüber spreche ich mit Kostas Stamoulis, Leiter des Büros für landwirtschaftliche Entwicklung bei der FAO. Mit dem Bericht »The state of food insecurity in the world« liefert seine Abteilung jährlich den offiziellen Hungerbericht der UNO. Um weltweit einheitliche Maßstäbe für Hunger zu haben, bedarf es naturgemäß einer technischen Definition, die da lautet: »Hunger ist laut Definition der Rückgang der Kalorieneinnahme unter eine gewisse Grenze, die notwendig ist, um ein gesundes und aktives Leben zu führen«, erklärt mir Stamoulis auf meine Frage, was denn für die FAO Hunger sei. Die Untergrenze sei abhängig von Land und Bevölkerungsgruppe, schwanke aber grob zwischen 1800 und 2200 Kilokalorien pro Tag.

Um die Zahl der Hungernden festzustellen, werden keine riesigen Umfragen gemacht, sondern die Statistik bemüht, erläutert mir der Experte: Die FAO nimmt die Summe aller in einem Land produzierten Kalorien, rechnet Importe hinzu, Exporte, Abfall und Futtermittel weg und dividiert diese Summe durch die Bevölkerungszahl. Schließlich fließe noch die Verteilung von Nahrung in die Berechnungen ein, erklärt mir Stamoulis. Heraus kommen nüchterne Zahlen, die das Leid der einzelnen Menschen stark verwischen. Alle fünf Sekunden stirbt ein Kind an Hunger, jährlich wären es weit über sechs Millionen, klagte UNO-Generalsekretär Ban Ki-moon im November 2009 bei einer Tagung der FAO in Rom. Und Jean Ziegler, einst UN-Sonderberichterstatter für das Recht auf Nahrung, schreibt: »Die Zerstörung von Millionen von Menschen durch Hunger vollzieht sich täglich in eisiger Normalität – und auf einem Planeten, der von Reichtum überquillt.«[226]

Eine Eindämmung von Spekulation könnte ein erster Ansatz sein, um extreme Preisausschläge bei Agrarrohstoffen zu stoppen. Langfristig aber bedarf es weitreichender struktureller Änderungen. Es gäbe Lösungsmöglichkeiten, um Hunger aus der Welt zu schaffen, erklärt mir der Experte. Die zentrale Voraussetzung dafür sei Geld. Will man den Kampf gegen den Hunger ernst nehmen, seien die 7,9 Milliarden Dollar Agrar-Entwicklungshilfe weltweit pro Jahr nicht genug.[227] Angesichts von Milliarden-Rettungspaketen für Banken oder großen Konjunkturprogrammen erscheint mir die Zahl des Hunger-Experten Stamoulis allerdings gar nicht so hoch. »Wie viel Geld braucht man, um Hunger aus der Welt zu schaffen?«, will ich von ihm wissen. Stamoulis: »Wir schätzen, dass man mit zusätzlichen 35 bis 40 Milliarden Dollar pro Jahr an öffentlichen Agrargeldern genug private Investitionen in der Landwirtschaft anstoßen könnte, um Hunger in den nächsten 15 bis 20 Jahren auszulöschen.«

Hunger nicht zu bekämpfen verursacht übrigens riesige Kosten. »2004 verglichen wir das durchschnittliche Lebenseinkommen von wohlgenährten Menschen mit jenem von unterernährten Personen«, erzählt Stamoulis. Kinder, die keine Schule besuchen können, eine Mutter, die behinderte Kinder auf die Welt bringt, oder Erwachsene, die aufgrund von Hunger anfällig sind für Krankheiten, wurden einem »Standard-Arbeiter« aus einem Industrieland gegenübergestellt. Der Unterschied sei riesig, so Stamoulis: »Wir schätzen, dass, hochgerechnet auf die Weltbevölkerung, die Kosten für Hunger jährlich bis zu einer Billion Dollar an Einkommensverlust ausmachen können.«[228]

»Und welche Methoden sind erfolgversprechend?«, will ich vom FAO-Experten wissen. »Es braucht einen zweigleisigen Ansatz, einen Twin-track approach«, erklärt er mir. »Kurzfristig müssen wir schauen, dass Menschen unter den schlimmsten Bedingungen von Hunger und Armut sich wieder selbst ernähren können.« Sinnvoll seien Lebensmittel, aber auch Geld, etwa in Form von Arbeitslosen-Unterstützung. »Viele dieser Menschen sind in einer derart schlechten Verfassung, dass sie auch von Beschäftigung dank Wirtschaftswachstum nicht profitieren können.«

Langfristig müsse man Konditionen erzeugen, damit diese Menschen ihren Lebensunterhalt selbst verdienen können, meint Stamoulis und verweist auf Erfolgsgeschichten: »Ghana macht unglaubliche Fortschritte, auch Bangladesch ist ein gutes Beispiel. Das gilt auch für Vietnam, in Nigeria sehen die Zahlen dank weitaus mehr Agrarmitteln besser aus, ganz zu schweigen von China.« Voraussetzungen für Erfolgsgeschichten seien aber Frieden und Stabilität in der Region.

»Entwicklungspolitik darf sich nicht nur auf die Landwirtschaft konzentrieren, sondern muss die gesamten Lebensumstände in den ländlichen Gegenden verbessern«, meint er: »Ich denke, dass vor allem die Bündelung von Investitionen sinnvoll ist.« Neben der Erhöhung von Erträgen durch bessere Wasserversorgung und moderne Maschinen müsse man auch Verarbeitungsmöglichkeiten schaffen, Lager, Straßen und Häfen.

Die Vergangenheit hat gezeigt, dass die Bemühungen Früchte tragen können. »Erhöhte Investitionen in Landwirtschaft in den 1970ern und 1980ern halfen tatsächlich, die Zahl der unterernährten Menschen zu reduzieren«, schreibt die FAO.[229] Heute aber hungern wieder mehr als eine Milliarde Menschen, vom »Milleniums-Ziel« – zwischen 1990 und 2015 die Zahl der hungernden Menschen auf der Erde um die Hälfte zu reduzieren – ist die UNO weit entfernt.[230] Die Welternährungskrise und die Wirtschaftskrise haben die Welt im Kampf gegen den Hunger um viele Jahre zurückgeworfen. Doch von all dem merken wir beim Verzehren unserer Pizza nichts.

GEWÜRZE & CO

Geschmack für meine Pizza

Teig, Tomaten, Käse, Salami – was fehlte noch für eine ordentliche Pizza? Natürlich der Geschmack! Salz, Gewürze und einige andere Hilfsmittel waren notwendig, um aus diesen Grundzutaten eine Pizza zu zaubern. Zugegeben, vor meiner Recherche hatte ich mich kaum mit diesen Themen beschäftigt. Oder haben Sie schon mal darüber nachgedacht, wie Salz oder Gewürze hergestellt werden? Diese Dinge sind einfach da – und wir Konsumenten salzen reichlich und treiben so unseren Blutdruck in die Höhe.

Ich begann also zu recherchieren, wie die Produktion der kleinen Zutaten, die den großen Unterschied ausmachen, vonstattengeht. Dass ich aufgrund der industriellen Herstellung auch hier auf Probleme stieß, überraschte mich nach den bisherigen Erkenntnissen kaum mehr.

Die Dominanz großer Konzerne war erneut anzutreffen. Einer Vielzahl von Kleinbauern standen wie in zuvor beschriebenen Märkten nur wenige globale Abnehmer gegenüber. »Seit den Anfängen des Gewürz- und Kräuterhandels wurde die Industrie zunehmend konzentrierter. Heute dominieren zwei Unternehmen den globalen Gewürze- und Kräuter-Markt. McCormick & Company, das größte Unternehmen in der Industrie, hat einen doppelt so großen Marktanteil wie der größte Rivale«, und so sieht die NGO Fairtrade kaum Verhandlungsspielraum für die spezialisierten Kleinbauern in den exotischen Anbauländern.[231]

So versorgt beispielsweise Weltmarktführer McCormick laut Eigenangaben Konsumenten in 100 Ländern mit Kräutern und Gewürzen und liefert Würzmittel, Gewürze und Kräuter, Aromen und Überzugsmittel an die Industrie. Mit Marken wie McCormick, Lawry's, Ducros oder Schwartz betragen die Marktanteile im Lebensmitteleinzelhandel 40 bis 70 Prozent. Bei einem Umsatz von umgerechnet 2,6 Milliarden Euro 2009[232] betrug der Gewinn rund eine Milliarde Euro.[233] Ganze 11 Milliarden Euro Umsatz[234] erwirtschaftete Associated British Foods (ABF), Mutter des zweitgrößten Gewürzherstellers der USA, Tone's.[235] Bekannteste Produkte des Konzerns im deutschsprachigen Raum dürften die Teemarke Twinings und die Speiseölmarke Mazola sein, womit der Konzern im für meine Pizza ebenfalls wichtigen Speiseölmarkt kräftig mitmischt. Mit Stärke oder Hefe lieferten ABF oder seine Töchter zudem in zahlreichen Ländern der Welt weitere wichtige Zutaten für meine Tiefkühl-Pizza.

Im deutschen Sprachraum dürften die traditionsreichen Verbrauchermarken Maggi und Knorr bekannter sein. Beide buhlen im Einzelhandel und der Gastronomie um Kunden und verarbeiten große Mengen an Gewürzen und Kräutern zu Trockenmischungen, Pasten oder Würzsaucen. Sie gehören jeweils zu den weltgrößten Nahrungsmittelkonzernen: Knorr ist die größte Marke des holländischen Konsumgüter-Riesen Unilever, der 2009 einen Umsatz von 39,8 Milliarden Euro erzielte.[236] Maggi hingegen ist eine Traditionsmarke des größten Nahrungsmittelkonzerns der Welt, Nestlé. Umsatz 2009: 107,6 Milliarden Schweizer Franken, umgerechnet 74,5 Milliarden Euro.[237] Auch beim Speiseölmarkt mischen beide Unternehmen kräftig mit, zudem stieg Nestlé 2004 beim deutschen Tiefkühl-Pizza-Hersteller Wagner ein, um vom wachsenden Convenience-Trend zu profitieren.

Welche kleinen Zutaten für die Herstellung dieser Trendprodukte notwendig sind, möchte ich Ihnen auf den folgenden Seiten zeigen. Hefe, Salz, Speiseöl, Gewürze, Knoblauch und technische Hilfsmittel fanden sich neben den Hauptprodukten auf der Zutatenliste meiner Tiefkühl-Pizza. Dem Produktionsvorgang einer Pizza folgend, möchte ich Ihnen zuerst etwas von Hefe erzählen.

Gentech-Hoffnung Hefe

Um aus einem Gemisch von Mehl und Wasser einen ansprechenden, luftigen Teig zu zaubern, bedarf es eines Hilfsmittels, der Hefe. Persönlich verknüpfe ich mit ihr nur positive Erinnerungen, nämlich an süße Hefeteig-Köstlichkeiten, die meine Großmutter sonntags als Nachtisch zubereitete. Dafür verwendete sie meist einen Teil eines kleinen Hefewürfels, gerade mal 40 Gramm schwer, der den Teig kräftig aufgehen, also an Volumen gewinnen ließ. Denselben Effekt erzielte der Sauerteig, den sie zugedeckt in einer warmen Ecke der Küche aufbewahrte. Die Mischung aus Roggenmehl und Wasser wird durch Milchsäuren und Hefepilze, die in der Luft vorkommen, in Gärung gehalten, lehrte mich das Internet. Dort existieren auch Anleitungen, wie man Sauerteig über eine Woche lang selbst zieht und hegt.[238] Bei meiner Großmutter klappte das ohne Zutun: Nach etwa zwei Tagen roch der Teig angenehm säuerlich (hefeartig) und hatte an Volumen gewonnen. Am folgenden Samstag war er bereit, um mit Mehl, Wasser und Salz zu duftendem Brot verarbeitet zu werden.

Abgesehen vom privaten Bereich wird Sauerteig heute meist nur noch zum Backen von ausgewiesenen Biobroten verwendet. Die industriellen Hersteller von Brot und Gebäck greifen auf Hefen zurück, die dieselbe Funktion erfüllen: »Beim Zuckerabbau durch die Hefepilze entsteht Kohlensäuregas, das der Weizenkleber zurückhält. Dadurch geht der Teig auf, was die Voraussetzung ist für luftige und bekömmliche Brote oder feines, leichtes Hefegebäck mit dem unvergleichlichen Aroma und dem spezifischen Duft«, klärte mich ein Hersteller auf.[239]

In Deutschland stammt Hefe zum Beispiel von der Deutschen Hefewerke GmbH oder Fala GmbH. Fala ist die Tochter der französischen Lesaffre-Gruppe – dem Weltmarktführer für Bäckerhefe. Auch mit Hefe kann man übrigens Geld verdienen: Lesaffre war 2008 mit 47 Produktionsstätten in 26 Ländern vertreten und erwirtschaftete einen Umsatz von über einer Milliarde Euro. Die Marke l'hirondelle ist nach Unternehmensangaben die weitverbreitetste Hefemarke der Welt. Um Hefe herzustellen, bedarf es eines Hefestammes, zum Beispiel aus Sauerteighefe, sowie einer Nährlösung: »Die Hefe wird durch Fermentation aus Zuckerrübenmelasse[240] gewonnen«, erklärt ein Hersteller. »Nach der Gärung wird die hefehaltige Maische zentrifugiert und der gewonnene Heferahm in Tanks gelagert. Die Entwässerung des Heferahms geschieht in einem kontinuierlichen Prozess auf rotierenden Vakuumfiltern. Vom Drehfilter gelangt die Backhefe direkt zur Verpackungsmaschine.«[241] Für die Industrie werden größere Gebinde und Spezialformen wie Flüssighefe oder granulierte Hefe angeboten.

Dieser Prozess der industrialisierten Herstellung findet aber nicht überall Anklang. Bioproduzenten rühmen sich ob einer biologischen Alternative zum hoch chemischen Produktionsprozess: »Bei der Herstellung konventioneller Hefe sind chemische Stickstoffquellen, wie zum Beispiel Ammoniak, Ammoniumsalze und Laugen sowie verschiedene Säuren (u. a. Schwefelsäure), synthetische Vitamine und Wuchsstoffe notwendig«, kritisiert ein Biohersteller[242] Außerdem produziert nach Schätzungen von Experten die Herstellung von einem Kilo Hefe mehrere hundert Liter Abwasser.

Neben dem Einsatz von Chemie könnte künftig bald auch die Gentechnik zum Zug kommen: Hefe ist heute bereits gentechnisch so genau erforscht wie kaum ein anderer Organismus. Für die Gentechnik-Lobby gilt sie als Hoffnungsträger. Mit folgenden Zielen würde man aktuell an Hefe arbeiten, schreibt die Plattform www.transgen.de: Bei der Bäckerhefe gehe es um Verkürzung der Gehzeiten des Teiges und Verbesserung der Teigstabilität, bei der Bierhefe um Vereinfachung des Gärverfahrens für alkoholarme Biere und bei Weinhefe um Verkürzung von Gärzeiten und vollständige Vergärung von Restzucker. In Großbritannien hätten eine gentechnisch veränderte Bier- und eine Bäckerhefe bereits eine Zulassung erhalten, sie seien in der Praxis aber kaum verbreitet, heißt es auf der Website. EU-weit seien derzeit noch keine notwendigen Zulassungsanträge gestellt worden, es sei daher keine Genhefe auf dem Markt.[243] Das dürfte auch am ablehnenden Verbraucherverhalten liegen: Mit Genhefe hergestelltes Brot oder eine Tiefkühl-Pizza müssten entsprechend gekennzeichnet werden.

Abgesehen von direkt für den menschlichen Verzehr vorgesehenen Produkten ist Genhefe jedoch in der Industrie weit verbreitet: »Gentechnisch veränderte Hefen werden seit längerem genutzt, um Arzneimittelwirkstoffe, Spezialchemikalien, Enzyme oder auch Lebensmittelzusatzstoffe zu produzieren.«[244] Schätzungen gehen davon aus, dass rund die Hälfte aller technischen Enzyme bereits mittels gentechnisch veränderten Organismen hergestellt wird.[245] Dem Teig zugesetzt, können einige von ihnen die Verarbeitungsfähigkeit erhöhen oder eine ideale Kruste hervorbringen, heißt es. Gentechnisch hergestellte Amylase, Protease & Co. werden allerdings als Hilfsmittel eingestuft: Eine Gen-Kennzeichnung des Lebensmittels darf daher unterbleiben.[246]

Grundwasser-Risiko Salz

Der schönste Teig nützt wenig, wenn er geschmacklos bleibt. Entscheidend dafür ist Salz. Dieses wird (neben Fetten und Aromen) in modernen Fertigprodukten großzügig eingesetzt, um für Geschmack zu sorgen, wenn der Verarbeitungsprozess die natürlichen Aromastoffe kräftig dezimiert hat.

Abgebaut wird es oft noch immer an den traditionellen Standorten in Ihrer Nähe. Abgesehen von der Gewinnung von Meersalz gibt es generell zwei Möglichkeiten, an die kostbare Substanz unter der Erde zu kommen: Im Trockenabbau wird unter Tage mit Bohr- oder Sprengarbeiten das Material gewonnen und über Tage physikalisch getrennt. Verbreiteter ist der Nassabbau, zum Beispiel durch ein Bohrspülwerk. Hierbei wird das Salz mit viel Wasser aus dem Berg gespült und die Sole chemisch gereinigt.

Weltgrößter Hersteller von Salz ist nach dem Kauf des US-Salzriesen Morton Salt 2009 der deutsche Konzern K+S. Die Produktionskapazität stieg durch den Kauf auf unvorstellbare 30 Millionen Tonnen Salz pro Jahr. Durch die Verarbeitung des anfallenden Nebenproduktes Kaliumchlorid ist das Unternehmen gleichzeitig auch einer der größten Düngemittelhersteller Europas.[247] Unter den Marken Sonnensalz, Cérébos, VATEL oder Balance bietet K+S europaweit Salz für Privatverbraucher an, das in Deutschland an den Standorten Grasleben, Bernburg und Rheinberg unter Tage abgebaut wird.[248] Insgesamt kann der Konzern aus Kassel auf einen Umsatz von 5,6 Milliarden Euro verweisen – und zählt zu den 30 größten börsennotierten Konzernen Deutschlands.

Vor allem der Nassabbau von Salz verbraucht naturgemäß große Mengen von Wasser. Dieses kann in Einzelfällen zu Problemen führen, wie ein Beispiel zeigt. 2007 berief die hessische Landesregierung auf Druck von Umweltverbänden wie BUND

(Bund für Umwelt und Naturschutz Deutschland) und NABU (Naturschutzbund) einen runden Tisch zur Salzproduktion ein. Man wollte die Auswirkungen auf die Gewässer des Landes diskutieren. »Das Unternehmen K+S AG fördert Salz aus der Erde und stellt daraus im Wesentlichen Kalidünger für die Landwirtschaft her. An seinen drei Standorten in Osthessen und in Westthüringen arbeiten für das Unternehmen rund 4200 Beschäftigte. Bei der Produktion fallen salzhaltige Rückstände an. Diese werden zum Teil auf Halden gelagert oder als salzhaltige Abwässer in den Untergrund verpresst sowie in die Werra eingeleitet. Nur ein kleiner Teil wird wieder in den Untergrund durch den sogenannten Spülversatz verbracht. Die Folge: Werra und Weser sind stark mit Salzen belastet, und es besteht die Sorge, dass Grundwasser und Trinkwasserspeicher versalzen werden«,[249] so der Bericht.

Die Salzproduktion an den Oberläufen der Flüsse wurde also Hunderte Kilometer weiter zum Problem. Der runde Tisch bemühte sich um Lösungen. Vom NABU hieß es dazu: »Die niedersächsischen Umweltverbände erwarten eine vollständige Einstellung der Einleitung von Salzabwässern in die Werra und Weser bis zum Jahr 2020.«[250] Zwar bewegte man sich im Laufe der Jahre aufeinander zu und K+S versprach, das Salzwasseraufkommen bis 2015 zu halbieren. Ein Ende der Einleitung ab 2020 schloss K+S aber noch im Februar 2010 aus: Das geforderte Datum wecke »unerfüllbare Erwartungen«, ohne Rücksicht auf die »betriebswirtschaftliche Angemessenheit« der dafür nötigen Investitionen.[251]

Laborprodukt Speiseöl

Einige Esslöffel Olivenöl fehlten schließlich noch, um nach Hefe und Salz den Teig für eine Pizza komplett zu machen. Daher möchte ich Ihnen auch diesen Produktionsprozess näherbringen: Das Öl wird durch die Pressung von Olivenfruchtfleisch und Olivenkernen gewonnen. Schätzungen zufolge gibt es weltweit rund 750 Millionen Olivenbäume. Geerntet wird zwischen Oktober und März. Italien-Urlauber kennen die Netze, die unter den Bäumen ausgebreitet sind, um die Oliven aufzufangen. Ein Großteil der Ernte wird zu Öl verarbeitet. Die größten Olivenölproduzenten der Welt sind Spanien, Italien und Griechenland.

Mit seinem hohen Anteil an ungesättigten Fettsäuren gilt Olivenöl als »gesundes« Öl. Es hilft, das Risiko für Herz-Kreislauf-Erkrankungen zu senken. Der Gesundheitstrend in der Lebensmittelindustrie hat daher Olivenöl zum Boomthema gemacht. Es gibt kaum einen Lebensmittel-Riesen, der keine großen Hoffnungen in das Thema mediterrane Ernährung setzt.

Weltgrößter Hersteller von Olivenöl in Flaschen ist nach eigenen Angaben die spanische Grupo SOS: 2008 kaufte sie für 630 Millionen Euro die Olivenölmarke Bertolli vom niederländischen Unilever-Konzern, der sich die Marke aber für andere mediterrane Produkte sicherte. Mit Marken wie Bertolli, Carbonell, Sasso oder Koipe besetzt die SOS-Gruppe einen weltweiten Marktanteil von 22 Prozent, der Umsatz 2008 lag bei 1,39 Milliarden Euro.[252]

Wie SOS sein Olivenöl herstellt, ist in Ansätzen auf der Website von Bertolli nachzulesen: »Die größte Bertolli-Produktionsstätte liegt im italienischen Inveruno. Hier werden jährlich ca. 50 Millionen Liter Olivenöl Extra Vergine produziert. Eine hervorragende technische Ausstattung und hochqualifiziertes Personal garantieren Qualität in jeder Produktionsphase«, hieß es da.[253] Ein Olivenbaum trage durchschnittlich 20 Kilogramm Oliven, das reiche für drei bis vier Liter. Für 2,6 Millionen Tonnen Olivenöl im Erntejahr 2008/09 mussten eine Menge Bäume geschüttelt und abgeklopft werden.[254] Diese Arbeit scheint aber nicht gerade fürstlich entlohnt zu werden: Der durchschnittliche Marktpreis hätte 2008/09 laut einem Marktbericht von SOS rund 2,05 Euro je Kilo Olivenöl Extra Vergine betragen und 1,95 Euro pro Kilo raffiniertes Olivenöl Vergine. Vom Preis, den Sie und ich im Supermarkt für 0,35 Liter Olivenöl zahlen, sind diese Kosten recht weit entfernt.

Die Bauern erhalten von diesen Supermarktpreisen offenbar wenig. Zusätzlich scheinen sie auch auf diesem Markt mit volatilen Preisen zu kämpfen. Zu meiner Überraschung stellte ich fest, dass auch der Anbau von Oliven mit Direktzahlungen von der EU finanziell unterstützt wird. Zusätzlich gibt es wie im Bereich Milch Interventionspreise, bei denen die EU tätig wird. So schrieb die EU-Kommission beispielsweise im Juni 2009 stolze 110 000 Tonnen Olivenöl zur privaten Lagerhaltung aus, weil der Preis für Olivenöl Vergine von 2,1 Euro je Kilo um 20 Prozent abstürzte.[255] Man wollte verhindern, dass Händler spekulierend auf weiter fallende Preise ihre Käufe aufschoben. Der Markteingriff war von Erfolg gekrönt, ab Juli 2009 begannen die Preise wieder zu steigen.

Auch wie Olivenöl hergestellt und bezeichnet wird, regelt die EU. Dabei gilt: Olivenöl Extra Vergine entspricht der höchsten Güteklasse. Laut EU-Verordnung 1234/2007 darf es sich hierbei nur um Öl aus erster Pressung handeln, kalt gepresst, ohne übermäßige Temperatureinwirkung. Günstiger im Preis für die Konsumenten ist natives Olivenöl (nur Vergine): Es ist ebenfalls kalt gepresst, allerdings nicht aus der ersten Pressung, bei der besonders viele Aromen im Öl verbleiben. Finden sich keine Zusätze, sondern nur die Bezeichnung Olivenöl, handelt es sich meist um eine Mischung aus (wenig) kalt gepresstem Olivenöl und (viel) raffiniertem Olivenöl.

Greift man als Konsument nicht zu kaltgepressten Ölen, muss man damit rechnen, dass man ein hochverarbeitetes Produkt in Händen hält. Der kleine Unterschied in der Bezeichnung wirkt sich bei der Herstellungsweise groß aus. So steht in der entsprechenden EU-Verordnung: »Öle, die durch Lösemittel (Solvents) oder Hilfsstoffe (Adjuvants) mittels chemischer oder biochemischer Aktion oder durch Re-Esterifizierung oder durch Mischen gewonnen werden, dürfen nicht natives Olivenöl genannt werden.«[256] Schwarze Schafe versuchen hingegen immer wieder, durch falsche Kennzeichnung höhere Gewinne zu erzielen: Bei einem Test von 12 Olivenölen Nativ Extra fand die Stiftung Warentest bei vier davon Hinweise auf eine Wärmebehandlung des Öls.[257] Doch dieser Herstellungsprozess strotzt nur so vor Chemie: Da werden die Samen heiß gepresst und die gewonnene Flüssigkeit heftig gereinigt, nach Schmelzpunkten getrennt, entsäuert, gebleicht und vieles mehr.[258] Von einem Naturprodukt ist dieses Öl meilenweit entfernt.

Spekulationsobjekt Knoblauch

Für den Teig einer Pizza schien ich nun alle notwendigen Zutaten beisammenzuhaben. Ich konnte mich nun dem Thema Tomatensauce zuwenden. Das bereits erwähnte Salz, Knoblauch, Kräuter und Gewürze machen aus dem Ausgangsprodukt Tomaten eine köstliche rote Sauce auf meinem Pizza-Teig. Auch die Herstellung dieser Zutaten möchte ich Ihnen nicht vorenthalten.

Ich startete meine Recherche bei Knoblauch. Die Pflanze wird meist einen halben Meter hoch, ähnelt dem Lauch, hat eine weiße bis violette Blüte und wächst mit etwas Glück auch in Ihrem Garten. Geerntet wird die Knolle, die man einige Tage in der Sonne trocknen lässt. Sind Sie im Supermarkt auf der Suche nach der weißen Knolle, dürfte Sie das Ursprungsland aber etwas verwundern: »Global betrachtet ist China der mit Abstand größte Hersteller von Knoblauch. Über 75 Prozent der Weltproduktion stammen aus China«, informiert mich die Website des US-Agrarmarketings.[259] Dahinter folgen Indien und Südkorea. Rund 15,6 Mio. Tonnen Knoblauch wurden laut FAO 2007 weltweit produziert.

Was langweilig klingt, ist in Wahrheit eine lohnende Spielwiese für Spekulanten, denn die Preise schwanken stark: Nur 0,15 Yuan oder 1,5 Cent erhielten Chinas Bauern im Oktober 2008 für ein Kilo Knoblauch.[260] Die weltweite Wirtschaftskrise hatte die Preise in den Keller stürzen lassen, die Anbaufläche in der wichtigsten Herkunftsregion Shandong ging kräftig zurück. Doch schon bald darauf sollte es wieder kräftig nach oben gehen: »Der Rückgang der Produktion und die Panik vor der H1N1-Grippe haben die Preise explodieren lassen«, meinte Nie Binghua, Direktor des Shandong Economic Management Instituts, in einem Interview.[261]

Der Glaube, dass Knoblauch die Abwehrkräfte stärkt und so vor der gefürchteten Schweinegrippe schützt, verlieh dem Markt die Phantasie, die es für eine Spekulationsblase braucht. Von 0,15 Yuan pro Kilo explodierte der Preis auf 8 Yuan pro Kilo. Die Verfünfzigfachung des Preises bis Ende 2009 machte Knoblauch zum lohnendsten Investment des Jahres in China – vor jeder Aktie oder Gold.[262] Spekulanten aus anderen Wirtschaftsbereichen entdeckten den Markt für sich, plötzlich füllten Immobilienhaie die 1200 Knoblauch-Lagerhäuser in der Region mit Ware, um die Preise weiter nach oben zu treiben. Mit dem Abklingen der Grippepanik gingen die Preise schließlich wieder nach unten.

Auch wenn Knoblauch 2009 plötzlich acht Yuan kostete – mit

80 Cent je Kilo blieb die weiße Knolle aus China trotzdem weiterhin konkurrenzlos billig. Den wenigen verbliebenen Knoblauchbauern in den Industrieländern setzt das seit Jahren kräftig zu. Die EU, Kanada oder die USA versuchen, mittels Importzöllen ihre Knoblauchbauern gegen die Billigpreiskonkurrenz zu schützen.[263] Aufgrund dieser Importhürde gibt es offenbar sogar eine eigene Knoblauch-Kriminalszene: Immer wieder werde versucht, Knoblauch illegal am Zoll vorbeizuschmuggeln, klagt die EU-Antikorruptionsbehörde OLAF (Office de Lutte Anti-Fraude). Der Inhalt von Containern werde umdeklariert, das Ursprungsland gefälscht oder der Containerinhalt in einem Drittland umgeladen, um eine andere Herkunft zu suggerieren. Der Aufwand zahlt sich aus, so OLAF: »Ein Standardcontainer enthält rund 20 Tonnen Knoblauch. Wird diese Menge erfolgreich geschmuggelt, können dadurch 24 000 Euro an Zoll vermieden werden.«[264]

Pestizide im Kräutergarten

Eine gute Pizza braucht natürlich auch jede Menge Oregano. Erst er verleiht der Tomatensauce meines Erachtens den mediterranen Geschmack. Die bis zu 60 cm hohe Pflanze stammt ursprünglich aus dem Mittelmeerraum. Sie mag gern trockenen und kalkhaltigen Boden. Obwohl sie heute auch in Ihrem Blumentopf am Balkon in Berlin wächst, wird sie hauptsächlich in der Mittelmeerregion und in Mexiko angebaut, da sie dort auch ohne Probleme überwintern kann. Oregano, wie wir ihn von der Pizza kennen, wird nach der Ernte getrocknet.

Ursprünglich verwendete man dafür kleine Steinhäuschen, in denen man die Pflanzen kopfüber zum Trocknen aufhängte. Heute passiert das in großen Lagerhallen mit Warmluft, auch hier hat sich großflächiger Anbau durchgesetzt. Generell ist der Anbau von Kräuter- und Gewürzpflanzen viel aufwendiger im Vergleich zur Getreide- oder Maisproduktion. Weil viele Bearbeitungsschritte oft noch per Hand erledigt werden, dominieren in diesen Bereichen noch Kleinbauern das Angebot.

Sie liefern die für die Herstellung einer geschmackvollen Pizza-Sauce notwendigen Kräuter wie Oregano, Rosmarin oder Petersilie an Großhändler wie etwa die türkische GNA Foreign Trade Gruppe aus Izmir. Nach eigenen Angaben ist das Unternehmen der größte Kräuter- und Gewürzexporteur der Türkei, einem wichtigen Herkunftsland für viele der in Europa weiterverarbeiteten Geschmacksverbesserer.[265] Wie diese Kräuter angebaut werden, darüber gibt die Website keinen Aufschluss, im Zuge der Produktion hätte man aber ständig ein Auge auf die Umweltrisiken, heißt es.

Die Sicherheit eines in unseren Breiten immer häufiger werdenden kontrolliert biologischen Anbaus haben Konsumenten dadurch freilich nicht. Denn während Bio auf Pestizide verzichtet, scheint der großflächige Anbau von Kräutern und Gewürzen bzw. deren Verarbeitung oftmals auf Chemie angewiesen, wie ein Test der NGO Greenpeace Deutschland 2009 schließen lässt: Bei der Untersuchung von Petersilie, Schnittlauch sowie Paprika- und Currypulver stellten die Tester zehn von 37 Produkten aus konventionellem Anbau ein schlechtes Zeugnis aus. »Diese zehn Proben enthielten mehrere Pestizide in so hoher Konzentration, dass der von Greenpeace für die Bewertung von Pestizidbelastungen entwickelte Summengrenzwert überschritten wurde«, hieß es. Bis zu 20 verschiedene Chemikalien wurden in einem Produkt nachgewiesen. Besonders stark belastet waren Paprika- und Currypulver sowie getrocknete Petersilie. Die frischen Kräuter und Bioware schnitten hingegen erfreulich gut ab.[266]

Der Geschmacksverkäufer

Exotische Kräuter und Gewürze nehmen kaum den direkten Weg vom Erzeuger zum Verarbeiter. Nach der Ankunft in europäischen Häfen bedarf es noch eines weiteren Verarbeitungsschrittes, bevor sie bereit sind für die großen Lebensmittelhersteller oder das Supermarktregal. Un da kommen Menschen wie Marcus Winkler ins Spiel.

Marcus Winkler ist Gewürzverarbeiter. Er sorgt dafür, dass die Lebensmittelhersteller an die Gewürze kommen und dass Ihre Speisen immer konstant lecker schmecken. Bereits seit 1947 beliefern seine Vorfahren unter dem Namen Wiberg lokale Metzger ebenso wie große Lebensmittelerzeuger. Bei einem Exportanteil von 83 Prozent setzte das Salzburger Unternehmen 2009 rund 120 Millionen Euro um.

Durchschnittlich 93 Tonnen Gewürze und Wirkstoffe verkauft das Unternehmen heute in 73 Ländern. Die Lebensmittelhersteller erhalten einen fertigen Geschmacksbeutel, der zwischen einem und 25 Kilo schwer ist und allen Wünschen entspricht: Vom Kräutermix über reine Gewürzmischungen hin zu Päckchen, die alle von Winkler so bezeichneten »Wirkstoffe« enthalten. Emulgatoren, Antioxidationsmittel, Raucharoma oder Geschmacksverstärker sorgen dafür, dass der Hersteller von Fleisch- und Wurstwaren nur die Grundzutaten bereitstellen muss.[267]

»Es geht darum, Lebensmittel in Konsistenz, Optik und Geschmack zu unterstützen«, erklärte mir Winkler die Unternehmensphilosophie. Notwendig seien dafür aber hochqualitative Zutaten. Er profitiere dabei von langjährigen Geschäftsbeziehungen in den Anbauländern, die rund um den Globus verstreut sind: »Chili kaufen wir in Indien, Pfeffer in Indien, Malaysien, Indonesien oder Vietnam, Lorbeer und Oregano in Ägypten oder der Türkei, Majoran in Deutschland und Polen.« Einiges werde direkt über Bauern und Anbauorganisationen in den jeweiligen Ländern bezogen, vieles aber über Großhändler in Hamburg und Rotterdam.

Ein Team von 40 Leuten kümmere sich um die neuen Geschmackserlebnisse. Sind die Ergebnisse zufriedenstellend und mit dem Kunden abgestimmt, startet im bayrischen Freilassing die Produktion. Dort wird gemahlen und gemischt, was das Zeug hält – freilich in geschlossenen Produktionssystemen. Aus über 100 Gewürzen werden mehr als 15 000 verschiedene Rezepturen hergestellt. »Warum denn so viele?«, wollte ich wissen: »Der Geschmack regional differiert sehr stark«, erklärte mir Winkler. Gewürzmischungen für Wien würden sich klar von jenen für Berlin oder Hamburg unterscheiden. Vom Feinkost-Metzger, der E-Nummern-freie Bioprodukte herstelle, bis zum Kunden auf Discount-Ebene würde man für jeden eine entsprechende Gewürzmischung produzieren: »Dabei sind wir Auftragsfertiger für unsere Kunden im Zulieferbereich«, erklärt Winkler. Der Kunde kommt also mit einem Wunsch, und gemeinsam werden im hauseigenen Labor neue Geschmacksrichtungen ausprobiert.

Beim Heimfahren überlegte ich mir, wie viel Aufwand nötig ist, um beispielsweise die Tomatensauce auf meiner Pizza ein wenig schmackhafter zu machen – und wie viele Leute daran verdienen wollen: Wiberg mahlt und mischt beispielsweise Pfeffer und verkauft ihn an Lebensmittelhersteller, davor muss er vom Hafen Rotterdam nach Freilassing transportiert werden. In Rotterdam sitzt ein Handelshaus oder eine Spedition, die den Pfeffer in Indien ordert. Den Transport übernehmen die Transportschiffe der großen Reeder, die von den indischen oder vietnamesischen Exporteuren beauftragt werden. Diese Exporteure wollen natürlich auch etwas verdienen, genauso wie die lokalen Genossenschaften, an die der Bauer liefert. Und beschäftigt er Erntehelfer, bleibt für sie nur ein karger Lohn. Wie wenig den Bauern bleibt, zeigen Zahlen der internationalen Pfeffer-Vereinigung: Trotz 300 Arbeitstagen wirft der halbe Hektar indischer Pfeffer gerade einmal 323 Euro ab für ein Jahr Arbeit.[268] Doch daran denken wir nicht, wenn wir am Tisch zu Hause gedankenverloren zweimal an der Pfeffermühle drehen.

Die Milch-Wundermittel

Wenn Sie nie Tiefkühlwaren kaufen, können Sie dieses Kapitel eigentlich überspringen. Sie haben bisher über die Herstellung all jener Zutaten gelesen, die man für das Backen einer Pizza am eigenen Herd braucht. Allerdings unterscheidet sich das Rezept der Tiefkühlindustrie ein klein wenig von jenem Ihres Küchenrezeptes. Denn während Sie Ihre Pizza wahrscheinlich am selben Tag der Zubereitung verzehren, muss eine Tiefkühl-Pizza auch Monate nach ihrer Herstellung noch attraktiv aussehen, trotz Tiefkühlbehandlung knusprig statt labbrig sein und obendrein nach etwas schmecken. Möglich machen dieses Wunder die geheimnisvollen Zusatzstoffe. Die Zutatenliste meiner Tiefkühl-Pizza unterschied sich von einer selbstgemachten Pizza durch Laktose, modifizierte Stärke und Maltodextrin. Zunächst möchte ich Ihnen daher kurz die Herstellung von Laktose erläutern.

Ausgangspunkt für Laktose ist Milch. Die Anwendungsmöglichkeiten sind vielfältig. Im Internet wirbt etwa die bayerische Molkerei Meggle für die Verwendung des Hightech-Pulvers in Backwaren: »Die standardisierten Bakery-Lösungen von Meggle verfeinern Ihre Backwaren und stellen eine äußerst kostensparende Alternative zu anderen Beimischungen dar. Sie besitzen beste Rieselfähigkeit, erstklassige Funktionalität und sind äußerst anwenderfreundlich.«[269] Die Vorzüge von Laktose seien Garzeitverkürzung, Erhöhung der Teigausbeute und verstärkte

Bräunungsreaktionen.[270] Das muss doch vielversprechend klingen in den Ohren jedes Backwarenherstellers?

Auch andere Angebote für die Back- und Süßwarenindustrie klangen sehr brauchbar: »Meggle Mulin: Glanzstreichmittel für Feinbackwaren, verhindert das Durchweichen von Gebäckböden« oder »Megglosat HP-Range: Hochwertige Halbfabrikate für die Süßwarenindustrie, zur Herstellung von ernährungsphysiologisch wertvollen, proteinangereicherten Füllungen und Centers von Riegeln u. ä. Anwendungen«, verspricht Meggle. Ein »ernährungsphysiologisch wertvolles, proteinangereichertes Center« eines Schokoriegels lässt sich von der Werbung doch sicher mit »Jetzt mit noch mehr Milch und wichtigem Calcium« gut verkaufen, oder?

Wie die Verwandlung von Milch in das Wundermittel Laktose vor sich geht, darüber klärte mich die Webseite einer anderen Molkerei, des großen Erzeugers Sachsenmilch, auf: »Die aus den Käsereien stammende hochwertige Süß- und Sauermolke wird direkt in der Molkerei mittels modernster Membrantechnologie in verschiedene Bestandteile fraktioniert, vorrangig in Molken- und Spezialpulver.«[271] Erst werde durch Ultrafiltration[272] das Protein aus der Molke gewonnen, »das verbleibende Molkenpermeat wird durch einen Kristallisationsprozess und Fließbetttrockner zu Laktose getrocknet.« Danach ist das Endprodukt rieselfähig: »Diese Produkte (Molkeprotein, Laktose, Milcheiweiß) werden entweder in 25-Kilogramm-Säcken, in 1000-Kilogramm-Bigbags oder als Silozug mit 25 000 Kilogramm unter dem Namen Sachsenmilch verkauft«, las ich.[273]

Für nicht wenige Menschen ist die weit verbreitete Anwendung von Laktose in der Lebensmittelindustrie allerdings zum Problem geworden. Laktose-Intoleranz, also die Unverträglichkeit, bereitet immer mehr Europäern Kopf- (und vor allem Bauch-) schmerzen. Denn um Laktose zu verdauen, braucht man ein spezielles Enzym: Das Enzym Laktase spaltet den Milchzucker in zwei einfache Zuckerarten auf, die der Körper verwerten kann. Weil Laktose auch in der menschlichen Muttermilch enthalten ist und Säuglinge das Enzym Laktase besitzen, bereitet sie anfangs kein Problem. Allerdings ist das Vorhandensein des Enzyms Laktase im Erwachsenenalter nicht mehr so selbstverständlich – es diente ja ursprünglich der idealen Verwertung von Muttermilch. Mit der Vermeidung von Milch- und Milchprodukten ist Menschen mit Laktose-Intoleranz aber leider nicht geholfen. Zahlreiche andere industriell gefertigte Produkte enthalten Laktose, wie das Beispiel der Tiefkühl-Pizza zeigt.

Die Mais-Wundermittel

Nach dem Ausflug in die Hightech-Welt der Großmolkereien landete ich noch in der chemischen Welt der Maisverarbeitung. Modifizierte Stärke und Maltodextrose fehlten mir noch auf der Zutatenliste für meine Tiefkühl-Pizza. Beide können unter anderem aus dem Rohstoff Mais hergestellt werden, wie ich bei einem Fabrikbesuch erfahren durfte.

Haben Sie schon einmal durchsichtigen Honig verkostet? Oder weißes Mehl probiert, das im Mund an Volumen gewinnt? Bei meinem Besuch in einer Mais-Stärke-Fabrik lernte ich mit Glukosesirup und modifizierter Stärke gleich zwei zentrale Helfer für die Nahrungsmittelindustrie kennen. Fakt ist: Auch Sie haben dieses Zeug schon kiloweise konsumiert. Es ist aus der modernen Lebensmittelindustrie kaum mehr wegzudenken und erfüllt viele wichtige Funktionen.

Bis zu 1000 Tonnen Mais verarbeitete das Werk pro Tag zu Maisstärke und Glukosesirup. Bei einem Rundgang durfte ich hinter die Kulissen schauen – und sah mich stark an eine Mühle erinnert. Zahlreiche Rohre, Kessel und Edelstahltanks stellten das Innenleben der Fabrik dar. Lastwagen standen Schlange und warteten darauf, ihre Fracht abkippen zu dürfen. Zuvor aber wurde jede Ladung einer sogenannten Polymerase-Chain-Reaction-Prüfung unterzogen. So sollte ausgeschlossen werden, dass gentechnisch verunreinigter Mais in den Produktionsprozess gelangte. Erst dann begannen die Laster mit dem Abkippen ihrer tonnenschweren Fracht.

Der Mais wurde gesiebt und so von Verunreinigungen gesäubert. Danach gelangte er ins Zwischenlager. Vereinfacht erklärt geht der weitere Vorgang in etwa so: Der Mais wird in Wasser gequollen, in Mühlen zerkleinert und die Stärke herausgewaschen. Diese wird wieder gereinigt, entwässert und anschließend getrocknet.[274] Das Ergebnis des ganzen Prozesses: Weißes Pulver oder native Stärke – mit der man kaum etwas anstellen kann. »Stärke hat in seiner nativen Form eine körnige Struktur, ist wasserunlöslich und wird nur in den wenigsten Anwendungen in dieser Form verwendet. Für die spätere Verwendung wird die Stärke in eine andere, meist wasserlösliche Form übergeführt.«[275]

Deshalb wird das Produkt mittels Enzymen etc. weiterverarbeitet. Das Ergebnis: die von zahlreichen Zutatenlisten bekannte »modifizierte Stärke«. Sie ist unter anderem wasserlöslich und ein wichtiges Hilfsmittel in der modernen Lebensmittelindustrie. Vor allem die gleichmäßige Bindung von Wasser ohne Eigengeschmack und ohne zu klumpen – das ist die zentrale Stärke von modifizierter Stärke. So kann bei einer Vielzahl von Produkten eine erhebliche Gewichtszunahme durch die Zugabe von Wasser erreicht werden, was Kosten senkt. Gleichzeitig verbessert das Mais-Wundermittel das Fließverhalten von Teig und ermöglicht so eine leichtere maschinelle Verarbeitung in der Backwarenindustrie.[276]

Tatsächlich gehen weltweit 54 Prozent der etwa 60 Millionen erzeugten Tonnen Stärke in die Nahrungsmittelindustrie – der Rest wird für die Herstellung von Papier, Kosmetika oder Baumaterialien verwendet.[277] Die Nachfrage ist groß: Seit den 1980ern ist die weltweit hergestellte Menge um das Dreifache angewachsen.

Mit der steigenden Nachfrage steigt auch die Bedeutung von Enzymen: »Enzyme erlauben durch gezielte biochemische Reaktionen die Gewinnung von Stärke mit hohem Reinheitsgrad und besonderer Produkte wie Weizenkleber als Bestandteil von Backwaren. Konvertierter Sirup beispielsweise, ein Stärkeabbauerzeugnis, wird durch Enzyme kostengünstig und ohne Nebenreaktionen gewonnen. Ähnliches gilt für Dextroxe, Maltodextrine und Glukosesirup.«[278]

Enzyme sind also die fleißigen Arbeiter in der Nahrungsmittelindustrie: Die Biokatalysatoren beschleunigen die Stoffumwandlung. Wie bereits beschrieben, spielt dabei die Gentechnik eine wichtige Rolle. Weil Enzyme aber keine Zusatzstoffe, sondern technisch gesehen nur Hilfsstoffe sind, müssen sie in den Inhaltslisten nicht auftauchen.

Sie sind auch wichtig, um aus Stärke das ebenfalls in meiner Tiefkühl-Pizza steckende Maltodextrin herzustellen. Wie Glukosesirup wird Maltodextrin durch die Verzuckerung von Stärke gewonnen. Vereinfacht gesagt: Die Stärke wird durch Enzyme und Wasser zu einem leicht süßen Kohlenhydratgemisch umgewandelt. Da Maltodextrin kaum Geschmack aufweist und sich in Wasser zu einer viskosen Masse verarbeiten lässt, wird es als Kohlenhydratträger in der Lebensmittelindustrie eingesetzt, wo es eine breite Palette an Einsatzmöglichkeiten gibt. So wird Maltodextrin gern zur kalorischen Aufwertung von Diät- und Stärkungsmitteln oder als Trägerstoff für Trockenaromen eingesetzt. Des Weiteren verleiht sie Instantprodukten, wie etwa Trockensuppen oder Getränkepulver, entsprechenden Körper und somit Mundgefühl, ohne dabei verdickend zu wirken, und auch in isotonischen Getränken für Leistungssportler ist es oft zu finden.

Süßer als Maltodextrin sind die Glukosesirupe. Sie werden

ebenfalls durch die Reaktion von Stärke mit Enzymen hergestellt und bestehen chemisch aus Glukose und Fruktose. Durch ihre zähflüssige Konsistenz und die ähnliche Klebrigkeit wie bei Honig werden sie in der Lebensmittelindustrie oft zur Herstellung von Schokoriegeln oder Frühstücksflocken verwendet. Gleichzeitig sind sie eine Alternative zu Zucker bei der Herstellung von Getränken und Säften. Vielseitig einsetzbar also, diese Maisprodukte – und jetzt sagen Sie, ist das nicht wunderbar? Dank Chemie süßt Glukosesirup Ihren Schokoriegel billiger als Zucker, und mit modifizierter Stärke wird Ihnen Wasser als teurer Inhaltsstoff verkauft. Schade nur, dass das auf der Verpackung in dieser Weise nicht angeführt ist.

Das optische Hilfsmittel

Wundermittel wie Maltodextrin oder Laktose sind es, die die industrialisierte Herstellung von Nahrung erst möglich machen. Es bedarf allerdings des Wundermittels der optischen Täuschung, dass wir uns im Supermarkt auch für diese Nahrung entscheiden. Haben Sie sich beim Auspacken einer Tiefkühl-Pizza schon einmal darüber gewundert, dass die eigentlich ganz anders aussieht als auf der Verpackung? Klar, denn das Grau und Weiß einer gefrorenen Pizza würde uns wohl kaum zum Zugreifen verlocken. Es ist der Karton, bunt bedruckt mit schön ausgeleuchteten Fotos und vielversprechenden Worten, der uns aus dem Kühlregal entgegenlacht. Sauber verpackt tragen wir unser Essen nach Hause und freuen uns schon auf den abgebildeten Genuss – »wie beim Italiener«.

Da Unternehmen heute Dinge, die nicht zu ihren Stärken zählen, von anderen Unternehmen zukaufen – modern Outsourcing genannt –, greifen auch Tiefkühlhersteller zu den Lösungen von

Verpackungsspezialisten. Stapelfähig muss die Verpackung sein, damit die Pizza leichter zu transportieren ist, widerstandsfähig und formstabil, geruch- und geschmacklos, sie muss Tiefkühltemperaturen aushalten und dabei noch immer in den buntesten Farben leuchten.

Karton heißt die ideale Lösung für diese Anforderungen, und daher möchte ich Ihnen am Ende dieses Kapitels noch von meinem Besuch in einer Kartonfabrik erzählen. In der Wiener Fabrik des europäischen Verpackungsriesen Duropack durfte ich hinter die Kulissen blicken. Geschäftsführer Franz-René Saiko begleitete mich bei einem Fabrikrundgang und erklärte mir die Produktion. »Pro Stunde können wir zwischen 30 000 bis 50 000 Verpackungen produzieren«, erklärte mir Saiko. 12 000 verschiedene Artikel vom Supermarkt-Werbeaufsteller bis zum Pizza-Karton würde man jährlich herstellen.

Die Anzeigentafel der Produktionsstraße zeigte gerade eine Geschwindigkeit von 175 Meter Karton pro Minute an, als mich Saiko durchs Werk führte. Eine Lage Papier, darauf eine Lage gewelltes Papier und schließlich nochmals eine Lage Papier, die drei Schichten mit Stärke verklebt – im Eilzugstempo spulte eine große Maschine Laufmeter 38 384 eines 2,5 Meter breiten Wellpappbandes ab. »Gemüsesteigen«, erklärte mir Saiko, bevor es weiterging im Produktionsablauf.

Entsprechend dem jeweiligen Auftrag wird das Endlosband in Tafeln geschnitten, bedruckt, gestanzt, gefaltet und eventuell noch geklebt. Besonders eine Maschine faszinierte mich: Auf zwei grünen Laufbändern flitzten die Schachteln dahin, die vorgestanzten Flügel des Zuschnittes wurden wie durch Zauberhand aufgerichtet, ineinander gefaltet, wieder plattgefaltet – fertig zur Befüllung. Jetzt brauchte in der Pizza-Fabrik nur noch eine Aufricht-Vorrichtung die Schachtel wieder aufzufalten, die in Plastik geschweißten Pizzen reinzupacken, die Schachtel zuzufalten und – ab ins Kühlhaus.

Die Kosten für die Verpackung sind übrigens moderat: Nur rund 20 Cent kostet eine Pizza-Verpackung. Um die Transportkosten in Relation gesehen niedrig zu halten, stammt die Verpackung laut Saiko meist von lokalen Anbietern. Durch den günstigen Preis wird heutzutage einfach alles verpackt – was eigentlich ziemlich viel Müll produziert. Laut Unternehmensangaben erzeugten die 12 Duropack-Standorte weltweit 2008 rund 330 000 Tonnen Wellpappe. Auch wenn die Rohstoffe dafür »überwiegend Recyclingrohstoffe« waren – vergleicht man die Menge mit den 200 Kilogramm Hausmüll,[279] die jeder Deutsche im Durchschnitt pro Jahr verursacht, entsprechen diese 330 000 Tonnen dem Jahresabfall von 1,65 Millionen Bundesbürgern.

DER TRANSPORT

Der Pizza-Kaiser

Meine Recherche über die Zutaten für eine Tiefkühl-Pizza schien mit dem Thema Verpackung komplett. Ich durfte in viele große Kochtöpfe sehen, und ich hatte – wohl analog zu den Zutaten – ordentlich Kilometer gemacht. Kaum hätte ich mir träumen lassen, dass bei der Produktion unserer Nahrungsmittel derartig viele globale Komponenten mitspielen.

Es sind oftmals die Preisentwicklungen auf den Weltmärkten, die auch den Bauern in Ihrer Umgebung das Leben erschweren. Dürren in Australien wirken sich Monate später auf den Preis Ihrer Tiefkühl-Pizza aus, und nur der kostengünstige Bezug von all den benötigten Rohstoffen ermöglicht den Konsumenten Essen zu Discountpreisen.

Möglich gemacht hat all dies auch die Verbilligung des Transports. Pfeffer oder Knoblauch aus Asien segeln heute nicht mehr monatelang auf den Weltmeeren, bevor sie beim europäischen Konsumenten landen. Moderne Containerschiffe brauchen für die Strecke Hamburg – Schanghai heute samt Zwischenstopps gerade mal vier Wochen.[280] Lebende Schweine aus der Ukraine sind in einer Tagesfahrt in deutschen Schlachthöfen, die Kosten für den Transport fallen im Vergleich zu den Kosten der monatelangen Mast kaum ins Gewicht.

Auf der Absatzseite ermöglichte die Verbilligung des Transportes, dass viele zentrale Produktions-Standorte entstehen konnten: Die damit einhergehende Automatisierung der Produktion ließ auch die Herstellungskosten sinken. Die Preisvorteile der Produktion großer Mengen überwiegen die auflaufenden Transportkosten für den Export von Nahrung.

Wer groß ist, profitiert also doppelt: Er kann durch seine Verhandlungsmacht weltweit billigere Rohstoffpreise erzielen und durch die Automatisierung Personalkosten sparen.

Auf den folgenden Seiten zeige ich Ihnen, wie der Verfall der Transportpreise zustande kam, der die industrialisierte Herstellung von Nahrung wirtschaftlich attraktiv machte. Zunächst möchte ich aber ein Interview mit einem Unternehmer wiedergeben, dessen Unternehmen all diese Entwicklungen geschickt nutzte und heute einer der größten Nahrungsmittelhersteller Europas ist.

Im Zuge meiner Recherche hatte ich auch bei der Dr. Oetker GmbH um einen Fabrikbesuch gebeten. Mein Wunsch wurde höflich, aber bestimmt abgelehnt, allerdings versprach man mir ein Interview mit August Oetker, dem Enkel des Firmengründers, bei nächster Gelegenheit.

Das Familienunternehmen aus Bielefeld ist einer der größten Pizza-Hersteller der Welt. Exportiert wird in 37 Länder, in vielen davon ist das Unternehmen Marktführer bei Tiefkühlkost. In Deutschland kommt jede dritte Tiefkühl-Pizza aus dem Hause Oetker. Gleichzeitig ist der Oetker-Konzern auch in anderen Bereichen eine große Nummer: Unter der Marke Radeberger ist man am Biermarkt tätig, mit Henkell zählt der Marktführer für Sekt in Mitteleuropa zum Konzern. Auch die noble Privatbank Lampe gehört zur Oetker-Gruppe, Hotels und Beteiligungen an Einzelhandelsketten runden das Portfolio ab. Größter Umsatzbringer der Gruppe ist aber die Reederei Hamburg Süd: »Mit einem Containerbestand von über 340 000 Einheiten gehört sie zu den 20 weltweit größten Linienreedereien«, informierte mich die Internetseite des Unternehmens.[281]

August Oetker ist großgewachsen, etwa 65 Jahre alt, elegant gekleidet und wirkte sehr sympathisch, als ich ihn zum Interview traf.[282] Ich startete mit einer Frage zu den Preisen: »Oetker ist einer der größten Nahrungsmittelkonzerne der Welt. Sehen Sie trotzdem Preisdruck von den Handelskonzernen?« Oetker überlegte kurz, bevor er antwortete: »Oh ja, das kann ich Ihnen sagen. Den Freunden im Handel fallen immer neue Begriffe für verschiedene Boni ein, die sie möchten. Gegen den Druck gibt es nur ein Mittel: Marktführerschaft. Den Marktführer will der Handel nicht missen.«[283]

Wie erfolgt die Produktion für die einzelnen Länder, wollte ich danach wissen: »Wir haben ein europäisches Werkleitkonzept«, erklärte er: »Wir haben zwei große Pizza-Werke in Deutschland, eines in Polen und auch die Möglichkeit, in einzelnen Werken Spezialitäten für einige Länder in kleinen Serien zu produzieren.« Gearbeitet wird dort auf Hochtouren: Vier Fertigungslinien erzeugen allein im deutschen Werk in Wittenburg jährlich über 100 Millionen Tiefkühl-Pizzen für zahlreiche Länder. Trotzdem will Oetker weiter wachsen und interessiert sich vor allem für die Schwellenländer China und Indien. Doch auch der amerikanische Markt sei interessant.

Geht es nach Oetker, sollen Tiefkühl-Pizzen also bald auch den asiatischen Markt erobern. Aktuell beliefere man China mit Pizzen aus Deutschland, erklärte er mir, allerdings wären die Vorschriften für fleischbelegte Pizzen sehr streng. Daher würden die Tiefkühl-Pizzen oftmals in Europa produziert und erst in China in einer neu erworbenen Fabrik im Raum Schanghai mit Fleisch bzw. Salami belegt.

»Schon komisch«, dachte ich mir: Welches Gefühl hätten wohl Pizza essende Chinesen, wenn sie wüssten, dass ihre Pizza in Deutschland produziert, in Plastik verschweißt um die halbe Erde transportiert und in Schanghai wieder ausgepackt wurde, um sieben Scheiben Salami draufzulegen, sie erneut in Plastik zu verpacken und dann an einen chinesischen Großhändler auszuliefern? Sie würden wohl ebenso den Kopf schütteln wie ich.

»Was ist denn übrigens die meistproduzierte Sorte?«, fragte ich. Sie raten richtig: Salami-Pizza. Das sei zudem auch seine Lieblingspizza, verriet mir der Unternehmer. Nun interessierte mich noch die Qualitätssicherung. »Früher wurde das fertige Lebensmittel kontrolliert, und wenn es schlecht war, hat man es weggeschmissen. Das ist natürlich Unsinn. Viel besser ist es, den Fehler erst gar nicht auftreten zu lassen. Das heißt, schon den Lieferanten der Vorprodukte, bestimmte Qualitätskriterien vorzugeben und deren Einhaltung zu überprüfen«, erklärte Oetker.

»Und wie überprüft man das?«, wollte ich wissen: »Hingehen. Angucken.« Bei rund 3000 Vorlieferanten weltweit könne man zwar nicht täglich in den Betrieb gehen, aber die Möglichkeit von Stichproben würde disziplinieren, war er überzeugt. »Und passen die Vorprodukte, überprüfen wir in unserem Haus noch einmal, ob alles drin, dran, drauf ist.« Selbst wenn die Salamischeiben auf der Pizza nicht gleichmäßig verteilt wären, würden sie nicht in den Verkauf gehen, sondern vergünstigt an die Mitarbeiter weitergegeben werden.

Rote Klimabilanz

Nach dem Gespräch fuhr ich mit dem Zug wieder nach Wien. Dabei verfing ich mich in einer Gedankenspielerei: »Ich zahle für 372 Kilometer Bahnfahrt 45,80 Euro. Was würde eine Pizza zahlen, die 8450 Kilometer bis nach Schanghai fährt?« Die Lösung: 1040 Euro. Selbst wenn Chinesen Pizzen nur in Luxusrestaurants konsumieren – irgendwo lag da ein gewaltiger Rechenfehler.

Es gab eine Zeit, da war von Wirtschaftskrise keine Rede. Doch weil sich die Menschheit anscheinend immer vor etwas fürchten muss – und Journalisten diese Furcht nur zu gerne bedienen –, fürchtete man sich vor dem Klimawandel. Im Zuge dessen wollte man die Konsumenten dazu bewegen, verstärkt heimische Nahrungsmittel zu kaufen – und rechnete die transportierten Kilometer ihres Essens in CO_2-Ausstoß um.

Den Ausgang nahm diese Bewegung in Großbritannien, wo sich rasch der Begriff Food Miles etablierte. Der Ansatz kam nach und nach in Bedrängnis, da auch die lokale Produktion in beheizten Glashäusern kräftig CO_2 emittiert. Die Diskussion zeigte aber, welche Strecken unser Essen heute zurücklegt. Wie die britische Zeitung *Independent* veröffentlichte, legt etwa eine Ananas aus Ghana durchschnittlich 3100 Meilen[284] zurück, bevor sie im britischen Supermarkt landet. Ihr Transport per Flugzeug verursacht 6,3 Kilogramm CO_2 pro Kilo.[285] Dieselbe Entfernung absolvierte eine Tomate, die oftmals von Saudi-Arabien nach Großbritannien transportiert wird, bei spanischen Brokkoli waren es 780 Meilen.

2007 verglich das Forschungsinstitut SERI (Sustainable Europe Research Institute) die CO_2-Emissionen eines Transports von importierten Lebensmitteln nach Wien mit lokal produzierten.[286] Einige Beispiele: Auch wenn im Supermarkt heimische Äpfel und jene aus Südafrika nebeneinander liegen – der Griff zum Kilo aus Südafrika verursacht 12-mal mehr CO_2. Ebenso hoch ist die Belastung bei der Bevorzugung von argentinischem Rindfleisch gegenüber lokal hergestelltem. Bei einer Tomate aus Holland war die Belastung 150-mal höher im Vergleich zu einer regional produzierten, bei einem Kilo Weintrauben aus Chile war es gar 842-mal so viel CO_2.[287]

Weit weniger dramatisch sieht hingegen die finanzielle Bilanz aus: Wie den *World Cargo News*[288] im Frühjahr 2009 zu entnehmen war, hatte das recht große deutsche Schifffahrtsunternehmen Hapag Lloyd die Frachtraten zwischen Hamburg und Schanghai wieder angehoben. Die Preise waren im Zuge der Wirtschaftskrise unter Druck gekommen, doch auch die sich erholenden Frachtraten ließen mich erstaunen. Der Preis für die Verschiffung eines 20-Fuß-Standardcontainers von Asien nach Europa wurde mit 1000 Dollar angegeben. Und weil in die Gegenrichtung weitaus weniger Nachfrage herrscht, kostete das Verschiffen eines Containers von Europa nach Asien gerade einmal 250 US-Dollar – »inklusive Lager- und Währungs-Aufschlag«, hieß es.

Das veranlasste mich zu einer kleinen Rechenübung: Das Volumen eines 20-Fuß-Containers wird mit 39 Kubikmeter angegeben – das sind 39 000 000 Kubikzentimeter. Unter der Annahme, dass ein Standard-Pizza-Karton 32x32x3 Zentimeter misst, ergibt das ein Volumen von 3072 Kubikzentimeter. Das würde bedeuten, dass in einen Container ganze 12 695 Pizza-Schachteln hineinpassen – bei einem Preis von 250 Dollar ergäbe das einen Versandpreis von 0,0196 Euro pro Pizza-Karton. Das war doch ein deutlicher Unterschied zu den 1040 Euro, die ich mir in meiner Gedankenspielerei als proportionalen Fahrpreis für meine Pizza nach Peking errechnet hatte.

Generell werden Lebensmittel gerne durch die Gegend gefahren: So werden die Schweins-Schlögel für italienischen Prosciutto oft mit dem LKW aus Ungarn geliefert – weil dort das Mästen weitaus billiger ist. In den 1990ern Jahren erregten Lebendtiertransporte Aufsehen. Tiere wurden über mehrere Landesgrenzen chauffiert, um in mehreren Ländern Exporterstattungen kassieren zu können. Und wer das alles nicht glaubt, soll in seinem Supermarkt nachgucken, woher denn der Knoblauch kommt: Kaum ein anderes Land weltweit kann es mit den Discountpreisen Chinas aufnehmen.

Der billige Transport hat die Bezugsquellen für unsere Nahrung kräftig verschoben. Weil sich bei der Herstellung des ewig gleichen Produktes in Millionenauflage wenige Cent zu großen Summen auftürmen, geben oftmals kleine Preisdifferenzen den Ausschlag für die Beschaffungsentscheidung. Dass die Herstellkosten der lokalen Bauern oft höher sind, weil sie unter strengeren Tierschutzauflagen, Umweltvorschriften und Arbeitsbedingungen für ihre Erntehelfer produzieren, zählt nicht: Ihre Endprodukte für die Weiterverarbeitung unterscheiden sich schließlich nicht von jenen der Discount-Anbieter vom anderen Ende der Welt. Die Kosten, die durch den weltweiten Transport für das Klima auflaufen, sind da nur eine Randbemerkung von Umweltschützern.

Der zunehmende Welthandel

Agrargüter wurden immer schon getauscht. Waren es einst die klimatischen Bedingungen, die nur in gewissen Weltgegenden bestimmte Rohstoffe wachsen ließen, ist heutzutage oft die weltweite Ausnutzung unterschiedlicher Produktionskosten die Triebfeder. Schon um 1500 brachte Vasco da Gama von seinen Entdeckungsreisen Pfeffer aus Indien nach Europa und baute ein europäisches Gewürzhandelsmonopol auf. Rund 120 Jahre später pflanzten die Holländer Kaffeepflanzen in ihren Übersee-Kolonien und begannen damit den systematischen Anbau und Handel mit Kaffeebohnen.[289]

Den kräftigsten Schub erlebte der Güteraustausch erst in der zweiten Hälfte des 20. Jahrhunderts. Technische wie politische Entwicklungen leisteten die Voraussetzung dafür, dass seit den 1970ern der globale Handel ordentlich zugelegt hat. Dies zeigen Daten der UN-Konferenz für Handel und Entwicklung (UNCTAD): 1948 lag die Wirtschaft nach dem Weltkrieg danieder, folglich wurde auch wenig Handel betrieben. Güter im Wert von 50 Milliarden US-Dollar wurden gehandelt. An die mögliche CO_2-Belastung des Klimas durch diesen weltweiten Warentausch dachte damals noch niemand.

Im Jahr 2007 wurden global Güter im Wert von 13 833 Milliarden US-Dollar gehandelt – was einer Verdoppelung innerhalb von nur fünf Jahren entspricht.[290] In Relation gesehen wurde der Güterhandel für die Volkswirtschaften weltweit immer wichtiger: »1960 lag der Anteil der Exporte am weltweiten Bruttoinlandsprodukt bei 10 Prozent. Bis 2006 war dieser Anteil auf 35 Prozent geklettert, wobei 60 Prozent dieser Exporte von Industrieländern stammen«, heißt es in einem UNCTAD-Report.[291]

Auch der Handel mit Nahrung erlebte über die Jahre einen konstanten Aufwärtstrend. Im Zeitraum 1995–1998 wchselten laut UNCTAD im Jahresdurchschnitt weltweit Lebensmittel[292] im Wert von 450 Milliarden US-Dollar ihren Besitzer. Im Zeitraum 2003–2005 hatte sich dieser Wert um ein Drittel auf 600 Milliarden US-Dollar pro Jahr erhöht.[293]

Hinzu kommen noch die großen Mengen an Agrarrohstoffen, die in dieser Statistik nicht erfasst sind. Ihr Wert beträgt etwa ein Zehntel dessen, die Entwicklung verlief nahezu parallel. Vor allem Entwicklungsländer sind oft vom Handel mit den Agrarrohstoffen abhängig: In 78 dieser Länder stammte in den vergangenen Jahren mehr als die Hälfte der Exporteinnahmen aus dem Geschäft mit nur vier Rohstoffen, ergab ein UNCTAD-Bericht.[294] Die meisten Länder sind abhängig vom Rohöl-Export, knapp dahinter stehen bereits die Exporte von Agrarrohstoffen: Für 35 Länder spielt Fisch, für elf Baumwolle, für zehn Zucker und für je acht Länder spielen Kakao und Kaffee eine unverzichtbare Rolle. Begründet wird das mit der Geschichte: »Oftmals kommt die Abhängigkeit von Agrarrohstoffen aus der Kolonial-Vergangenheit, als Länder für die Kolonialherren eine spezifische Produktion aufbauen mussten. Bisher haben Agrarrohstoffe jedoch noch keine kritische Masse an Einkünften gebracht, um diesen Ländern Investitionen in andere Sektoren zu ermöglichen«, heißt es im Report.[295]

Mit hohen Einfuhrzöllen versuchen diese Länder daher, diese Wirtschaftszweige zu verteidigen. »Zölle auf Agrarrohstoffe bleiben signifikant höher als solche auf Nicht-Agrarrohstoffe«, ergab die UNCTAD-Studie. Für Agrarrohstoffe ergäbe sich ein Durchschnitt von 12,6 Prozent, für alle anderen ein Durchschnitt von unter 1,5 Prozent.[296] Doch nach Meinung Vieler behindern Zölle den globalen Warenaustausch, und so steht diese Handelsbarriere im Schussfeld etwa der Welthandelsorganisation WTO. Die Entwicklungsländer wehren sich in den Welthandelsrunden nach Kräften gegen eine Aufgabe ihrer Schutzklauseln, doch die Flutwelle des globalen Handels wird wohl in einer der nächsten Verhandlungsrunden die Dämme brechen. Nur wenn es ihnen gelingt, auch in anderen Sektoren konkurrenzfähige Produkte herzustellen, werden sie an die Erfolgsstory von China anknüpfen können, das 2009 Exportweltmeister Deutschland bei den Warenausfuhren überholte.[297] Während sich die deutschen Exporte seit 1990 knapp verdreifachten, stiegen Chinas Exporte fast um das Zwanzigfache. Für China erwies sich also der Welthandel als Segen.

Der Großteil der global gehandelten Güter kommt heute auf dem Seeweg in ihren Destinationen an. Laut dem seit 1968 publizierten *Review of Maritime Transport* der UNCTAD wurden im Jahr 2007 erstmals über sieben Milliarden Tonnen Güter über den Seeweg transportiert. »Über 80 Prozent des internationalen Güterhandels erfolgen über den Seeweg, beim Handel mit Entwicklungsländern ist der Anteil der Seefracht noch höher.«[298]

Entsprechend wichtig sind für die weltweiten Warenströme die großen Containerhäfen, von wo aus die Güter über den Kontinent verteilt werden. Bedeutendster Hafen der Welt ist Singapur, in Europa heißen die zentralen Warenumschlagplätze Rotterdam und Hamburg: 2008 wurden in Hamburg 9,7 Millionen TEU-Standard-Container[299] umgeschlagen – das machte die Stadt zum elftgrößten Hafen der Welt. Hamburg spielt aber nicht nur als wichtiger Waren-Umschlagplatz eine zentrale Rolle für den Welthandel: Die diskreten Unternehmen in der Hansestadt sind auch die wichtigsten finanziellen Ermöglicher des Welthandels. 4658 Containerschiffe mit einer Kapazität zwischen 100 und 15 500 Standard-Containern (TEU) gab es laut Hafen Hamburg 2008 weltweit.[300] 35 Prozent davon hatten deutsche Besitzer.[301] Mit der HSH Nordbank sitzt der weltgrößte Finanzierer von Schiffen in der Hansestadt, zudem gibt es noch rund fünf Dutzend weitere Schiffsbanken und Geldgeber.[302] Ermöglicht haben diese Finanzierung sehr oft ganz gewöhnliche kleine Sparer, deren Pensionsvorsorge über die Spezialinstitute in Schiffsfonds landete. Ihre Hoffnung ist, dass der globale Handel weiter zunimmt und die Renditen in die Höhe schnellen.

Sowohl große Banken wie auch kleine deutsche Sparer trugen und tragen durch ihren Kapitaleinsatz dazu bei, dass steuerschonend Schiffe gekauft werden und der weltweite Handel weiter zunimmt. Dass sie mit ihrem Anteil an den anonymen Fonds-Milliarden unter anderem ihren Arbeitsplatz gefährden könnten und den benachbarten Gemüsebauern in direkte Konkurrenz setzen zu ausländischer Billigkonkurrenz, daran denken freilich die wenigsten.

Ein Rechteck als Handelsturbo

Es war eine technische Erfindung, die den Turbo für den Welthandel zündete. Erst die Containerschiff-Fahrt ermöglichte den raschen und kostengünstigen Transport von Gütern ohne mehrmaliges Verladen und Entladen. Egal, ob Bananen, Autoteile, Spielzeugpuppen oder Tiefkühl-Pizza: Die Produkte werden an einem Ende der Welt in den Container geladen, per LKW oder

Bahn zum Schiff gebracht, über die Welt verteilt, entladen – und per LKW direkt vor die Haustür des Importeurs gebracht.

Erst diese Möglichkeit, Güter günstig von A nach B zu bringen, hat das Zusammenwachsen der Weltwirtschaft ermöglicht, ist Marc Levinson überzeugt: Der US-Journalist hat sich mit der Geschichte der simplen rechteckigen Metallbox beschäftigt und ein Buch über die Rolle des Containers für die Globalisierung geschrieben. Seine These möchte ich Ihnen kurz näherbringen.

Es war am 26. April 1956, als der erfolgreiche amerikanische Transportunternehmer Malcom McLean erstmals 58 Container auf das umgebaute Tankschiff Ideal-X hieven ließ, schreibt Levinson.[303] Zuvor mussten beispielsweise Bananenkisten auf einem Truck zum Hafen gebracht und so gelagert werden, dass die Bananen nicht anfingen zu faulen. Am Tag der Verladung mussten sie zum Pier gebracht werden. Dort marschierten Männer mit je 80 Pfund Bananen auf der Schulter über eine schmale Planke auf das Schiff. Die Bananen wurden im Laderaum des Schiffes so verstaut, dass die Ladung nicht verrutschte und möglichst wenig Platz einnahm. Am Zielort angekommen, hieß es, den umgekehrten Weg zu nehmen. Heute lädt die Erzeugergemeinschaft in Lateinamerika die Bananenkisten in einen Container, der sogar kühlbar ist. Erst in den Reifehallen in Europa werden die Container wieder geöffnet.

Die Reduktion von Hunderten Händen und vielen Tagen Wartezeit würde die Kosten massiv senken, war McLean überzeugt. Er sollte recht behalten: 1955 schätzten Analysten die Kostendifferenz anhand von einer Tonne Bier auf dem Weg von Newark nach Miami. Ergebnis: Die Kosten beim Container waren mit 0,25 Cent je Tonne weitaus billiger, schreibt Levinson: »Die Versendung mit Container war um 94 Prozent billiger als jene mit herkömmlichen Frachtschiffen.«[304]

Trotzdem dauerte es Jahre, bis der Container seinen Siegeszug antrat. Die Kosten für den Umbau von Tankschiffen waren hoch, es gab keine Kräne in den Häfen zum Be- und Entladen, Lademöglichkeiten von Trucks und Zügen fehlten. Erst Ende der 1960er verbreitete sich das Konzept allmählich, die internationalen Frachtraten begannen zu sinken. Die Ölkrise in den 1970ern stoppte diesen Trend.

»Aber wie Malcom McLean es schon 1955 verstanden hatte, ist es die Summe der Kosten, nicht nur die Frachtrate, die für den Versender entscheidend ist«, schreibt Levinson: Die Container machten plötzlich Warenhäuser obsolet, die Diebstahlsrate fiel kräftig, die Schadensfälle fielen um 95 Prozent. In Folge gaben auch die Versicherungsprämien um 30 Prozent nach. Ende der 1970er fielen auch die Preise für Containerschiffe in den Keller. Viele Werften, die in der Ölkrise keine Aufträge für Tanker mehr erhielten, senkten Preise dramatisch.«[305] Schifffahrtslinien wie Maersk aus Dänemark und Evergreen aus Taiwan orderten erste Containerschiffe, um den bis dahin strikt geregelten US-Markt für Containerfrachten aufzumischen. Eine Gesetzesänderung 1980 liberalisierte die US-Güterbeförderung auf der Straße und Schiene. Nun wollte jeder sein Stück vom Kuchen des aufkommenden Containertransports abschneiden.

In den folgenden Jahren verbreitete sich die Containerschifffahrt rasch – zu offensichtlich waren die Vorteile: Nun war es möglich, einen Container innerhalb von 18 Tagen von China in die USA zu schicken, auch die Kosten fielen dramatisch: »Die Kosten, einen 40-Fuß-Container von Europa nach New York zu bringen, fielen von 2000 Dollar im Jahr 1979 auf unter 1000 Dollar im Sommer 1980.«[306]

Doch es gab auch Verlierer: Millionen Dockarbeiter verloren ihren Job. Häfen wie Manchester, die nicht an der idealen Schifffahrtsroute lagen oder ihre Piers nicht rechtzeitig für die Containerschifffahrt rüsteten, verloren an Bedeutung. Die Fabriken der Welt rückten näher zusammen – und stellten viele Unternehmen vor riesige Herausforderungen. Levinson schreibt: »Die

Transportkosten boten Produzenten mit hohen Kosten, deren Hauptvorteil die Nähe zum Konsumenten war, keinen Schutz mehr.«[307] Zahlte es sich in den 1950ern oftmals nicht aus, Produkte durch das halbe Land, geschweige denn über das Meer zu transportieren, haben bei den heute gehandelten großen Mengen Transportkosten kaum mehr einen Einfluss auf wirtschaftliche Entscheidungen. »Niedrige Transportkosten machten es für ein Unternehmen wirtschaftlich sinnvoll, in einer Fabrik in China Barbie-Puppen produzieren zu lassen mit Haaren aus Japan, Plastikteilen aus Taiwan, Farbe aus den USA – und das Endprodukt dann an Mädchen in der ganzen Welt zu versenden.«[308]

Konsumenten profitierten von diesem Trend durch eine kräftige Zunahme der Produktauswahl und billigeren Preisen, ist Levinson überzeugt. Wer mit den billigen Preisen nicht mitkonnte, verschwand vom Markt: »Der Container machte internationalen Transport billiger und verlässlicher, er senkte die Hürde [hoher Transportkosten] und dezimierte Beschäftigung in der Produktion in Nordamerika, Westeuropa und Japan.« Er machte es Herstellern viel einfacher, in Übersee nach Rohstoffen und Komponenten zu suchen, besonders in Ländern mit niedrigen Lohnniveaus. Und, so meint Levinson: »Es gibt viele Länder mit niedrigen Lohnkosten.«

Die Rolle der Politik

Die technischen Voraussetzungen allein waren es nicht, die dem Welthandel und damit dem globalen Bezug von Rohstoffen für unsere Nahrung einen derartigen Schub verliehen. Es war auch viel Politik im Spiel, die die nationalen Grenzen öffnete und internationalen Handel durch gesetzliche Änderungen erleichterte.

Einer der Haupttreiber hinter dieser Entwicklung war und ist die Welthandelsorganisation (WTO) mit Sitz in Genf. Neben zahlreichen zwischenstaatlichen Abkommen und Handelszonen wie NAFTA (North American Free Trade Agreement) oder EU ist sie jene Organisation, die international am meisten zum Abbau von globalen Handelsschranken beitrug. Mit dem Ziel, Zölle gegenseitig abzubauen und so den Handel zwischen den Ländern zu intensivieren, wurde erstmals 1948 ein »General Agreement on Tariffs and Trade«, kurz GATT genannt, unterzeichnet. Bisher folgten sieben weitere Handelsrunden, in der sogenannten Uruguay-Runde wurde 1993 auch der Grundstein für die ständige Nachfolgeorganisation World Trade Organisation (WTO) gelegt, die heute über 150 Mitgliedsstaaten zählt.

Mit der Uruguay-Runde wurde auch der Agrarbereich in die WTO aufgenommen. Unter der Annahme, dass vermehrter Handel durch das geschickte Ausnutzen von Kostenvorteilen den Wohlstand in allen Ländern mehre, sollten Zölle und andere Handelshemmnisse reduziert werden.

Tatsächlich brachten die seither in diesem Sinne getroffenen Entscheidungen einige positive Effekte für Bauern weltweit, meinen die Verfasser des 2008 veröffentlichten Weltagrarberichts:[309] Der verstärkte Handel mit landwirtschaftlichen Erzeugnissen biete sowohl Bauern in industrialisierten Ländern als auch in Entwicklungsländern Möglichkeiten, Vorteile aus großvolumiger Erzeugung für globale Märkte zu ziehen. »Grenzüberschreitender Agrarhandel kann armen Bevölkerungsgruppen durchaus Vorteile eröffnen«, sind die Autoren überzeugt. Neben Exportmöglichkeiten biete sich für die Bauern vor allem die Möglichkeit zum günstigeren Import von Dünger, Hochertragssorten oder Bewässerungstechnik.

Auch Konsumenten in Entwicklungsländern haben profitiert: »Die Agrarpolitik der Industrieländer samt Exportsubventionen hat die Preise für Massengüter gedrückt und damit die Kosten für Lebensmittelimporte verringert.« Das hat vor allem die Ernährungssicherheit in trockenen Ländern verbessert. Den Budgets der Länder aber haben die Maßnahmen eher geschadet: Die erlittenen Verluste bei den Zolleinnahmen für Lebensmittelimporte, die oft einen großen Teil des Steueraufkommens ausmachten, konnten die Entwicklungsländer kaum kompensieren.

Treiber dieser Handelsausweitung waren jedoch nicht die Entwicklungsländer, sondern hauptsächlich die Industrienationen, deren Konzerne auf neue Absatzkanäle hofften. Viele ärmere Länder hatten ihre Märkte einst nicht gerade mit Freude für den freien Welthandel geöffnet. Oft hochverschuldet, hatten sich viele dieser Staaten in finanzieller Notlage an Institutionen wie den Internationalen Währungsfonds (IWF) wenden müssen. Der knüpfte seine Hilfszusagen oft an strenge Auflagen zur Strukturpolitik und einen Abbau der Handelsschranken, wie Nobelpreisträger Josef Stiglitz schreibt: »Bei näherer Betrachtung zeigt sich, dass Liberalisierung und Marktöffnung mit ernüchternden Problemen verbunden sind. Der IWF verfolgte blind diese Ziele, oft auf Kosten der Länder, die schlecht für diese Maßnahmen gewappnet waren.«[310]

Viele Länder mussten ihre Märkte öffnen und die Landwirtschaft auf die Produktion von Rohstoffen für den Weltmarkt konzentrieren, um ihre Zinsen zahlen zu können. »Die Hauptprofiteure des freien Handels sind die großen Konzerne wie Nestlé, Parmalat, Cargill oder ADM«, erklärt mir Alexandra Strickner von der globalisierungskritischen NGO attac, warum die WTO trotz oben genannter Erfolge immer wieder als Parade-Feindbild für Globalisierungskritiker herhalten muss.[311]

»Die Handelspolitik von WTO und IWF hat dazu geführt, dass sich die Länder des Südens auf den Export weniger Produkte konzentriert haben«, meint Strickner. Die Versorgung der lokalen Bevölkerung sei hingegen oft auf der Strecke geblieben. »Wegen mangelnder Investitionen in die Landwirtschaft können sich diese Länder daher heute kaum mehr selbst versorgen, die nötigen Importe machen die Märkte extrem verletzbar.«

Ein Rückzug von einmal gemachten Zugeständnissen bei der Handelsliberalisierung ist freilich für diese Länder kaum möglich. Zur Durchsetzung der vereinbarten Regeln steht der WTO nämlich ein ausgefeiltes Streitschlichtungsverfahren zur Verfügung. Aufgrund der weitreichenden Bedeutung der WTO-Vereinbarungen ist es sehr mächtig: Länder, die beispielsweise versuchen, die lokale Landwirtschaft gegen Billigimporte abzuschotten und ein Vertragsverletzungsverfahren verlieren, müssen mit Strafzöllen bei Ausfuhren in die klagenden Länder rechnen. Das verteuert die Ausfuhren auch anderer Wirtschaftszweige und kann so ganze Branchen empfindlich treffen, was Arbeitsplätze gefährdet.

Auch Bauern in Mitteleuropa sehen sich durch die WTO-Regeln bedrängt. Durch den Abbau von Zöllen spüren sie nun die Konkurrenz der billigen Weltmarktpreise. Das Preisniveau dort diktieren freilich jene Großbauern, die in großen Monokulturen oder Tierfabriken riesige Mengen zum billigsten Preis weltweit herstellen können. Das Argument gegen die Handelsöffnung, man produziere in Mitteleuropa unter strengeren gesetzlichen Vorschriften zu höheren Preisen, zielt bei der WTO ins Leere, klagt der deutsche Bauernverband: »Darf der Import von Fleischprodukten untersagt werden, weil die im Erzeugerland angewendete Zuchtmethode vom Importstaat aus Tierschutzgründen abgelehnt wird? Dürfen pflanzenschutzmittelbehandelte Lebensmittel zurückgewiesen werden, weil die Schädlingsbekämpfungsmittel im Erzeugerland problematische Umweltauswirkungen haben? Bisher beantwortet die WTO diese Fragen mit einem klaren Nein, denn der Importstaat ist nur berechtigt, produktbezogene Beanstandungen zu erheben.«[312]

Die großen Lebensmittelhersteller, die immer auf der Suche nach günstigen Rohstoffen weltweit sind, profitieren hingegen vom Zollabbau und der Negierung der Produktionsbedingungen, unter denen ihre Rohstoffe hergestellt wurden. Für den Konsumenten aber muss es klingen wie Hohn: Auch wenn er in einem Land mit strenger Gesetzgebung in den Bereichen Tierschutz, Pflanzenschutz etc. lebt – ob die Zutaten für seine Tiefkühl-Pizza wirklich unter diesen Gesetzen hergestellt wurden, ist für ihn nur in den wenigsten Fällen nachvollziehbar.

Die Verlierer des Freihandels

Menschen wie Sie und ich – wir haben vom freien Handel profitiert. Unsere Nahrung hat sich verbilligt, auch dank günstiger Rohstoffquellen für die Lebensmittelkonzerne. Diese haben ebenfalls von den Kosteneinsparungen profitiert, ganz zu schweigen von den großen Saatgut- und Chemiekonzernen, deren Markt deutlich gewachsen ist. Der freie Handel kennt aber nicht nur Gewinner, sondern auch Milliarden Verlierer – Menschen, die der freie Markt einfach vergisst. Von einem dieser Schicksale möchte ich Ihnen berichten.

Mathy Diagne, Mutter von vier Kindern, ist Kleinbäuerin im Senegal, das seit 1995 ebenfalls Mitglied der WTO ist. Auf Einladung der kirchennahen NGO HORIZONT3000 verließ Diagne im Frühjahr 2010 ihr 2000-Einwohner-Dorf Ndenye, um in Europa von erfolgreichen Projekten im Kampf gegen die Bodenerosion zu erzählen.

Da ich mich zum Zeitpunkt unseres Treffens gerade mit den Themen WTO und EU-Subventionen beschäftigte, wollte ich von ihr anfangs wissen, welche Auswirkungen der globale Handel im Senegal hat. So fragte ich sie nach der Konkurrenz aus Europa: »Es gibt vor allem viel Fleisch aus Europa bei uns am Markt«, erzählte sie, »und dieses Fleisch ist billiger als unser

Fleisch aus dem Senegal.«[313] Ein Kilo lokales Rindfleisch koste 2200 afrikanische Francs, umgerechnet 3,20 Euro, ein Kilo Importfleisch hingegen nur 1500 Francs.

Kleinbauern wie sie, die täglich hart um ihre Existenz kämpfen müssen, können mit diesen Preisen nicht mithalten. Ein Schutz gegen die Billigimporte durch höhere Zölle ist aufgrund von WTO-Vorschriften nur schwer möglich. Dieselben Probleme sieht Diagne auch bei Hühnern: »Ein großes importiertes Huhn aus Europa kostet zwischen 2000 und 2500 Francs. Ein Huhn aus dem Senegal kostet zwischen 2500 und 3000 Francs.« Die Senegalesen schätzen nicht nur den günstigeren Preis: Sie schätzen auch den Convenience-Faktor. Aus Europa kommen die Hühner meist als Hälften, aber auch als einzelne Teile. Das spart Arbeit, denn, so Diagne: »Die Hühner aus dem Senegal gibt es am Markt nur lebend.«

Weil die Europäer heute kaum noch ganze Hühner nachfragen, werden die Tiere nach dem Schlachten zerlegt und in Teilen verkauft. Die teure Hühnerbrust wandert in die Fleischtheken der Supermärkte in unseren Breiten, die Schenkel werden häufig nach China verkauft, der billige Rest landet oftmals als Tiefkühlware in Afrika. Die Regierungen sind damit meist gar nicht unglücklich, profitieren doch die Konsumenten von den billigen Preisen. Die lokalen Bauern werden dabei aber vergessen.

Für die Konsumenten in Afrika mag das zwar günstig und auch bequem sein, wenn man das Huhn nicht erst schlachten und rupfen muss – doch die Bequemlichkeit bringt auch ein Hygieneproblem mit sich: Eine unterbrochene Kühlkette bei Hühnerfleisch ist ein idealer Nährboden für Salmonellen. Strom für einen Kühlschrank gibt es im Dorf, in welchem Mathy Diagne lebt, nicht.

Auch sonst ist das Leben im Senegal für Diagne nicht gerade einfach: Mit einem gemeinsamen Gemüseanbau auf rund vier Hektar versuchen sie und einige Frauen aus ihrem Dorf, über die

Runden zu kommen. Das Fehlen von Wasser und Maschinen sei das Hauptproblem, schilderte sie, eine staatliche Förderung für den Bezug von Saatgut und Dünger unterstütze vor allem die Großbauern. Gearbeitet wird mit Ochsenpflug und Hacke, zweimal im Jahr leisten sich die Frauen für ihre vier Hektar die Miete für einen Traktor.

Geerntet werden hauptsächlich Mais und Tomaten, die sie auf dem lokalen Gemüsemarkt in der nächstgrößeren Stadt verkauft. Rund 2500 Francs erhält sie dort für einen Korb mit 20 Kilo Tomaten, umgerechnet etwa 3,70 Euro. »Aber wenn alle Tomaten ernten, gibt es ein Überangebot, die Preise sind im Keller, liegen oft nur bei 1000 Francs.«

Mit der Produktion von Tomatenmark und Sugo versuchen die Frauen das Problem zu umgehen. Zur Produktion von einem Kilo Tomatenmark verwenden sie rund fünf Kilo Tomaten, erhalten aber ebenfalls nur 1000 Francs. Eine Alternative dazu gibt es kaum, jeder Dritte im Senegal sei Bauer, erzählt der HORIZONT3000-Mitarbeiter Ismael Ndao: »In der Region gibt es keine anderen Arbeitsplätze. Die jungen Menschen gehen in die Städte, werden Straßenhändler oder Hausmädchen oder machen sich auf in Richtung Europa.« Zurück bleibt unbewirtschaftetes Land, das durch Wind und starke Regenfälle in der Regenzeit rasch erodiert und unfruchtbar wird. Eine Rückkehr? Ausgeschlossen.

Zerstörte Böden, zerstörte Existenzen, zerstörte Hoffnungen: Kleinbauern wie Mathy Diagne, die täglich dem kargen Boden mühsam einen Ertrag abringen müssen, sind Spielball der Politik, die durch die wachsenden Handelsverflechtungen manchmal ebenfalls in die Zwickmühle gerät. Bestes Beispiel dafür sind die Exportsubventionen: Der Evangelische Entwicklungsdienst (EED) kritisierte 2008 die Zerstörung lokaler Märkte in Ghana, wo eine Dose Tomatenmark einst 35 Cent kostete: Südeuropäische Konzerne hätten den Markt ruiniert, weil sie Tomatenmark-Dosen für nur 29 Cent in Ghana verkauften – und 15 Cent Förderungen je Kilo für einen Teil ihrer Exporte kassieren.[314]

Auch als 2008 die Milchpreise weltweit abstürzten, forderten viele Bauern in Europa vehement eine Wiedereinführung von Ausfuhrförderungen zur Entlastung der Märkte. Als sie im Frühjahr 2009 begrenzt eingeführt wurden, klagte mir Jesus Garza, Koordinator bei CHAAC (Coalición Hondureña de Acción Ciudadana) – einer Bürgerrechtsbewegung aus Honduras anlässlich einer Europa-Reise:[315] »Es gibt immer mehr europäisches Milchpulver auf unserem Markt.« Und: Es sei weitaus billiger als die 90 Cent, die die lokalen Bauern für einen Liter Milch erhalten würden.

»Die Landwirtschaft ist für die Binnenwirtschaft der Entwicklungsländer weitaus wichtiger als für die der Industrieländer, da sie einen Großteil des Volkseinkommens ausmacht [und] einen Großteil der Bevölkerung, teilweise über 90 Prozent, beschäftigt«, schreibt Björn Schwarz in seinem Buch *Die Auswirkungen der EU-Agrarpolitik auf Entwicklungsländer.*[316] Die EU aber beeinflusse den Weltmarktpreis doppelt, indem man sich einerseits durch Zölle gegen Importe abschotte (trotz WTO-Regelungen waren es 2008 durchschnittlich noch rund 15 Prozent auf den Warenwert),[317] und andererseits mit Hilfe von Exportsubventionen den Weltmarktpreis unterbiete, so dass Produkte anderer Länder nicht mehr konkurrenzfähig seien.[318]

Mehr auf Druck der WTO als aufgrund von Kritik der Entwicklungshilfeorganisationen fuhr die EU die Exporterstattungen in den letzten Jahren (mit Ausnahme der Milchkrise) zurück: Betrugen sie im Jahr 2000 noch mehr als fünf Milliarden Euro, so waren es 2008 weniger als zwei Milliarden und damit nur ein kleiner Anteil an den Agrarförderungen. Die Förderungen für die Ausfuhr europäischer Hühner, 40 Euro je 100 Kilo, wurden nach Bekanntwerden der Probleme 2009 auf die Kategorie »Hühner, unzerteilt, gefroren« reduziert. Afrika, mit Ausnahme von Angola, wurde aus der Förderliste gestrichen.[319] 2013 schließlich sollen die Exportbeihilfen laut Übereinkommen mit der WTO endgültig auslaufen.[320]

Die Bauern weltweit, sie sind wie kaum ein anderer Berufsstand also nicht nur abhängig vom Wetter, sondern auch von der Politik. Entscheidungen in Genf oder Brüssel können Zehntausende Kilometer entfernt über die Existenz von Kleinbauern entscheiden, die sich von all den Vorgängen kaum ein Bild machen können. Der Wegfall von Handelsschranken lässt die Länder auf dem Globus aber näher zusammenrücken, wie ich am Beispiel der Zutaten für die Tiefkühl-Pizza gezeigt habe. Zahlreiche Kleinbauern rund um den Erdball stellt diese Entwicklung vor große Herausforderungen, denn mit den billigen Preisen der industrialisierten Landwirtschaft können sie nicht mithalten.

DIE ZUKUNFT

Das Essen von morgen

Riesige industrialisierte Rohstofferzeugung, sterile Fabriken und heile Marketingwelten – ist das die Zukunft unseres Essens? Wie meine Recherchen über den Weg einer Pizza zeigten, scheint das realistisch. Global betrachtet werden sich die Nahrungsgewohnheiten der Welt wohl immer weiter an jene der Industriestaaten annähern. Das Motto: Tiefkühl-Pizza für alle – oder so ähnlich.

Was wir morgen essen werden, entscheidet vor allem die Industrie. Auf bis zu 75 Prozent wird der Anteil der industriellen Nahrung in Deutschland bereits geschätzt.[321] Das Kochen bleibt immer öfter auf der Strecke: 40 Prozent aller Deutschen erklären in Umfragen, sie könnten kaum noch kochen. Sich selbst an den Herd stellen, das wollen immer weniger Menschen.

Die Industrie nimmt diese Entwicklung dankend zur Kenntnis und versucht, daran zu verdienen. Rund 10 000 neue Nahrungsmittel kommen in Europa jährlich auf den Markt. Nicht alle haben Erfolg. Die Erfolgsquote liegt bei 50 Prozent, schreibt Autor Hans-Ulrich Grimm.[322] Wir Konsumenten können mit unserem Kaufverhalten also darüber abstimmen, was im Regal bleibt und was rasch wieder verschwindet. Um eine gute Wahl zu treffen, sollten wir nicht nur auf den von Aromen beeinflussten Geschmack achten – auch die Produktionsweise sollte eine Rolle spielen.

Dazu bedarf es aber mehr Informationen, die uns die Hersteller oft nur ungern mitteilen. Hier ist die Politik gefragt, die mit den raschen Entwicklungen der Technik offenbar nur schwer Schritt hält. Oftmals bedarf es daher einer kritischen Öffentlichkeit, die Gesetze einfordert, ist Thilo Bode, Gründer der Verbraucherschutzorganisation Foodwatch, überzeugt: »In Wirklichkeit ist es gerade für einen funktionierenden Markt erforderlich, diese Informationsrechte den Verbrauchern zu ermöglichen. Denn sie wären ein Anreiz für Landwirte und die Lebensmittelindustrie, für echte Qualität zu werben.«[323]

Konsumenten können nur eine bewusste Auswahl treffen, wenn sie wissen, was der Kauf eines Produktes bedeutet. Eine entsprechende Kennzeichnung von umstrittenen Lebensmittelinhalten und Herstellungsarten ist daher unerlässlich. Wer keine Gentechnik oder kein Hormonfleisch auf dem Teller will, soll diesen Wunsch auch durch seinen Kauf ausdrücken können. Die Politik kann sich hier nicht aus der Verantwortung stehlen. Sie muss die Rahmenbedingungen schaffen, um unsere Ernährung künftig nachhaltiger zu machen. Entsprechende Vorstöße gibt es: Im Juni 2010 stimmte zum Beispiel das EU-Parlament für eine neue Nahrungsmittelkennzeichnung. Nährstoffe wie Salz, Zucker und Fette sind entsprechend dieses Entwurfs auf der Vorderseite der Verpackung anzuführen, bei Fleisch und Milchprodukten soll die Herkunft verpflichtend anzugeben sein.[324] Schon 2006 wurde die Health-Claims-Verordnung verabschiedet: Wer mit Gesundheitsversprechen auf der Verpackung für seine Nahrungsprodukte wirbt, muss diese zuvor von der EU genehmigen lassen.[325]

Künftige Gesetze müssen mithelfen, dem Konsumenten wieder eine echte Wahlfreiheit zu geben: Will er ein Joghurt aus biologisch hergestellter Milch ohne künstliche Zutaten oder ein hochtechnologisches, das ihm hilft, gesund zu bleiben? Will er eine in Handarbeit gefertigte Pizza mit etwas zu dickem Rand oder ein Industrieprodukt, das immer dieselben optischen Eigenschaften aufweist und dessen Geschmack sich bereits millionenfach bewährt hat? Solange Konsumenten nicht wissen, ob ihre Milch oder ihre Eier von glücklichen Tieren stammen oder aus dunklen Ställen, wie viel Chemieeinsatz ihr Mehl verursachte, werden sie weiter die rationalste Entscheidung treffen – und die ist der Griff zum Produkt mit dem günstigstem Preis.

Konsumenten müssen endlich wieder die Wahl haben – und dazu bedarf es umfassender Information über ihr Essen. Je mehr Menschen darüber Bescheid wissen, wie ihre Nahrung hergestellt wird, desto größer wird die Zielgruppe jener, die wieder mit ruhigem Gewissen einkaufen wollen. Produzenten, die das erkennen und nachhaltig produzierte Lebensmittel anbieten, werden in Zukunft gute Geschäfte machen. Davon bin ich überzeugt – und ich bin damit nicht allein.

Experten erwarten, dass Ethik- und Umweltthemen künftig einen wachsenden Einfluss auf die Kaufentscheidung unseres Essens haben werden. Klaus Grunert, Experte vom dänischen Forschungszentrum für Kundenbeziehungen in der Lebensmittelbranche (MAPP – Centre for research on customer relations in the food sector), sieht die Art der Herstellung unseres Essens als einen der drei möglichen großen Trends, die das Konsumverhalten in der Zukunft prägen werden: »Es gibt Gründe zur Annahme, dass Gesundheit, Convenience und Herstellungsart drei Trends sind, die unsere Ernährung verändern werden. Die Nahrungsmittelindustrie spielt eine Hauptrolle bei der Formung dieser Trends, und sowohl Richtung als auch Geschwindigkeit werden davon abhängen, wie die Industrie diese Entwicklungen aufnimmt.«[326]

Die Zukunft der Landwirtschaft

Weil sich für die Herstellungsweise von Essen immer mehr Konsumenten interessieren, könnte das auch die Zukunft der Landwirtschaft beeinflussen. Wie groß das Ausmaß sein wird, bleibt allerdings abzuwarten. Die Wünsche der Konsumenten werden aber nur einer der zahlreichen Faktoren sein, auf die sich die Landwirte weltweit künftig einstellen müssen. Auf den folgenden Seiten möchte ich Ihnen daher nun die anderen Rahmenbedingungen erläutern, unter denen die Rohstoffe für Tiefkühl-Pizza & Co. künftig hergestellt werden.

Experten sind sich einig, dass einige zentrale Faktoren die globale Landwirtschaft in Zukunft entscheidend prägen werden:

- Wachsende Bevölkerung
- Angleichung der Lebensgewohnheiten
- Klimawandel und Wassermangel
- Nachfrage nach Biosprit
- Industrialisierung der Landwirtschaft
- Schwankungsanfälligkeit der Preise
- Entscheidungen der Politik.

Kurzfristig könnte die Festlegung neuer Regeln für die gemeinsame Agrarpolitik ab 2014 für Europas Bauern zahlreiche Änderungen bringen. Vor allem die Höhe der Subventionen steht angesichts von Sparzwängen allerorten auf dem Prüfstand. Global gesehen dürften die Entscheidungen auf der Ebene der Welthandelsorganisation die Rahmenbedingungen für die Bauern weiter beeinflussen. Ein noch globaleres Welternährungssystem scheint sich abzuzeichnen.

In ihrem Bericht »Agriculture Outlook 2009–2018« nennen die OECD und die FAO einige Trends, die die Landwirtschaft in den nächsten Jahren prägen werden.[327] Die Bedeutung Europas und der USA bei der Ernährung der Welt werde immer stärker zurückgehen: »Das Wachstum bei Angebot und Nachfrage kommt von den Entwicklungsländern.« Das gelte vor allem im Bereich Viehzucht, wo die Haupttreiber dieses Trends wachsende Bevölkerung und Einkommen in diesen Ländern seien. »Wir sehen daher Trends zu einer verstärkten Ernährung mit tierischen Proteinen, begleitet von einer anhaltenden Urbanisierung.«

Um diese Städter von morgen zu ernähren, müsse die weltweite Nahrungsmittelproduktion bis 2030 um 40 Prozent angehoben werden. »Die Weltbevölkerung wird bis 2050 voraussichtlich von derzeit 6,7 Milliarden auf 9,1 Milliarden anwachsen«, schreibt die FAO. »Das erfordert einen 70-prozentigen Anstieg der landwirtschaftlichen Produktion.«[328] Obwohl laut Agriculture Outlook die OECD-Länder vorerst weiterhin die globalen Märkte für Weizen und grobkörniges Getreide sowie Milchprodukte dominieren würden, werde in Zukunft der Agrarhandel zwischen den Ländern der Südhalbkugel stark zunehmen und hohe Wachstumsraten erzielen.

Wer exportiert und wer importiert, könnte aber in immer stärkerem Ausmaß von der Verfügbarkeit von Wasser abhängen: »Landwirtschaft verbraucht über 40 Prozent des gesamten Wassers in OECD-Ländern, und dieser Anteil wächst«, heißt es. »Große Entwicklungsländer wie China oder Indien bewässern bereits große Flächen. Die FAO erwartet aber einen substantiellen Rückgang in der Ausweitung der bewässerten Flächen, und zukünftige Agrarproduktion wird verstärkt abhängig sein von der Verfügbarkeit von Wasser.« An Wasser zu gelangen, könnte angesichts des Klimawandels bald schwierig werden.

Nahrung für die Welt von 2050

Wie sollen die Bauern dieser Welt angesichts der zahlreichen Unsicherheiten künftig die globale Bevölkerung ernähren? Werden in Zukunft alle Menschen so essen wie wir in Europa und zwischen Tiefkühl-Pizza, Sandwich und Fast Food wählen? Oder werden gar mehr Menschen hungern als bisher? Um das herauszufinden, vereinbarte ich ein Interview mit Jelle Bruinsma in Rom. Er ist Herausgeber und Co-Autor der FAO-Studie »World agriculture: towards 2030/50«.[329]

Jelle Bruinsma erwartet mich in seinem karg möblierten Büro der FAO in Rom. Der Holländer ist mittlerweile pensioniert, steht der FAO aber noch als Berater zur Seite. Ich will mit ihm über die langfristigen Perspektiven der globalen Ernährung sprechen – und über mögliche Probleme.

Welche Faktoren werden langfristig, in den nächsten Jahrzehnten, die globale Versorgung mit Nahrung prägen, will ich von ihm wissen. »Vor allem die wachsende Bevölkerung«, so die Antwort. »Unseren Berechnungen zufolge wird die Zahl der Menschen auf der Erde bis 2050 auf rund neun Milliarden ansteigen – das ist rund ein Drittel mehr als derzeit.« Das wird für viele Länder aber nicht einfach, fehlt es ihnen doch an fruchtbarem Land. Als Beispiel nennt Bruinsma den Jemen: »Dort leben aktuell rund 25 Millionen Menschen. Laut UNO wird diese Zahl bis 2050 deutlich über 50 Millionen ansteigen. Doch schon heute gibt es kaum Ressourcen, wenig fruchtbares Land und wenig Wasser. Eine Selbstversorgung durch die eigene Landwirtschaft ist unmöglich.« Die Abhängigkeit von Ländern wie dem Jemen von den internationalen Märkten werde also zunehmen.

Zur steigenden Bevölkerungszahl kommt ein weiterer Faktor hinzu: »Gleichzeitig wird es diesen Menschen viel besser gehen als heute – was bedeutet, dass sie mehr und besser essen werden. Sie werden mehr Zucker verzehren, mehr pflanzliche Öle, mehr Früchte, aber auch mehr tierische Produkte«, erklärt mir Bruinsma. Kurzum: Immer mehr Menschen passen ihre Ernährungsgewohnheiten den unseren in Industrieländern an. Pizza statt Hirse, könnte man meinen.

»Menschen in Entwicklungsländern werden ihren Fleisch- und Milchkonsum auf das Niveau von Westeuropa erhöhen«, ist Bruinsma überzeugt. Um diese Tiere zu züchten, brauche es viel mehr Getreide wie Mais oder Soja: »Denn um 1000 Kalorien an tierischen Produkten zu erzeugen, braucht es zwischen 6000 und 8000 Kalorien an Futtergetreide.« Allerdings hält Bruinsma das für möglich, denn der Anpassungsprozess gehe über Dekaden. »Es gibt keinen Grund, warum unsere Erde nicht so viel Nahrung liefern könnte, wie die Menschheit bis 2050 benötigt.«

Global betrachtet könnten rund 90 Prozent der zusätzlichen Produktion aus höheren Erträgen bestehender Flächen stammen: »Die intensivere Nutzung von Land etwa durch Bewässerung kann beispielsweise zu zwei Ernten statt einer führen.« Für die restlichen zehn Prozent brauche es aber neue Anbauflächen: »Laut unseren Schätzungen sind global betrachtet bis 2050 zusätzlich 70 Millionen Hektar notwendig. Im Vergleich zu 1600 Millionen Hektar, die aktuell genutzt werden, ist das nicht sehr viel.« Zum Vergleich: Das ist eine Fläche die nahezu doppelt so groß ist wie Deutschland. In Ländern wie Bolivien, Kolumbien oder der Ukraine und Kasachstan sieht der Agrarexperte noch viel ungenutztes Potential. »Auch in Afrika könnte der Sudan einen Großteil des gesamten Kontinents ernähren, wenn eine Regierung die Lage in Griff bekommen würde.« Ähnlich gelagert sei die Situation in Angola oder Mosambik.

An welchen Orten zusätzliches Land fruchtbar gemacht werden kann, wird auch von der Wasserversorgung abhängen: Global betrachtet gäbe es keine Wasserknappheit, meint Bruinsma: »Aber es ist ein lokales Problem.« Im Nahen Osten oder in Nordafrika gäbe es bereits einen Wettstreit um Wasser zwischen Landwirtschaft, Industrie und privaten Haushalten. Weltweit würde aktuell knapp ein Fünftel aller fruchtbaren Flächen künstlich bewässert werden. Dieser Anteil werde weiter leicht anwachsen.

Allerdings könnte der Klimawandel das weltweite Gefüge verschieben. Die Zonen, die für den Getreideanbau geeignet sind, könnten sich nach Norden verlagern, spricht Bruinsma Sibirien oder Kanada an: »Der Klimawandel kann Temperaturschwankungen und Niederschlagsmengen verändern. In Zentralafrika kann das die Lage hingegen weiter verschlechtern.« Global betrachtet werde die produzierte Menge an Nahrungsmitteln trotz Klimawandels wohl gleich bleiben oder leicht steigen, »aber für einzelne Länder werden wir viele verschiedene Einflüsse sehen, die einige Staaten viel schlechter stellen werden als heute.«

Auch an neue Pflanzen sollten wir uns gewöhnen: »Durch den Klimawandel könnte es auch zu Änderungen bei den angebauten Pflanzen kommen.« Sie wollten doch sicher schon immer einen Olivenbaum vor dem Haus? Ob der Klimawandel auch für den Anbau von Zuckerrohr zur Ethanolproduktion in Mecklenburg-Vorpommern reicht, bleibt vorerst offen. Fest steht: Es wäre wohl ein lohnendes Geschäft: »Die Nachfrage nach Treibstoffen aus Biomasse ist direkt mit dem Ölpreis verknüpft«, meint Bruinsma. »Steigt dieser wie 2008 auf 140 bis 150 Dollar je Fass an und verharrt auf diesem Level, ist die Nachfrage nach Biotreibstoffen theoretisch grenzenlos.« Nachsatz: Was das für die Nahrungsmittelpreise heißt, könne derzeit niemand vorhersagen. Schon bis 2018 könnte die produzierte Menge an Biotreibstoffen laut einem FAO-Bericht im Vergleich zu 2008 um 90 Prozent steigen und 192 Milliarden Liter erreichen.[330]

Ob und wie viel Futter zu Treibstoff verarbeitet wird, ist laut Bruinsma eine rein politische Entscheidung. Zu aktuellen Preisen[331] wäre nur die Umwandlung von Zuckerrohr in Ethanol sinnvoll: »Die Produktionskosten in Brasilien liegen bei rund 40 Dollar je Fass. In den USA und Europa hingegen sind die Kosten weitaus höher.« Ohne staatliche Subventionen würde die Produktion von Biotreibstoffen in diesen Regionen wirtschaftlich keinen Sinn machen.

Eine verstärkte Konkurrenz zwischen Biotreibstoffen und Nahrungsmitteln könnte jedoch die Weltmarktpreise langfristig wieder kräftig in die Höhe treiben. »Für jene Länder, die von Nahrungsmittel-Importen abhängig sind, wie etwa viele Länder Nordafrikas und des Nahen Ostens, aber etwa auch Mali, Niger oder Burkina Faso, könnte es dann schwieriger werden, ihren Bedarf an Nahrungsmitteln zu sichern.«

Die steigenden Preise könnten aber das Ziel, Hunger aus der Welt zu schaffen, gefährden. »Wenn wir so weitermachen wie bisher, werden 2050 immer noch rund 400 Millionen Menschen hungern.« Anteilsmäßig sei das im Vergleich zur wachsenden Bevölkerung wenig – nur 4,4 Prozent von neun Milliarden. »Aber es sind immer noch 400 Millionen Menschen – und das ist inakzeptabel.«

Theoretisch ist es zu schaffen, so Bruinsma: »Natürlich muss es möglich sein, Hunger bis 2050 aus der Welt zu schaffen.« Doch es ist nicht ein Mangel an Land oder Wasser, der Bruinsma in dieser Hinsicht Sorgen bereitet – es geht schlicht und einfach um Geld: »Eigentlich ist Hunger in den meisten Fällen keine Frage der Produktion, sondern eine Frage der Armut«, erklärt der Agrarexperte die wirkliche Herausforderung. »Hunger bedeutet hauptsächlich, kein Geld zu haben, um sich benötigte Nahrung kaufen zu können.« Neben der Stärkung der Agrarentwicklung müssten die meisten betroffenen Länder daher vor allem in die allgemeine Wirtschaftsentwicklung investieren: »Das ist am wichtigsten, um Armut und Hunger zu bekämpfen.«

Die neuen Kolonialherren

Nicht jeder hat das Glück, auf einem fruchtbaren Stück Erde zu leben. Angesichts steigender Bevölkerungszahlen und knapper werdender Ressourcen wie Wasser wird die Erzeugung von Rohstoffen für Nahrung in einigen Regionen der Erde zunehmend unmöglich werden. Manche Staaten werden daher künftig noch stärker von den internationalen Märkten abhängig sein, um die eigene Bevölkerung zu ernähren.

Einige Staaten versuchen bereits gegenzusteuern. Sie kaufen sich fruchtbares Land in anderen Regionen der Erde. Spätestens seit der Nahrungsmittelkrise 2008 haben alle von Importen abhängigen Nationen ihre sensible Lage erkannt. Ein wahrer Wettlauf um Ressourcen ist in den letzten Jahren daher zu beobachten. Das Phänomen wurde »Land Grab« getauft. Im Fokus: riesige fruchtbare Landflächen in Afrika und Lateinamerika. Abgewickelt wird das Geschäft mit den Tausenden Hektar meist von staatlichen und halbstaatlichen Organisationen – die lokale Bevölkerung ist oftmals nur Zaungast beim Ausverkauf ihres Landes.

2009 publizierte die FAO einen entsprechenden Bericht zu dem Thema:[332] »In fünf beobachteten Ländern [in Afrika] wurden zwischen 2004 und 2009 insgesamt 2,49 Millionen Hektar Land gekauft, wobei Käufe unter 1000 Hektar nicht berücksichtigt wurden«, so die FAO.[333] Insgesamt sind laut dem Washingtoner Institut für Ernährungspolitik IFPRI (International Food Policy Research Institute) weltweit bis zu 20 Millionen Hektar bereits an ausländische Investoren vergeben – die bis zu 30 Milliarden Dollar investiert haben.[334] Das Potential ist riesig: Rein rechnerisch könnten global betrachtet ganze 1,6 Milliarden Hektar Land noch nutzbar gemacht werden. Zielländer für Investitionen wären laut FAO vor allem Lateinamerika und

Afrika, wo rund 80 Prozent der weltweit noch ungenutzten Agrarflächen liegen. So zeigte eine Satellitenstudie aus den Jahren 1995/96, dass in Afrika von 807 Millionen Hektar nutzbarem Land nur 197 Millionen kultiviert wurden.[335] Doch auch in Russland, der Ukraine oder in ganz Osteuropa gebe es noch Potential.

»Für die Menschen in den Käuferländern erzeugt dieser neue Umstand Risiken wie Chancen«, schreibt die FAO und sieht auch Vorteile: Die professionelle Bewirtschaftung großer Flächen kann das Wirtschaftswachstum ankurbeln und neue Jobs schaffen. Im Gegenzug kann aber auch der Zugang zu Ressourcen wie Wasser verlorengehen, das die Menschen für die Produktion der eigenen Nahrung benötigen.[336]

Fest steht: Die bekannt gewordenen Projekte werden immer größer. »Bestätigte Landkäufe beinhalten etwa ein 452 500 Hektar Biotreibstoff-Projekt in Madagaskar, ein 150 000-Hektar-Viehzucht-Projekt in Äthiopien oder ein 100 000-Hektar-Bewässerungsprojekt in Mali«, heißt es im FAO-Bericht.[337] Im Sudan wollten arabische Länder bis 2011 Land für 7,5 Milliarden Dollar investieren.[338] Versuche des südkoreanischen Konzerns Daewoo, sich vertraglich auf Madagaskar ganze 1,3 Millionen Hektar Land gegen null Entgelt zu sichern, einzig mit der Verpflichtung, Infrastruktur zu errichten, wurden nach heftigen Widerständen in der Bevölkerung aufgegeben.[339]

Die Käufer hüllen sich gerne in Schweigen, die Ausgestaltung der Verträge bleibt meist geheim. Saudi-Arabien gilt als einer der großen Investoren, mit seinen Öl-Milliarden sicherte man sich bereits riesige Agrarflächen im Sudan, in Äthiopien und Tansania, wo im Mai 2009 über die Pacht von 500 000 Hektar verhandelt wurde. Will das Land künftig nicht vollkommen den globalen Weltagrarmärkten ausgeliefert sein, ist der Grund durchaus nachvollziehbar. 2009 publizierte die FAO Schätzungen, wonach Saudi-Arabien aktuell seine letzten nicht erneuerbaren

Wasserreserven zur eigenen Weizenproduktion aufbrauche. Bisher Selbstversorger, könnte die Weizenproduktion in Saudi-Arabien aufgrund fehlender Bewässerung bereits 2016 eingestellt werden müssen.[340] Gleichzeitig werde sich die Bevölkerung in der Region bis 2030 auf 60 Millionen Menschen verdoppeln, so der Bericht. »Die Abhängigkeit von Nahrungsimporten, aktuell bei 60 Prozent des Gesamtbedarfs, wird daher weiter zunehmen.«

Im Wettlauf um Flächen zählt allerdings nicht immer nur das strategische Interesse eines Landes: Auch Rohstoff-Fonds, große Konzerne, alte Adelshäuser und private Glücksritter wittern im diskreten Kauf von Agrarflächen ein gutes Geschäft.[341] Die spanische NGO Grain widmet sich diesem Thema und veröffentlichte 2008 eine Liste mit Finanzinvestoren, die groß auf Landkauf waren: Darauf fand sich der weltgrößte Vermögensverwalter Black Rock ebenso wie die US-Großbank Morgan Stanley, die etwa 40 000 Hektar Land in der Ukraine gekauft habe. Die russische Renaissance-Gruppe des Oligarchen Michael Prochorow hat laut Grain 300 000 Hektar in der Ukraine gekauft, auch schwedische und britische Investoren setzen auf diese Region.[342] Sogar die Finanzriesen Goldman Sachs und Deutsche Bank sollen am Höhepunkt der Finanzkrise ihr Geld in sichere Häfen gebracht haben und 2008 Hunderte Millionen in Geflügel- und Schweinefarmen in China gesteckt haben – inklusive Recht auf Land.

Auch andere deutsche Investoren sind im Rennen um fruchtbaren Boden umtriebig: Im September 2008 startete die Investmentgesellschaft Palmer Capital Partners mit Sitz in London und München gemeinsam mit der britischen Bidwells einen Fonds mit dem Ziel, 300 Millionen Euro aufzustellen und damit Agrarland in Polen, Ungarn, Tschechien und Rumänien zu erwerben.[343] Die Bad Homburger Investmentfirma Agrarius war im Februar 2009 auf der Suche nach Agrarflächen in Rumänien, die man erwerben und dann weiterverpachten könne. Die Agrarprojekt GmbH versuchte im Sommer 2009 auf ihrer Website www.agrarinvestment.de Investoren und Unternehmer zusammenzubringen, und im Winter 2008 freute sich die Aqila Capital Gruppe, einen 50 Millionen Dollar schweren Agrarfonds namens AGRARInvest innerhalb von drei Monaten erfolgreich unters wohlhabende Volk gebracht zu haben. Weitere Fonds folgten.

Am 1,6 Milliarden Euro schweren AGRARInvest-Fonds, der vor allem in Australien und Brasilien investierte, erkennt man auch, dass das Rennen um Land aktuell noch ein sehr attraktives Geschäft sein dürfte. So versprach man 2008: »Bei einer Laufzeit von ca. sechs Jahren und einer Mindestanlagesumme von 20 000 USD soll bei weitestgehender Steuerfreiheit ein Mittelrückfluss von 185 % erzielt werden.«[344] Das macht rein rechnerisch eine Rendite von 30,8 Prozent pro Jahr. Wie viel erhalten denn Sie gerade für Ihr Sparbuch?

Der Klimawandel

Ein Faktor könnte das Rennen um fruchtbares Land künftig besonders lohnend machen: eine Verschärfung des Klimawandels. Er bleibt die große Unbekannte für die Zukunft der weltweiten Ernährung. Nehmen die extremen Wetterphänomene zu, könnten sie die Preise für Agrarrohstoffe ordentlich nach oben treiben. Was die Investoren freut, dürfte auf der anderen Seite das moderne System der Nahrungserzeugung, das uns mit hochverarbeiteten Produkten zu minimalen Kosten versorgt, massiv auf den Prüfstand stellen.

In welche Richtung es geht, versuchten 2007 rund 2500 Klimaforscher aus der ganzen Welt in ihrem Bericht darzulegen. Wie es im Klimareport des UNO-Klimabeirats IPCC (Intergovernmental Panel on Climate Change) unter dem Vorsitz des Inders Rajendra Pachauri heißt, lassen Beobachtungen und Messungen keinen Zweifel daran, dass sich das Klima ändert. Im laufenden Jahrhundert könnte die Temperatur um mindestens 1,1 und im allerschlimmsten Fall um 6,4 Grad Celsius steigen. Realistisch sei ein Schwankungsbereich von 1,8 bis 4,0 Grad, wenn keine Klimaschutzschutzmaßnahmen getroffen würden. Deutlich wie nie zuvor sei an dieser Veränderung der Einfluss des Menschen und seiner Lebensweise abzulesen.[345]

Auch wenn die Temperaturschwankungen gering klingen, könnten sie laut den Forschern dramatische Auswirkungen haben. Das Schmelzen der Polkappen werde zu einem Anstieg des Meeresspiegels um 18 bis 59 cm beitragen. In den Tropen würde es noch stärker regnen. Die Zahl der Wirbelstürme und anderer extremer Wetterereignisse würde zunehmen.[346]

Die Forscher haben sich auch die Auswirkungen auf die einzelnen Kontinente angeschaut und dabei folgende Szenarien entworfen: In den Polarregionen werden die Gletscher an Dicke und Größe verlieren, Permafrostböden werden auftauen. Der steigende Meeresspiegel gefährdet in anderen Regionen Inseln wie Tuvalu (Pazifik) oder die Malediven (Indischer Ozean).

Vor allem der Wassermangel wird der Landwirtschaft in vielen Ländern der Erde kräftig zusetzen: »Es gibt eine hohe Übereinstimmung, dass viele trockene Gebiete wie das Mittelmeer-Becken, der Westen der USA, der Süden Afrikas und der Nordosten Brasiliens aufgrund des Klimawandels an einem Rückgang der Wasserressourcen leiden werden.« Von Dürre betroffene Zonen würden sich weiter ausbreiten mit zahlreichen negativen Auswirkungen auf Landwirtschaft, Wasserversorgung, Energieproduktion oder Gesundheit der Menschen.[347]

Besonders Afrika wird den Klimawandel stark zu spüren bekommen: Laut Schätzungen des Weltklimarates der UNO werden dort bis 2020 zwischen 75 und 250 Millionen Menschen an

Wassermangel leiden. Fehlender Regen könnte zudem die Ernteerträge in manchen Gebieten um 50 Prozent reduzieren. »Die landwirtschaftliche Produktion inklusive dem Zugang zu Nahrung könnte in vielen afrikanischen Ländern schwer gefährdet werden. Dies könnte die Nahrungsmittelsicherheit negativ beeinflussen und Mangelernährung verschärfen«, schreiben die Forscher.[348] Die FAO versuchte 2009 die Effekte von steigenden Temperaturen, Wassermangel und extremen Wetterphänomenen wie Überflutungen und Dürren abzuschätzen. Ergebnis: Der Klimawandel könnte die landwirtschaftliche Produktionsmenge bis 2050 in Afrika um 30 Prozent, in Asien um 21 Prozent vermindern.[349]

Die Landwirtschaft weltweit ist aber nicht nur einer der Hauptbetroffenen des Klimawandels. Sie trägt auch eine Teilschuld daran, heißt es im 2008 veröffentlichen Weltagrarbericht: »Klimawandel und Landnutzung beeinflussen sich wechselseitig: Einerseits trägt die Landwirtschaft auf mehreren Wegen bedeutend zu Klimaveränderungen bei, andererseits wirken sich die zu beobachtenden Klimaveränderungen allgemein ungünstig auf die Landwirtschaft aus.«[350] Ein Gegensteuern ist möglich: Notwendig wären eine verlangsamte Ausdehnung landwirtschaftlich genutzter Flächen in Naturräume, Wiederaufforstung, Reduzierung von Dünger, möglicherweise durch Kohlenstoff- und Pestizidsteuern oder die Verwendung von Futtermitteln, die die Verdauungseffizienz des Viehs befördern können. Durch Wassermangel, extreme Wetterereignisse oder die größere Verbreitung von Schädlingen werde der Klimawandel in vielen Teilen der Welt jedoch schon in absehbarer Zeit negative Auswirkungen haben.

Europa wird im Vergleich zu anderen Regionen glimpflich davonkommen. Allerdings wird sich auch in unseren Breiten einiges ändern: Laut IPCC-Bericht könnte der Klimawandel in Europa zu mehr Überschwemmungen führen, zu zunehmender

Bodenerosion aufgrund von Stürmen, zum Abschmelzen der Gletscher und Schneemangel, wodurch der Wintertourismus leiden wird. Zahlreiche Tierarten würden aussterben, Südeuropa müsste mit mehr Hitzewellen und Dürren rechnen.[351]

Welche Auswirkungen für die Landwirtschaft in einer Region auf der Höhe von München zu erwarten sind, hat sich Professor Josef Eitzinger vom Wiener Institut für Meteorologie angesehen: »Wir erwarten einen Rückgang von Wiesen, Getreide- und Kartoffelanbau. Im Gegenzug wird der Maisanbau stark zunehmen«, meinte er anlässlich einer Klimatagung.[352] Die Annahme war, dass die Durchschnittstemperatur bis 2050 um zwei Grad ansteigt. Bedingt sei der Wandel in der Produktion vor allem durch die zunehmende Trockenheit, die aus saftigen Wiesen im Sommer braune Flecken macht. Milchbauern, die traditionell in diesem Raum stark vertreten sind, müssten daher immer größere Wiesenflächen bearbeiten oder ihren Hof aufgeben.

Im Gegenzug würden Maisbauern überproportional stark von der klimatischen Änderung profitieren: Da es länger warm ist, könnten sie spätreife Sorten anbauen und so bis zu 30 Prozent mehr Ertrag generieren. Gleichzeitig könnten längere Dürreperioden Getreidebauern dazu zwingen, von Sommer- auf Wintersorten umzusteigen. Zudem seien verstärkt Schutzmaßnahmen gegen zunehmende Bodenerosion notwendig. Die Bauern müssten sich auch in Mitteleuropa verstärkt überlegen, wie man mit trockenen Sommern umgeht, meint Eitzinger. Und auch die Touristen sollten sich langsam umgewöhnen: Vielerorts könnte das von den Urlaubern geschätzte Bild der weidenden Kühe auf den Hängen schon in zwanzig Jahren vorbei sein.

Ernährung in Gefahr

Der Klimawandel könnte die globale Landwirtschaft in der Zukunft also auf eine große Probe stellen, wann das aber sein wird, weiß niemand. Zu dieser abstrakten Gefahr der sich häufenden Wetterextreme kommen aber noch eine Reihe von Faktoren, die die moderne Form der Nahrungsmittelerzeugung viel früher herausfordern könnten. Ein System, das immer internationaler wird und gleichzeitig immer größere Einheiten fördert, schafft auch die Gefahr, dass Probleme in der Nahrungsmittelversorgung in noch nie dagewesener Geschwindigkeit um sich greifen könnten.

»Das System ist außerordentlich verletzlich«, ist Autor Paul Roberts überzeugt. Weil die Produktion von Nahrungsmitteln heute in einem vollkommen globalen Kontext geschehe und Rohstoffe immer dort produziert werden, wo die Kosten am niedrigsten sind, könnte beispielsweise jede Störung beim Transport massive Auswirkungen haben. Gleiches gelte für Produktionsausfälle etwa aufgrund von durch Klimawandel verursachten Missernten.[353]

Nicht nur der Ausfall des weltweiten Rohstoffkarussells könnte unsere Ernährung bedrohen bzw. zumindest die Preise für Konsumenten in die Höhe schnellen lassen. Auch die Produktion von Abertausenden identischen Nahrungsmitteln birgt eine Gefahrenquelle in sich. Was passieren kann, wenn trotz aller strengen Hygienevorschriften doch einmal ein Fehler passiert, zeigte 2010 ein Produktionsfehler eines österreichischen Herstellers von Quargel, einem Sauermilchkäse mit intensivem Geruch: Aufgrund vertauschter Käsekulturen starben acht ältere Menschen in Österreich und Deutschland an Listerien.[354] Die fehlerhafte Charge wurde über die Supermärkte auf ein Hunderte Kilometer großes Gebiet verteilt. Es dauerte Wochen, bis Lebensmittelchemiker einen Zusammenhang zwischen den Todesfällen und dem gefährlichen Käse herstellen konnten.

Europaweit eindrucksvollstes Beispiel für die Ausbreitung von Gesundheitsgefahren mittels Essen war jedoch die BSE-Krise. Infiziertes Material von erkrankten Rindern, das einst vor allem zu Hamburgern und Wurst verarbeitet wurde, löste Fälle der auch für den Menschen tödlichen Creutzfeldt-Jakob-Krankheit aus. 1985 erstmals in Großbritannien festgestellt, erreichte die Seuche 1992 mit 37 000 erkrankten Tieren in ganz Europa ihren Höhepunkt.[355] Ausgelöst wurde die Krankheit offenbar durch die Verfütterung von Tiermehl an Wiederkäuer. Eingesetzt wurde es, um die Tiermast in ganz Europa noch günstiger zu machen, da Tiermehle nur ein Zehntel von Futtersoja kosten.[356] EU und Länder reagierten, verboten die Verfütterung von Tiermehl an Kühe und Schweine, die Verwendung von riskanten Schlachtabfällen, schrieben Tests vor. Allein: Die Tests sind wirkungslos, schreiben die Autoren Marita Vollborn und Vlad Georgescu. In der EU müsste Schlachtvieh, das älter als 30 Monate ist, verpflichtend auf BSE getestet werden, in Deutschland sind es 24 Monate. Ein Großteil des Rindfleischs kommt aber von Tieren, die früher geschlachtet werden. Die Autoren meinen: »Obwohl die Tests bei jüngeren Rindern gar nicht funktionieren, dringt der Handel darauf, sie durchzuführen, um den Absatz von Rindfleisch zu forcieren – der Verbraucher wird wissentlich getäuscht.«[357]

Die BSE-Krise und der darauf folgende massive Einbruch beim Rindfleischkonsum zeigen, was bei einem Ausbruch neuer Tierseuchen zu erwarten ist. Der Umstand, dass nur wenige hochgezüchtete Rassen weltweit dominieren, lässt nicht gerade Optimismus aufkeimen, dass uns eine neuerliche Tierseuchenkrise künftig erspart bleibt. Die Panik vor einer weltweiten Ausbreitung von Schweine- oder Vogelgrippe zeigte in den letzten Jahren die Verletzbarkeit des Systems der Nahrungsmittelerzeugung. Dass Mutationen des Virus auch auf den Menschen übergreifen können, sah man zuletzt 2009 am Beispiel der Schweinegrippe, die weltweit laut Zahlen der Weltgesundheitsorganisation vom Januar 2010 rund 13 000 Todesopfer forderte.[358]

Das Verschwinden der Artenvielfalt ist nicht nur in der Tierzucht festzustellen. Auch die Konzentration auf nur wenige Hauptgetreidesorten weltweit birgt eine Gefahr in sich. »Da die Welt auf eine immer kleiner werdende Zahl von Getreidevarianten angewiesen ist und diese Varianten in immer mehr Regionen angebaut werden, eskaliert das Risiko eines massiven Ausbruchs einer Pflanzenkrankheit«, schreibt Paul Roberts in seinem Buch *The End of Food*.[359] Die Ausbreitung von Pflanzenkrankheiten oder Schädlingsbefall wird durch Monokulturen und Hybridsorten begünstigt, was vor allem Bauern in Entwicklungsländern in die Abhängigkeit der großen Chemiekonzerne treibt. »In diesen Fällen haben die Bauern in Entwicklungsländern kaum andere Möglichkeiten, als Pestizide zu verwenden – und so das Chemie-Laufband loszutreten.«[360]

Nicht nur die Abhängigkeit von den großen Chemiekonzernen dürfte in Zukunft weiter steigen – auch die Saatgutzüchter und Getreidehändler werden ihre Marktmacht wohl weiter ausweiten können. Geopolitisch könnte diese Machtkonzentration durchaus brisant werden: So bleibt fraglich, was passiert, wenn zum Beispiel die drei größten Getreidehändler der Welt (allesamt mit Sitz in den USA) beschließen, aufgrund von politischem Druck keine Geschäfte mehr mit einem Staat zu machen. Die Auswirkungen auf die Ernährungssituation der Bevölkerung wären innerhalb kurzer Zeit wohl verheerend. Dass man mit Saatgut Politik machen kann, zeigte vor Jahrzehnten bereits die Rockefeller Foundation. Durch die Unterstützung von Forschungsprojekten zur Steigerung des Ertrags sollte in Ländern wie Mexiko oder Indien eine Ausbreitung des Kommunismus verhindert werden. Der Erfolg legte den Grundstein für die Grüne Revolution.

Fragen muss man sich auch, welche Auswirkungen für die Ernährungssicherheit die zunehmende Marktkonzentration bei Saatgut hat: »90 Prozent der US-Sojaernte und 80 Prozent der Mais- und Baumwollernte werden mit Saatgut hergestellt, das Montantos Technologie enthält«, schrieb das *Forbes Magazine* 2010.[361] Zwar werden schon heute in den Industrienationen die Hybridsamen auch bei konventionellem Saatgut jährlich neu gekauft. Sollte Monsanto jedoch eines Tages beschließen, die Terminator-Technologie, die Samen für eine neue Aussaat unfruchtbar macht, wieder aus der Lade zu holen, würde dies die Abhängigkeit von einem Konzern aber weiter erhöhen und könnte bei einer Preisexplosion vor allem arme Bauern in Entwicklungsländern rasch in Existenznot bringen.[362]

Die realste Bedrohung für das globale System der Nahrungsmittelerzeugung dürfte aber ein explodierender Ölpreis sein. Ohne billige Energie wäre die Entwicklung, die unser Nahrungsmittelsystem im letzten halben Jahrhundert genommen hat, nicht denkbar gewesen. »Öl ist wohl der wichtigste Input in der modernen Nahrungsmittelproduktion, es dient sowohl als Treibstoff für Traktore und Transportmittel als auch als chemische Basis für Düngemittel und Pestizide«, schreibt Autor Paul Roberts.[363] Auch internationale Organisationen teilen diese Sichtweise: »Energiepreise beeinflussen die Agrarpreise stark«, erklärte 2009 der FAO-Ökonom Merritt Cluff.[364] Denn geht der Ölpreis in die Höhe, steigen auch die Kosten für den Betrieb von Traktoren und Mähdreschern sowie Verarbeitungsmaschinen und Transport. Cluff: »Diese Verschränkung wird immer stärker.«

Neben dem steigenden Einfluss von Spekulation auf die Preise von Agrarrohstoffen wird also vor allem das Auf und Ab des Ölpreises die Kosten für unser Essen künftig stärker beeinflussen: »Wir erwarten weitaus größere Preisschwankungen als bisher«, berichtete Ken Ash, OECD-Direktor für Handel und Landwirtschaft. Neben Spekulation spiele dafür vor allem die zunehmende Industrialisierung eine entscheidende Rolle. »Wenn die Rohölpreise auf 100 Dollar oder darüber ansteigen, werden auch die Agrarpreise signifikant steigen. Besonders stark wird der Einfluss auf Getreide sein, getrieben durch die verringerte Produktion aufgrund höherer Kosten, aber auch durch die verstärkte Nachfrage nach Rohstoff für Biotreibstoffe«, heißt es im Bericht »Agriculture Outlook 2009–2018«.

Dass diese Gefahr eines Preisschocks nicht unrealistisch ist, hat die Food Crisis 2008 gezeigt. Millionen Menschen auf der Welt wurden wieder zu Armut und Hunger verdammt. Auch wenn es moderne Landwirtschaft und Nahrungsmittelindustrie in der zweiten Hälfte des 20. Jahrhunderts geschafft haben, Unterernährung in Europa aus der Welt zu schaffen, so steht das System heute, wie gezeigt, auf tönernen Füßen. Durch die globale Vernetzung reicht eine politische Unruhe in einem wichtigen Ölförderland oder der Ausbruch einer Tierseuche in Asien, um Schockwellen um den ganzen Globus zu schicken. Das moderne System unserer Ernährung, es verursacht nicht nur zahlreiche externe Kosten an Umwelt, Klima oder Menschen – es ist selbst extrem krisenanfällig.

DIE GEGENBEWEGUNGEN

Trendwende in Sicht

Globalisierter Handel und industrialisierte Landwirtschaft überall – Hauptsache, unser Essen ist billig. Ist das die Zukunft? Teilweise ja, könnte die Antwort lauten. Es lässt sich wohl relativ leicht vorhersagen, dass das Ausmaß des weltweiten Handels weiter zunehmen wird. Die großen Verhandlungsrunden der Welthandelsorganisation haben eben das zum Ziel, und schon in den nächsten Jahren könnten weitere Handelsschranken fallen. Nun rufen zwar genau diese Verhandlungen zuverlässig Demonstrationen und Proteste auf den Plan, doch sind nicht alle davon gerechtfertigt. »Die Globalisierung hat auch sehr segensreiche Wirkungen entfaltet: Der Erfolg Ostasiens basiert auf der Globalisierung, insbesondere dem Abbau von Handelsschranken und dem verbesserten Zugang zu Technologie«, meint der Nobelpreisträger und Ökonom Joseph Stiglitz.[365] So hat beispielsweise der Wandel Chinas zur Werkbank der Welt Millionen Menschen aus der Armut geführt und aus einstigen Kleinbauern Arbeiter gemacht, die oft trotz widrigster Bedingungen stolz sind, ihren Kindern eine Wahlmöglichkeit bieten zu können.

Die Proteste gegen die Globalisierung scheinen also teilweise unangebracht, doch wird zunehmender Handel leider auch von zahlreichen Ungerechtigkeiten begleitet. Wie geschildert, schmälern einseitige Handelsbeschränkungen, Subventionen zu Lasten von Kleinbauern in Entwicklungsländern, arme Länder als Versuchskaninchen für Gentechnik und Dumpingpreise für die Erzeuger von Rohstoffen allein im Bereich Landwirtschaft die Errungenschaften der Globalisierung kräftig.

Immer mehr Menschen werden sich dieser Probleme bewusst und suchen nach Alternativen zum Geiz-ist-geil-Prinzip – auch im Bereich Lebensmittel. Ist ein Produkt sehr billig, zahlt meist ein anderer die Rechnung. Wer das ist, ist vielen Menschen noch immer egal. Doch Regionalisierung gilt als Riesentrend. Wissen, wo's herkommt, soll wieder Sicherheit beim Genuss von Essen geben. Aus Verunsicherung suchen Konsumenten nach Hinweisen, dass ihr Essen echt ist – aus guten Zutaten besteht, mit Respekt vor der Natur hergestellt, mit Freude verarbeitet und die Gewinne gerecht verteilt sind. Jeder tut dies auf seine Weise: Die einen gehen ins Hauben-Lokal und ordern Rindfleisch vom Kobe-Rind, das täglich massiert und mit Mozart beschallt wird, andere kaufen beim Biobauern, wieder andere greifen im Supermarkt zu Fleisch mit Bauernhof-Nachweis oder zu Gemüse mit nationalen Gütesiegeln, manche verzichten ganz auf Fleisch.

Wer es sich leisten kann, will wieder sicher sein, was er isst: Der Bioanteil der Lebensmittel im Handel wächst seit Jahren kontinuierlich zweistellig, die Zahl der Biobauern steigt. Organisationen wie Fairtrade kümmern sich darum, dass auch Bauern in uns fernen Ländern jenen Anteil an den Produktpreisen erhalten, der ihnen eine ordentliche Herstellungsweise ermöglicht. Es sind bereits Millionen von Menschen, die dem dominierenden System der industriellen Nahrungsmittelproduktion zu günstigsten Preisen skeptisch gegenüberstehen und etwas zu ändern versuchen – und es werden immer mehr. Auf den folgenden Seiten stelle ich Ihnen einige Ideen vor. Ganz persönlich würde ich mich freuen, wenn auch Sie nach der Lektüre des Buches ein kleines Stück dazu beitragen, dass die Produktion unserer Nahrungsmittel wieder ein Stück fairer, umweltschonender, artgerechter und besser wird.

Die Biobauern

Sie waren eine der ersten Gruppen in der Gesellschaft, die sich mit der weitverbreiteten Produktionsweise unserer Nahrung auf Kosten der Umwelt nicht mehr identifizieren konnten: die Biobauern. 2005 wurden laut EU rund vier Prozent der gesamten Agrarfläche in Europa biologisch bewirtschaftet.[366] Was wenig klingt, sind in absoluten Zahlen 6,1 Millionen Hektar Land – Land, dem künstliche Dünge- und Pflanzenschutzmittel erspart blieben. Insgesamt gab es in Europa 2005 fast 160 000 Bauern, die mittels Biolandwirtschaft versuchten, einen anderen Weg zu gehen als den problematischen der konventionellen Landwirtschaft.

Doch was steckt eigentlich hinter dem Wort, das es Konsumenten ermöglicht, sich für den Aufpreis von einigen Cent ein ruhiges Gewissen kaufen zu können? Grundgedanke hinter Bio ist das Wirtschaften in Kreisläufen: Was dem Boden genommen wird, soll ihm auf natürlichem Wege auch wieder rückgeführt werden. Nur organische Düngung, zum Beispiel Kuhmist, ist erlaubt. Künstliche Düngung ist verboten. Wichtig ist in diesem Zusammenhang die Fruchtfolge, das heißt die jährliche Abwechslung verschiedener Pflanzenarten auf einem Feld. Durch den Anbau von Leguminosen wie Klee, Futtererbse oder Ackerbohne wird dem Boden auf natürliche Weise wieder Stickstoff zugeführt, der als Dünger dient.

Innerhalb der Biophilosophie existieren mehrere Strömungen, wie man darüber hinaus den Hof zu bewirtschaften hat. Diese unterscheiden sich je nach Bioverband. Hauptvertreter sind der organisch-biologische Landbau sowie die biologisch-dynamische Wirtschaftsweise, die etwa zur Komplettierung des Kreislaufes zwingend eine Rinderhaltung vorsieht. Egal, welchem Verband ein Biobauer jedoch angehört, er muss sich an die europäische Bio-Verordnung EG 834/2007 halten.[367] In Paragraph I heißt es: »Die ökologische/biologische Produktion bildet ein Gesamtsystem der landwirtschaftlichen Betriebsführung und der Lebensmittelproduktion, das beste umweltschonende Praktiken, ein hohes Maß der Artenvielfalt, den Schutz der natürlichen Ressourcen, die Anwendung hoher Tierschutzstandards und eine Produktionsweise kombiniert, die der Tatsache Rechnung tragen, dass bestimmte Verbraucher Erzeugnissen, die unter Verwendung natürlicher Substanzen und nach natürlichen Verfahren erzeugt worden sind, den Vorzug geben.«

Gentechnik ist verboten, chemische Dünge- und Pflanzenschutzmittel vertragen sich mit Bio ebenfalls nicht, auch die Tierhaltung soll artgerecht sein und Auslauf ermöglichen. Mit der Verordnung 889/2008 wurden die Soll-Bestimmungen noch konkretisiert. Konsumenten, die Bio kaufen, können seither sicher sein, dass

- den Landwirten der Einsatz von künstlichen Düngern untersagt ist,
- der Einsatz von Pflanzenschutzmitteln erheblich eingeschränkt wurde,
- Tiere artgerecht gehalten werden,
- die präventive Verabreichung von Arzneimitteln verboten ist,
- der Einsatz von Gentechnik verboten ist,
- Tomaten nicht in einer Nährstofflösung gezüchtet wurden
- und vieles mehr.

Aber wie arbeitet es sich unter solchen Bedingungen? Ist das ohne weiteres möglich? Um das herauszufinden, vereinbare ich ein Interview mit Gerhard Zoubek vom Biohof Adamah. Wir treffen uns in seinem alten Wirtschaftsgebäude aus dem Jahr 1946, in dem er sich ein gemütliches, aber geräumiges Büro eingerichtet hat.

Zoubek braucht Platz – schließlich brummt es auf seinem Biohof wie in einem Bienenstock: 40 Leute beschäftigt er ständig, und in den Sommermonaten bewirtschaften bis zu 80 Leute seine 90 Hektar Biofläche. Auf seinem Hof baut er hauptsächlich Wurzelgemüse an. Gleichzeitig beliefert er wöchentlich bis zu 5000 Kunden mit einer Abo-Kiste voller biologischer Köstlichkeiten – von Gemüse über Obst bis zu Milchprodukten; individuell zusammengestellt, frei Haus geliefert.

»Viele unserer Kunden wollen erst einmal sehen, wo kommt mein Gemüse her, wie sehen die Menschen dahinter aus, wie geht es dort zu. Mich freut das«, sieht Zoubek steigendes Interesse an seiner Arbeit. Dafür seien sie auch bereit, etwas höhere Kosten zu akzeptieren: »Ich denke, der Preisdruck ist das Grundübel der modernen Landwirtschaft. Für mein Auto muss immer das beste Motoröl her, für meinen Körper muss es oftmals das Allerbilligste sein. Aber wenn etwas sehr billig ist, muss man sich als Konsument immer die Frage stellen: Wer zahlt da jetzt drauf? Letztlich ist es oft die Natur«, ist er überzeugt.

Schon 1997 hat Zoubek das erkannt – und trotz großer Bedenken seiner Umgebung einen Biobetrieb gestartet. Heute, 2010, macht er einen Umsatz von rund sechs Millionen Euro – und erspart sich dank seiner Abo-Kisten und durch Stände auf regionalen Märkten den Preiskampf im Lebensmittel-Einzelhandel.

Gleichzeitig erhält er wie alle anderen Biobauern von der EU höhere Förderungen als konventionelle Bauern – was Zoubek bestätigt. »Die Fördermittel sind auf Homepages offengelegt. Wir erhalten rund 400 Euro pro Hektar und pro Jahr. Wir nehmen es, aber ich als Bauer finde es demütigend, diese vielen Formulare auszufüllen und diesen gläsernen Menschen darzustellen.« Allerdings hätte man auch höhere Kosten – durch strengere Auflagen.

Der Verzicht auf Kunstdünger und Spritzmittel lässt die Erträge der Biobauern weit stärker schwanken als in der konventionellen Landwirtschaft. Zudem wiegt ein weiterer Umstand schwer: der Faktor der Fruchtfolge. Weil die Böden nicht künstlich gedüngt werden, pflanzt Zoubek Stickstoffsammler wie Klee. Zoubek: »Von meinen 90 Hektar lasse ich ständig rund ein Viertel bis ein Drittel ruhen.« Das kann aber auch heißen: Dreißig Prozent weniger Gesamternte als bei konventioneller Bewirtschaftung.

Zweiter zentraler Nachteil der Biobauern gegenüber konventionell wirtschaftenden ist das Mehr an menschlicher Arbeit. Statt dem Einsatz von Pflanzenschutzmitteln werden Unkräuter mechanisch oder per Hand entfernt, erzählt mir Zoubek: »Dafür haben auch wir unsere Saisonarbeiter. Es ist eine schwere Arbeit, in der Hitze, im Freien. Aber wir zahlen den Kollektivvertragslohn von fünf Euro, sie erhalten Verpflegung und eine Wohnmöglichkeit, die ich jederzeit herzeigen kann.« Heimische Arbeitskräfte seien für diesen Job aber kaum noch zu finden.

Ein großes Anliegen ist es Zoubek auch, dass auf seinem Hof wenig verschwendet wird. Das sei eines der großen Probleme in der Nahrungserzeugung, meint er: »Bei Kartoffeln oder Wurzelgemüse können auch im Biobereich 30 Prozent nicht verkauft werden. Nicht weil es verdorben ist, sondern weil es den Supermarktkriterien wie Uniformität, Größe oder Sortierung nicht entspricht.« Daher versuche man, diese Produkte an Tafeln oder Sozialmärkte zu vermitteln. Eine Alternative wäre die eigene Weiterverarbeitung der Produkte. Das würde auch die wirtschaftliche Situation verbessern.

Der Wunsch, Biobauer zu werden, war für Zoubek vor 1997 übrigens nicht selbstverständlich. Zu oft hatte er als Landmaschinenhändler Bauern klagen gehört, zu problematisch sei das Selbstbild des Berufsstandes gewesen: »Ich habe festgestellt, dass es eine riesengroße Diskrepanz gibt zwischen dem, was die Bauern glauben zu sein, und dem, was sie wirklich sind. Viele meinen, sie sind unabhängige, starke Persönlichkeiten.« Das hätte sich aber oft als falsch herausgestellt – zu groß sei die Abhängigkeit von großen Konzernen wie Händlern, Verarbeitern, Düngemittel- und Saatgutlieferanten oder Vertriebskanälen.

Daher sei er 1997 angetreten mit drei Thesen: Erstens war er der Überzeugung, dass Landwirtschaft auch Arbeitsplätze schaffen könne. Das hat Zoubek mittlerweile eindrucksvoll bewiesen. Zweitens, dass Bauern mehr Freiheiten hätten, wenn sie sich selbst mehr um die Vermarktung kümmern würden. Und drittens, dass diese Arbeit eine für ihn gute Möglichkeit sei, nicht immer zwischen Arbeit und Freizeit unterscheiden zu müssen. Zoubek: »Es ist alles meine Lebenszeit, die mir Freude machen soll. Das bedingt aber, möglichst viel selbst zu entscheiden.«

Auch Bio kann noch besser werden

Verzicht auf Chemie, artgerechte Tierhaltung, mehr Geld für die Bauern: Ist Bio also die bessere Art und Weise, die Rohstoffe für unsere Nahrung zu erzeugen? Tatsächlich sieht es sehr danach aus. Weil aber Bio aktuell schwer im Trend liegt und sich nahezu jeder in der Nahrungsmittelkette gerne mit den Worten Bio oder Öko schmücken möchte, wollte ich wissen, ob hinter den Kulissen wirklich alles eitel Wonne ist.

Dazu traf ich einen der Vorreiter von Bio im deutschsprachigen Raum, der gleichzeitig auch einer der kritischsten Stimmen von Bio ist: Werner Lampert gründete 1994 gemeinsam mit einem großen Lebensmitteleinzelhändler die Biomarke »Ja! Natürlich«. 2009 setzte die Marke 271 Millionen Euro um. Doch weil ihm das von der EU vorgeschriebene Bio nicht weit genug ging, unternahm er 2007 einen Neustart mit der Marke »Zurück zum Ursprung«. Sie hat den Anspruch, Bio umfassender zu betrachten als bisher, indem etwa Wert auf Weidehaltung und

Regionalität gelegt wird. Dabei kooperiert Lampert ausgerechnet mit einem Discounter, »weil der nur 30 Prozent statt 80 Prozent Handelsspanne braucht, da kann man Bauern für die Qualitätsarbeit mehr zahlen«.

Bereits in den 1960ern hat Lampert angefangen, sich mit dem Thema Bio zu beschäftigen. »Damals wurde Bio zum Programm für eine landwirtschaftliche Alternative«, erzählt er. In der Zeit, die bisher verstrichen ist, hätte Bio vieles erreicht: Bio garantiere mittlerweile nahezu zu 100 Prozent die Freiheit von Pestizidrückständen. Bio engagiere sich verstärkt für den Erhalt der Artenvielfalt. »Man kann auch sagen, in der Regel werden die Tiere besser gehalten als bei der konventionellen Landwirtschaft.« Auch die Bauern selbst würden von höheren Preisen für Bio profitieren.

Allerdings hätte sich Bio in der letzten Zeit kräftig gewandelt. Ende der 1990er, Anfang 2000 gab es einen totalen Umbruch bei Bio, ist Lampert überzeugt: »In den Produktionsmethoden näherte sich Bio sehr an die konventionelle Landwirtschaft an.« Das heißt: Auch bei Bio sind Monokulturen kein Fremdwort mehr, nur die eingesetzten Mittel etwa beim Thema Pflanzenschutz unterscheiden sich. »Das aber könnte die Krise der biologischen Landwirtschaft werden«, warnt Lampert: »Weil sie sich nicht mehr wirklich differenzieren kann, beginnt sie, die Identität zu verlieren. Der Fokus auf Ertrag geht immer zu Lasten der Qualität.

Ich bitte ihn um ein paar Beispiele für Dinge, die er rasch ändern würde. Nicht wenige sind es, die ihm da einfallen. »Der Einsatz von schnelllöslichen Stickstoffen als Dünger beispielsweise wäre für Biopioniere vollkommen undenkbar gewesen.« Melasse, Knochen- oder Federmehl würden heute die Erträge vieler Biobauern steigern, die auf chemische Dünger verzichten müssen. »Für uns war das ein Gesetz: Wir düngen niemals eine Pflanze, sondern wir kümmern uns um das Bodenleben und die Humusqualität.«

Auch die Verwendung von Kupfer im Gemüseanbau gegen Pilzbefall bezeichnet Lampert als »Skandal«. »In der Methode sind Kupfer und Stickstoffdünger exakt dasselbe wie im konventionellen Anbau.« Bio müsse aber andere Qualitäten von Produkten hervorbringen. »Auch die erlaubten Hilfsstoffe in der Verarbeitung halte ich für absurd: Bioprodukte werden genauso verarbeitet wie konventionelle. Bio müsste man meiner Meinung nach mit Handwerk verbinden. Das stirbt aus.«

Auch in der Tierhaltung sieht er Handlungsbedarf: »Der Konsument glaubt, Biotiere sind auf der Wiese. Tatsächlich reicht ein Auslauf, der auch ein Beton-Vorhof sein kann.« Er plädiert für Weidehaltung, wo die Tiere auch fressen können: »Denn Weidehaltung bedeutet auch eine andere Qualität der Milch.« Und ein Herzensanliegen hat er noch: »Bio muss regional sein – ganz klar.« Wer Bio kaufe, müsse sichergehen können, dass er als Konsument einen täglichen Beitrag im Kampf gegen den Klimawandel leiste. »Derzeit ist Bio nicht nachhaltig«, kritisiert er. »Bio muss letztlich auch Inhalte finden, um sich in der Methode von der konventionellen Landwirtschaft abzugrenzen.« Nur so könne man eine Gegenbewegung zur Industrialisierung der Landwirtschaft und der Dominanz einiger weniger Konzerne darstellen. Und letztlich muss man das auch schmecken, ist Lampert überzeugt: »Ich denke, Bio wird nur eine gesicherte Zukunft haben, wenn es in der Genussqualität massive Unterschiede gibt. Es muss für den Konsumenten nachvollziehbar sein: Das ist Bio – das schmeckt man.«

Slow Food

Angenommen, die Biobauern würden sich massiv um die Züchtung alter Sorten bemühen, Geschmacksvielfalten anbieten, Milch nur aus Weidehaltung herstellen: Was nützt denn das, wenn wir Konsumenten angesichts der Aromakeulen in den Industrieprodukten verlernt haben, die Unterschiede zu schmecken? Eben das will die Vereinigung Slow Food verhindern. Es soll im Jahr 1986 gewesen sein, da erschreckte die erste McDonald's-Filiale in Rom Carlo Petrini so sehr, dass er beschloss, eine kulinarische Gegenbewegung zu starten. Slow Food war geboren. Heute hat die Vereinigung über 100 000 Mitglieder und Unterstützer in 130 Ländern.

Ursula Hudson ist stellvertretende Vorsitzende in Deutschland: »Slow Food hat zum Ziel, das Nahrungssystem durch Förderung von guten, sauberen und fairen Lebensmitteln sowie das Wissen darüber, wo unser Essen herkommt, nachhaltig zu verändern«, erzählt sie mir. Gut, das wären Lebensmittel, die a) durch den Geschmack wieder Freude bereiten, b) sauber wären ohne all die Zusatzstoffe, die die Herstellung erleichtern oder den Geschmack verändern, sowie c) die artgerechte Haltung von Tieren garantieren. Fair schließlich beziehe sich auf den Preis, den der Produzent für seine Arbeit erhalte.

Das Wort Genuss kommt bei Slow Food häufig vor: Der Rhythmus der Jahreszeiten, die alten Handwerkstraditionen, die Sortenvielfalt und feine Unterschiede in den Aromen, all das soll wieder verstärkt wahrgenommen werden, geht es nach Slow Food. Verknüpft werden soll der Genuss aber mit einem »neuen Verantwortungsbewusstsein«, etwa für die gastronomische Kultur, die biologische Vielfalt oder die traditionellen Erzeuger.

Damit sieht man sich auch als Gegenbewegung zur Industrialisierung unserer Nahrungsmittelproduktion, erklärt mir Hudson: »Diese ist längst so weit fortgeschritten, dass sie zumindest in der industrialisierten Welt nahezu den gesamten Markt einnimmt.« Nahrungsmittel würden zu Konsumgütern. Verbraucher, die häufig mit unkorrekten Werbebotschaften und einem riesigen Produktangebot überflutet werden, würden immer passiver entscheiden. Eine »Demütigung für die Erzeuger«, nennt Slow Food das. »Das globalisierte Nahrungssystem hat für viele Menschen die Verbindung zwischen Landwirtschaft und Essen auf dem Teller gekappt«, beklagt Hudson. Slow Food will diese Verbindung wieder sichtbar machen und zeigen, wie Nahrung hergestellt wird.

Eine ganze Reihe von Aktivitäten soll dazu beitragen: Mit Geschmacksbildung für Jung und Alt will man Menschen wieder aufmerksam machen auf das, was sie täglich essen. Betriebsbesuche, Verkostungen oder der Vortrag eines Herstellers bei einem guten Abendessen sollen dabei helfen. Wer sich besonders engagiert, erfährt man in den Restaurant- und Genussführern, die die nationalen oder regionalen Slow-Food-Vereine (genannt Conviven) herausgeben. Die Verbesserung des Essens in Schulkantinen und Geschmacks-Workshops stehen ebenfalls auf dem Programm. Jährlich werden Messen und Treffen veranstaltet, und mit dem Terra-Madre-Bündnis wird der internationale Wissensaustausch von handwerklichen Lebensmittelerzeugern unterstützt.

Helfen sollen all diese Initiativen nicht nur dem Verbraucher, sondern auch dem Erzeuger: »Landwirtschaftliche Betriebe sind als Teil des globalen Nahrungssystems insgesamt einem Preisdruck ausgesetzt«, meint Hudson, vor allem die kleinteilige Landwirtschaft könne gegenwärtig den Preiswettbewerb mit Produkten des Agrobusiness nicht bestehen. Sie ist überzeugt: »Quantitätssteigerungen bei rückläufigen Preisen, die an die Landwirte bezahlt werden, können nicht unendlich vorangetrieben werden.«

Dass Bauern einen fairen Preis erhalten für faire Arbeit, das wäre wohl die Wunschvorstellung. Doch können wir Konsumenten uns das leisten? »Qualitativ hochwertiges Essen muss nicht teuer sein, und das ist es im Vergleich mit Convenience-Industriewaren in der Regel auch nicht«, meint Hudson. »Jedoch setzt die Verarbeitung von guten, einfachen und in der Regel kostengünstigen Lebensmitteln Kenntnis ihrer Zubereitung und ein gewisses Quantum an Zeit voraus.« Slow Food eben.

Fleischlos – und manchmal gratis

Auch eine andere Gruppe von Konsumenten beschäftigt sich intensiv mit den Produktionsbedingungen unserer Nahrung. Sie sind sogar zu einem Verzicht bereit – sie verzichten auf Fleisch. Laut Nationaler Verzehrsstudie II sind 1,6 Prozent der Deutschen Vegetarier.[368] Macht bei 82 Millionen Einwohnern 1,3 Millionen Menschen. In einer europaweiten Umfrage von Eurostat unter 24 700 Menschen gaben zwei Prozent aller Befragten an, nie Fleisch oder Fisch zu essen.[369]

Felix geht noch einen Schritt weiter. Er ist nicht nur Vegetarier, sondern Veganer, das heißt, er meidet sämtliche Tierprodukte: »Ich konsumiere nur pflanzliche Lebensmittel«, erzählt er mir. Fleisch, Milch, Eier, Joghurt, Butter, Honig, Fisch, aber auch Leder kommen für ihn nicht in Frage. »Jede Art von Tierprodukten möchte ich nicht auf meinem Speisezettel. Aber ich sehe es nicht als Verzicht, ich mache das freiwillig«, meint er. Rund zehn Prozent der Vegetarier, schätzt er, leben so wie er.

Für einen Umstieg gäbe es viele gute Gründe, vor allem ethische. »Ich möchte Schlachtungen und Tiertransporte nicht unterstützen«, nennt er zwei davon. Wer Milch konsumiere, müsse sich bewusst sein, dass die Milchwirtschaft untrennbar mit der Fleischwirtschaft verbunden ist. Schließlich geben Kühe nur

Milch, um Kälber zu ernähren – doch die werden schon sehr jung geschlachtet. Probleme hätte ihm der Umstieg nur in den ersten Wochen bereitet: Man müsse seine Standard-Kaufentscheidungen im Supermarkt überdenken und werde von Freunden zunächst etwas schief angesehen. Aber beides könne man rasch in den Griff bekommen.

Schon seit 2001 ernährt er sich ohne Fleisch – ohne gesundheitliche Probleme. Vielmehr setzt er dem Ganzen noch eins drauf: Manchmal ernährt er sich auch gratis.

Gemeinsam mit Freunden durchstöbert er Mülltonnen von Supermärkten auf der Suche nach Essbarem. Freegan nennt sich das, in Anlehnung an Vegan und Free für Frei/Kostenlos. Auch Dumpstern oder Containern sind in der Szene gebräuchlich. Die kostenlose Beschaffung von Nahrung ist für diese Menschen ein Zeichen gegen das kapitalistische System, gegen Umweltverschmutzung, Tierleid, Ressourcenverschwendung und vieles mehr: »Das ist vor allem ein Protestzeichen gegen unsere Konsumgesellschaft«, erklärt Felix, der auch die Website www.freegan.at betreut. Einige Jahre nach dem Umstieg auf eine vegane Lebensweise wäre er über Freunde auch mit dem Dumpstern in Kontakt gekommen. »Geld war nie ausschlaggebend für diese Entscheidung.« Vielmehr hätte anfangs auch Neugierde mitgespielt, »und ich war überrascht, wie viele Lebensmittel man im Müll findet.«

Alles, was in einem Supermarkt verkauft werde, findet man da: »Kartoffeln, Tomaten, Äpfel, Backwaren und Fleisch ebenso wie Dosenbier«, erzählt er. Oftmals seien die Produkte völlig in Ordnung, würden nur weggeworfen, weil etwa das Ablaufdatum erreicht wurde, die Packung beschädigt oder Restposten aus den Regalen für Neues Platz machen müssen. Man könne das Gefundene meist sowohl roh essen als auch verkochen. Auch wenn Supermarktketten mit den ungebetenen Gästen keine Freude haben, sie aussperren und in manchen Fällen sogar anzeigen – Felix und seine Gruppe gehen trotzdem regelmäßig auf Tour, um nach

Schätzen im Müll zu tauchen. Dass das für die Gesellschaft keine Lösung ist, ist ihm bewusst, schließlich findet man nur etwas im Müll, wenn es jemand anderer weggeworfen hat. Trotzdem sind seine Entscheidungen für ihn eine Alternative zu herkömmlichen Konsummustern: »Wenn man etwa Tierprodukte im Müll findet, ist das ein Zeichen, dass sie dank schlechter Haltung so billig sind, dass man sie achtlos in den Müll werfen kann.«

Felix ist mit seiner kritischen Haltung nicht allein: In vielen Ländern der westlichen Welt existieren derartige Bewegungen, und das Internet ist ihre Bühne. Knapp 3100 Mitglieder sind auf der Website dumpsterdiving.meetup.com/ in 20 Städten weltweit in Gruppen organisiert, weitere 10 000 Menschen geben an, sie seien interessiert. Auf Facebook, einer sozialen Website, wo sich jeder jederzeit zu seinem Gemütszustand äußern kann, sind im April 2010 über 2500 Menschen in der Gruppe Dumpster Diving. In der Gruppe Vegan Society sind knapp 21 000 Menschen, 28 000 Menschen wählten mit Vegetarian eine der vielen Gruppen, wo Vegetarier schreiben. Tue Gutes und rede darüber, könnte ihr Motto lauten. Diese meist jungen Menschen brauchen keine Organisation von oben, sie bilden ein eigenes Netzwerk über das Internet, das Gleichgesinnte am anderen Ende der Welt mit einem Mausklick findet.

Sie alle wollen zeigen, dass alternative Ernährungsweisen für jeden möglich sind. Gesundheitlich sei ein Verzicht auf Fleisch und tierische Produkte kein Problem, versichert mir die Ernährungswissenschaftlerin Katharina Petter. »Früher argumentierte man oft mit mangelndem Eiweiß, aber es gibt auch genug pflanzliche Quellen. Ersatz können etwa Hülsenfrüchte, Nüsse oder Samen sein. Vitamine finden sich auch in Milch, Eiern und Gemüse. Und Eisen kommt auch in vielen Gemüsearten vor, vor allem in grünen«, erklärt sie mir bei einem Treffen. Auch sie ernährt sich seit Jahren ohne Fleisch, lässt ebenfalls sämtliche Tierprodukte außen vor. Gesundheitlich sei das möglich, allerdings müsse man auf eine ausgewogene Ernährung sowie eine ausreichende Versorgung mit dem Vitamin B12 achten, meint sie. B12 komme nämlich vor allem in tierischen Produkten wie Milch oder Eiern vor, und die Meinungen gehen auseinander, ob die Ersatzprodukte vom Körper langfristig ausreichend verarbeitet werden können. Petter ist davon überzeugt: »Hier sollte man mit B12 angereicherte Produkte kaufen.«

Doch nur Fleisch wegzulassen, dafür jede Menge Chips, Kuchen oder fette Dinkelburger in sich hineinzustopfen, ist kein Patentrezept für eine gesündere Ernährung. In der Szene gibt es für diese Vertreter eine spöttische Bezeichnung: Puddingvegetarier. Petter meint: »Auch Vegetarier müssen auf eine ausgewogene Ernährung achten. Nur Puddingvegetarier zu sein bringt nichts, das ist genauso ungesund.« Schlechte wie gute Ernährung sei sowohl mit als auch ohne Fleisch möglich. Aber, so Petter: »Sich bei hohem Fleischkonsum allerdings sehr gut zu ernähren, ist nicht möglich.«

Die Sozialtafeln

Mit Gratis-Nahrungsmitteln hat auch Martin Haiderer zu tun. Der Soziologe ist Obmann und Gründer der Wiener Tafel, die seit 1999 existiert. Mengen an unerwünschtem Essen einen neuen Sinn zu geben ist das Ziel der Sozialtafeln. In Berlin heißt sie Berliner Tafel, in Barcelona Fundació Banc dels Aliments, in der Schweiz Tischlein deck dich und in München Münchner Tafel. Ihnen allen ist gemein, dass sie Essen aus industrieller Überproduktion abholen und an Sozialeinrichtungen verteilen.

»Wir bilden eine Verbindungsbrücke zwischen den Stätten des Überflusses und jenen des Bedarfs«, erklärt mir Martin Haiderer im Interview die Philosophie hinter den Einrichtungen.

Die Verwertung von scheinbar Nutzlosem ist das Ziel. Denn die industrielle Produktion von Lebensmitteln verursacht Müll, der eigentlich keiner ist. Es ist Essen. Oftmals sind Teile der Produktion nicht verkaufbar, die Optik des Produktes ist nicht perfekt, es ist überlagert oder die Verpackung weist Fehler auf. »Wir retten täglich rund 2,5 Tonnen an Lebensmitteln vor dem Müll und versorgen damit Armutsbetroffene«, sagt Haiderer stolz. 2009 summierte sich das auf einen Produktionswert von rund 2,5 Millionen Euro. Unternehmen, die Produkte abzugeben haben, melden sich einfach, die Logistiker klären den Bedarf der 78 Sozialeinrichtungen, und die rund 130 ehrenamtlichen Mitarbeiter können sich online für eine Tour anmelden.

Zwei davon lerne ich an einem lauen Frühlingstag kennen. Stephan, pensionierter Mitarbeiter bei der UNO, und Lisa, Studentin der Soziologie, nehmen mich im großen weißen Lieferwagen mit auf ihre Tour. Wenige Kilometer außerhalb der Stadt erreichen wir einen großen Biobauernhof, der regelmäßig spendet. Wir erhalten Brokkoli, Sellerie und violett-orange Karotten. Sie sind vielleicht nicht mehr ganz knackfrisch, aber trotzdem lecker, ergibt meine Qualitätskontrolle. Aus einer riesigen Holzkiste in der Lagerhalle dürfen wir uns zusätzlich Kartoffeln nehmen. Sie sind noch voll Erde, viele sind klein, einige treiben bereits aus. Wir sortieren die größeren aus, entfernen die Triebe und füllen fünf Kisten. Stolz machen wir uns mit unserer Beute auf den Weg zur zweiten Station, einem großen Gemüseverarbeiter: Hier erhalten wir wieder Gemüse, darunter fünf Kisten Karotten – gewaschen, alle einheitlich groß, säuberlich verpackt in Ein-Kilo-Plastiksäcken. Viel zu schade zum Wegwerfen, nur weil das Ablaufdatum näher rückt, finde ich – und das finden auch die sozialen Einrichtungen wie die größte Obdachlosenunterkunft in der Innenstadt, an die wir die rund 450 Kilo Gemüse danach verteilen.

Beim Entladen einer Karottenkiste erhasche ich einen Blick in den Speiseraum der Unterkunft im Keller einer Kirche: Gut 50 bis 60 Menschen sitzen dort auf den Bänken. Die Freude über den ersten warmen Frühlingstag des Jahres ist ihnen nicht anzusehen. »Seit es die Wiener Tafel gibt, ist es uns gelungen, dass aus einer dünnen Klostersuppe für die Obdachlosen zumindest eine kräftige Minestrone wird, mit abwechslungsreicher Ernährung mehrmals am Tag«, meint Martin Haiderer. Doch dieses Häufchen an Personen, denen man tagsüber oft an Bahnhöfen und Einkaufsstraßen begegnet, sind nur der kleine sichtbare Teil der Armut in einem reichen Staat wie Österreich.

Gibt es in einem sozialen Wohlfahrtsstaat wirklich noch hungernde Menschen, will ich von Haiderer wissen: »Hunger ist ein Produkt von Armut«, meint er, und das sei das Ergebnis von ungleicher Verteilung von Chancen. »Hunger im modernen Wohlfahrtsstaat heißt beispielsweise, dass Eltern in einkommensschwachen Familien sich genau überlegen müssen, kann ich für meine Familie Fleisch auf den Tisch stellen oder brauche ich das Geld für die Reparatur der Waschmaschine. Zudem habe ich den Eindruck, dass viele Armutsbetroffene gar nicht die Möglichkeit haben, sich abwechslungsreich und gesund zu ernähren. Ernähre ich mich wochenlang nur von Kartoffeln, ist das einseitig und ungesund und kann nachhaltige Folgen für die körperliche Verfassung und die Arbeitsfähigkeit haben.«

Daher beliefert die Wiener Tafel eine ganze Reihe von sozialen Einrichtungen, die professionell versuchen zu helfen: Flüchtlingsheime, Einrichtungen der Haftentlassung, Schuldnerberatungsstellen, Mutter-Kind-Häuser oder Frauenheime. »Unser Nahrungsangebot ist nur ein Puzzlesteinchen«, erklärt Haiderer, »schließlich muss es darum gehen, dass die Menschen wieder ein selbstbestimmtes Leben führen.«

Die Tafel schafft die Möglichkeit, »aus Minus und Minus ein Plus zu machen«, ist Haiderer überzeugt. Denn schließlich profitieren auch die Unternehmen: Zum einen tun sie Gutes, das sie in ihren Geschäftsberichten im Kapitel Corporate Social Responsibility hervorheben können. Zum anderen (das wohl wichtigere Argument) sparen sie Kosten, meint Haiderer: »Die Unternehmen entlasten Lagerbestände und sparen Entsorgungskosten. Ein Beispiel: Um einen Becher Joghurt zu erzeugen, muss das Unternehmen etwa 10 bis 15 Cent investieren. Um einen vollen Becher zu entsorgen, muss das Unternehmen 70 Cent bis einen Euro zahlen.« Was unglaublich klingt, hat mit dem Umweltschutz zu tun: Zur Entsorgung ist nämlich laut Gesetz ein Vertrag mit einem professionellen Entsorger nötig: Und der muss Aluminiumdeckel, den Becher und die biogene Substanz erst trennen, bevor sie entsorgt werden können.

Diesen Unsinn zu verhindern ist das Ziel von Einrichtungen wie den Tafeln. Haiderer hat aber auch noch ein gesellschaftspolitisches Ziel: »Natürlich wollen wir auch thematisieren, wie mit Lebensmitteln umgegangen wird.« Wenn Konsumenten auch fünf Minuten vor Ladenschluss noch frisch gebackenes Brot im Supermarkt erwarten, das zehn Minuten später in den Müll wandert, mutet das angesichts von zahlreichen armutsgefährdeten Menschen unverfroren an. »In unserer Wohlstandsgesellschaft ist der natürliche Bezug zum Lebensmittel als Mittel zum Leben verloren gegangen«, sieht Haiderer eine mangelnde Wertschätzung von Essen in der heutigen Zeit. Und er appelliert an die Konsumenten: »Man sollte Lebensmittel nicht wegwerfen, während nebenan ein anderer hungern muss.«

Fairtrade

Der globale Handel hat in unseren Supermärkten eine Fülle von Produkten verfügbar gemacht, die vom anderen Ende der Welt stammen. Diesen Luxus gibt es heute oftmals zum Discountpreis. Da die Hersteller weit weg sind, dringen Berichte über ausbeuterische Strukturen und problematische Produktionsbedingungen kaum zu unserer Wohlstandsgesellschaft durch.

Die Zertifizierungsorganisation Fairtrade hat es sich weltweit zur Aufgabe gemacht, auch Menschen in fernen Ländern einen fairen Anteil am Preis für exotische Ware zu sichern und so die Produktionsbedingungen zu verbessern. Jeder Konsument kann nun beim Einkauf ein Stück dazu beitragen. »Fairtrade glaubt, dass die Produktion von Kaffee über Tee bis zu Bananen oder Blumen in vielen Fällen unter bedenklichen sozialen und ökologischen Bedingungen stattfindet«, meint Dieter Overath. Auch der Direktor der deutschen Fairtrade-Organisation Transfair hat den Eindruck, dass bei der Produktion unserer Lebensmittel etwas schiefläuft: »Viele Verbaucher denken, je weiter weg ein Produkt herkommt, desto billiger muss es sein«, klagt er mir im Interview. »Dieses Denken wollen wir aufbrechen, damit diejenigen, die unsere Lebensmittel anbauen, selber von dieser Arbeit satt werden.«

Das ist nicht so leicht – betrachtet man die Billigpreispolitik der großen Discounter: »Gerade die Deutschen sind ein Volk der Schnäppchenjäger: Zum einen sind wir zu 100 Prozent gegen Kinderarbeit und wollen diese Ausbeutung vor Ort nicht, aber wir sind auch zu 100 Prozent für Schnäppchen«, sieht Overath einen kräftigen Widerspruch zwischen Denken und Handeln.

Fairtrade will das ändern. Wer das Fairtrade-Gütesiegel auf seinem Produkt haben will, muss die umfangreichen Fairtrade-Standards erfüllen. Sie werden vom Verein FLO (Fairtrade Labelling Organizations) in Kooperation mit Entwicklungsexperten festgelegt und von 130 Inspektoren der Flo-Cert-Organisation mit Sitz in Bonn kontrolliert. Zentrale Zielstellung: Mittels gesichertem Mindestpreis und einem Fairtrade-Aufschlag für soziale Projckte soll handfeste Entwicklungsarbeit geleistet werden. Gleichzeitig sollen die Kunden so erfahren, welche

Auswirkungen ihre Entscheidungen im Supermarkt Tausende Kilometer entfernt haben. »Die Menschen haben teure Küchen und wollen billige Lebensmittel. Sie schauen gar nicht, wer sie herstellt, wie es den Leuten dabei geht, die uns Kaffee oder Bananen bereitstellen.« Die Anonymität des Welthandels gebe heutzutage kaum mehr einen Blick auf jene Personen frei, die maßgeblich für unser Essen verantwortlich seien. Overath: »Wir maßen uns nicht an, dass wir mit Fairtrade alle Probleme der Welt lösen können, aber wir sind eine Handlungsalternative, die immer mehr Konsumenten dankbar annehmen, so dass sie bei ihrem Einkauf konkret etwas tun könnten. Ansonsten hätten wir nicht seit Jahren solche Wachstumsraten.«

Tatsächlich gibt Fairtrade einigen Herstellern unserer Lebensmittel wieder ein Gesicht. »Hier, der ist wirklich lecker«, gibt mir Overath nach dem Ende unseres Interviews einen Fairtrade-Schokoladenriegel mit nach Hause und macht mich auch auf einen kleinen Code aufmerksam: »Das System ist gerade im Aufbau. Damit kann man das Produkt bis zum Hersteller zurückverfolgen.« Am nächsten Tag probierte ich das aus: www.fairtrade-code.com tippe ich in den Computer und werde zur virtuellen Reise zu den Herstellern von Fairtrade-Produkten eingeladen. Auf Fotos einer Zucker-Kooperative in Paraguay sehe ich einen von Kühen gezogenen Anhänger für das Zuckerrohr, bei Pfanner Bananensaft erfahre ich, wie eine Bananen-Kooperative in Ecuador mittels Fairtrade-Aufschlag den Betrieb eines Gesundheitszentrums ermöglicht. Eine ungewöhnliche Idee, denke ich und freue mich am Kontrast zu den verschwiegenen Herstellungspraktiken großer Lebensmittelkonzerne.

Zahlen, Daten, Fakten: Vieles beeindruckt mich bei der Organisation: 1991 gegründet, machte Fairtrade 2009 weltweit einen Umsatz von 3,4 Milliarden Euro. Davon profitierten Hersteller-Organisationen mit 1,2 Millionen Kleinbauern in 60

Ländern: Neben einem fairen Mindestpreis erhalten sie von der Organisation einen Fairtrade-Aufschlag, den sie in soziale Projekte ihrer Wahl investieren können. Ein komplexes Kontrollsystem mit lokalen Beschäftigten vor Ort schützt vor Missbrauch. Das Wichtigste aber sind die Errungenschaften für die Menschen: So hat zum Beispiel Cesar Rivas Penas aus Peru mit seiner Kaffee-Kooperative nach einem Überfall durch eine Terrororganisation ein ganzes Dorf wieder neu aufgebaut. Heute profitieren 1000 kleine Kaffeebauern von Einrichtungen wie einem landwirtschaftlichen Fortbildungszentrum, Straßen und Schulen oder einem Kleinkreditsystem, das mit Fairtrade-Mitteln finanziert wurde.

Es sind diese Erfolge für die einzelnen Hersteller, die Dieter Overath und sein Team, Tausende Kilometer entfernt, antreiben: »In Burkina Faso traf ich einen Bauern mit sieben Kindern. Dank Fairtrade konnte er ein Kind zum Studium in die Hauptstadt Ouagadugu schicken, alle anderen Kinder besuchen eine Schule. Das sind Dinge, die er sich vorher überhaupt nicht leisten konnte, weil der Schwerpunkt darauf lag, dass alle satt werden.« In Ländern wie Mexiko, Costa Rica oder Peru ortet Overath bereits spürbare Fortschritte seit den 1990ern – doch auch im Westen hat der Gründungsdirektor von 1991 Grund zur Freude: »In den letzten fünf Jahren hat sich Fairtrade weltweit alle 2,5 Jahre verdoppelt.« Das verdankt er vor allem großen Ketten, die die Wünsche ihrer Kunden erkennen: Große Namen wie Starbucks, Dunkin Donut, Cadbury, Tchibo, Teekanne, Pfanner, Tesco oder Mark's and Spencer haben mittlerweile zahlreiche Fairtrade-Produkte in ihrem Angebot.

Handlungsbedarf sieht Overath in den nächsten Jahren vor allem in den Bereichen Fische und Baumwolle: »Wenn bei einem deutschen Textildiscounter ein T-Shirt für 1,99 Euro verkauft wird, kann das definitiv nicht mit rechten Dingen für alle Beteiligten – vom Baumwollanbau über die Näherin bis zur Verkäuferin hier – zugehen. Hier müssen wir eine gewisse Sensibilität bei den Käufern schaffen.«

Overath hofft aber nicht nur bei den Konsumenten auf ein Umdenken: »Fast alle großen Firmen haben ein Verbot der Kinderarbeit in ihren Regeln. Allerdings zahlen sie weiterhin die gleichen lausigen Preise an die Produzenten«, kritisiert er. Auch die Politik sei gefragt: »Die EU und andere Industriestaaten müssen gleichzeitig ihre Strafzölle und andere Handelshemmnisse zugunsten der Entwicklungsländer stärker abbauen, um Armut zu bekämpfen.« Werde in Tansania Kaffee geröstet, so zahle es sich aufgrund von Zöllen kaum mehr aus, ihn zu exportieren. Overath: »So viel Entwicklungshilfe zahlen die Industriestaaten nicht, um diese entgangenen Exporterlöse auszugleichen.«

Dank Dieter Overath und seiner Organisation können Konsumenten wie Sie und ich heute ganz einfach mit nur wenigen Cent mehr beim Einkauf Gutes tun. Doch es mutet bizarr an, dass gerade jene Menschen, die in der Produktion des Lebensnotwendigsten, nämlich des Essens, tätig sind, nicht ordentlich davon leben können. Die Ausbeutung von einstigen Kolonien hat Tradition. Die Ausbeutung von Boden, Arbeitskraft, Umwelt oder Tieren hingegen ist eng mit dem Aufstieg der modernen Nahrungsmittelproduktion verknüpft. Wir dürfen sie nicht als selbstverständlich hinnehmen. Hunderttausende Menschen auf der Welt haben das erkannt und versuchen, etwas zu ändern. Einige Wege habe ich Ihnen auf den letzten Seiten vorgestellt, zahlreiche andere Organisationen fanden leider keinen Eingang in dieses Buch. Es gibt viele Möglichkeiten, sein Konsumverhalten zu überdenken und sein Handeln zu ändern. Fassen Sie sich ein Herz und vergrößern Sie das Heer all jener Menschen, die die Produktion unseres Essens wieder besser machen wollen: nachhaltiger, fairer, gesünder.

TIPPS FÜR EINE BESSERE ERNÄHRUNG

Zehn Ratschläge

Die industrialisierte Herstellung von Essen brachte für uns Konsumenten zwei zentrale Vorteile: Zeit und Geld. Wir glauben, beides anderswo besser einsetzen zu können. Die Nahrungsmittelindustrie folgt diesem Trend und versucht nur, unsere Bedürfnisse zu befriedigen – und so Gewinne zu schreiben. Vor allem die Senkung der Stückkosten steht heute im Fokus der Erzeuger, was eine Spirale zur immer größeren und günstigeren Erzeugung in Gang gesetzt hat. Was die Geldtasche des Konsumenten entzückt, geht aber oft zu Lasten der Umwelt oder anderer Menschen. Das muss nicht sein. Es gibt zahlreiche Lebensmittelangebote, die zeigen, dass es auch anders geht. Der Konsument muss nur zugreifen und zeigen, dass er echtes Essen wieder mehr schätzt.

Jeder von uns kann dazu beitragen, die Welt ein Stückchen zu verändern. Die Macht, die wir als Konsumenten in unserem Wirtschaftsmodell besitzen, ermöglicht es. In einer Welt, wo Quartalsgewinne die Währung der großen Konzerne sind, ist Konsumverweigerung ein mächtiger Stimmzettel. Durch die Abstimmung an der Supermarktkasse entscheiden Sie mit, ob der Status quo der industrialisierten Nahrungsmittelerzeugung beibehalten werden soll mit all seinen negativen Auswirkungen.

Eigentlich war unser Essen ursprünglich nicht für eine Massenproduktion vorgesehen. Dafür mussten erst zahlreiche chemische Zusatzstoffe erfunden, Pflanzen und Tiere auf Hochleistung gezüchtet werden. Wie ich gezeigt habe, sind die bei der Produktion entstehenden externen Kosten, die nicht in die Kalkulation der Konzerne einfließen, enorm. Autor Paul Roberts sieht darin sogar den Grund dafür, »dass die Langlebigkeit des Systems nun ernsthaft anzuzweifeln ist«.[370] Selbst dem Konsumenten, der eigentlich vom System profitieren sollte, bringt es Nachteile. Denn die industrielle Nahrungsmittelherstellung ähnelt heute der Herstellung eines DVD-Players. Massenproduktion, Billigpreise, Uniformität und starke Verarbeitung dominieren. »Aber diese Eigenschaften sind nicht notwendigerweise auch jene, die am besten sind für die Menschen, die diese Nahrung essen«, meint Roberts.

Sei es die problematische Haltung von Tieren, die Marktmacht von Chemieriesen, der Klimaschutzaspekt oder die Gefährdung der Gesundheit durch Fertignahrung: Aus all den zuvor geschilderten Problemen, auf die ich bei der Recherche zu meiner Tiefkühl-Pizza stieß, können Sie Ihre persönlichen Konsequenzen ziehen. Als Hilfestellung möchte ich Ihnen zehn Tipps geben, die Anregung für eine Änderung Ihrer Konsumgewohnheiten sein können.

Zehn Tipps für Ihre neue Ernährung

1. Ernähren Sie sich gesünder.
2. Essen Sie weniger Fleisch.
3. Kaufen Sie Bio.
4. Kaufen Sie saisonale Produkte.
5. Kaufen Sie Produkte aus Ihrer Region.
6. Achten Sie auf Gütesiegel.
7. Lernen Sie kochen.
8. Essen Sie wild durcheinander.
9. Schauen Sie, was Ihr Geld macht.
10. Gönnen Sie sich etwas – aber auch anderen.

Vielleicht sind Sie ja nach der Lektüre des Buches überzeugt, dass sich Ihr Essverhalten ändern muss. Damit wäre allerdings auch ein gewisser Mehraufwand verbunden. Wer sich besser ernähren will, muss sich wieder eingehender mit seinem Essen beschäftigen. Mit der Lektüre dieses Buches haben Sie den ersten Schritt getan.

Es würde mich freuen, wenn Sie angesichts der zahlreichen Mühen und Herausforderungen, die mit der Produktion von Essen verknüpft sind, dieses wieder etwas mehr schätzen lernen. Wenn sich diese Wertschätzung beim Konsum niederschlägt und Sie zu besserem Essen greifen – fein. Aber: Stressen Sie sich nicht! Ändern Sie Ihr Ernährungsverhalten nicht schlagartig von heute auf morgen – Sie werden es nicht lange durchhalten. Picken Sie sich erst drei bis fünf Kriterien heraus, die Ihnen besonders wichtig erscheinen. Vielleicht befolgen Sie diese ja irgendwann automatisch, so dass Sie auch den Rest schaffen. Auch ich halte mich derzeit noch nicht an alle Tipps – vieles wusste ich vor der Recherche zu diesem Buch auch gar nicht. Mit kleinen Schritten kommt man zwar langsam, aber sicher ins Ziel. Und schließlich soll Ernährung immer noch dazu dienen, dass wir uns in unserer Haut wohl und gesund fühlen.

Ernähren Sie sich gesünder

300 Millionen fettleibige Menschen, rund eine Milliarde übergewichtig: Das sind die Fakten der Weltgesundheitsorganisation, mit denen sich die Gesundheitssysteme der Staaten auseinandersetzen müssen. Die langfristigen Folgen von Übergewicht kosten die Länder Milliarden – und die Betroffenen möglicherweise früher das Leben als Normal-Gewichtigen.

Laut der 2004 veröffentlichten Inter-Heart-Studie, die unter der Leitung des kanadischen Wissenschaftlers Salim Yusuf durchgeführt wurde (30 000 Menschen in 52 Ländern nahmen daran teil), gibt es wenige leicht zu messende Risikofaktoren, die einen Herzinfarkt zu 90 Prozent voraussagen können. »Die Risikofaktoren sind: Rauchen, ein abnormaler Anteil von Blutfetten [z. B. erhöhter Cholesterinspiegel], hoher Blutdruck, Diabetes, Fettleibigkeit, Stress, fehlende tägliche Ernährung mit Obst und Gemüse sowie das Fehlen von täglicher Bewegung.«[371]

Auch wenn Übergewicht oft eine Frage der körperlichen Veranlagung, manchmal auch ein Problem sozialer Armut ist: Wer die oben genannten Risikofaktoren kennt, kann zumindest versuchen, seine Ernährungsgewohnheiten positiv zu beeinflussen. Die Deutsche Gesellschaft für Ernährung (DGE) hat zahlreiche Tipps für Konsumenten parat, die sich gesünder ernähren wollen. Einige davon hat mir DGE-Sprecherin Antje Gahl bei einem Interview in Bonn erzählt.

Aus folgenden Komponenten sollte sich zum Beispiel Ihr Essen über die Woche zusammensetzen, rät die DGE:

Getreide, Getreideerzeugnisse, Kartoffeln	30 %
Gemüse, Salate	26 %
Obst	17 %
Milch, Milchprodukte	18 %
Fleisch, Wurst, Fisch, Eier	7 %
Fette, Öle	2 %

Optisch einprägsamer hat die Ernährungsempfehlungen das US-Landwirtschaftsministerium bereits 1992 in einer Ernährungspyramide dargestellt. Je breiter der Balken, desto mehr soll man von einem Nahrungsmittel konsumieren, je schmaler, desto weniger. Die Pyramide wurde bald nach ihrer Einführung weltweit zu einer Referenz.[372] Merken Sie sich trotzdem grob folgendes Schema für Ihren Speiseplan.

Ernährungspyramide

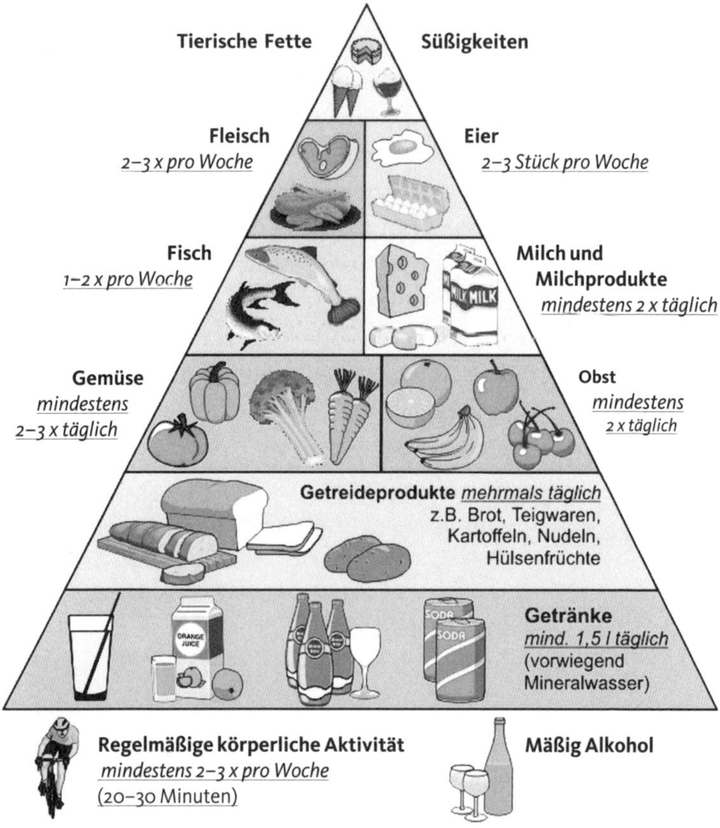

Fest steht: Eine Ernährung mit Fertiggerichten und Tiefkühl-Pizza ist von diesem Ideal weit entfernt. »Nahrungsmittel werden heute auf eine Weise bearbeitet, die speziell darauf angelegt ist, dass wir mehr von ihnen kaufen«, schreibt Michael Pollan. Die Industrie würde auf unsere angeborene Vorliebe für Süßes, Fettiges und Salziges setzen. »Diese Attribute sind in der Natur schwer zu finden, für Lebensmittelwissenschaftler aber billig und einfach einzusetzen. Die Folge: Die Bearbeitung verleitet uns dazu, von diesen ökologischen Raritäten mehr zu essen, als uns guttut.«[373] Versuchen Sie, dieser Verlockung zu widerstehen.

Mein Tipp daher: Essen Sie weniger Fertigprodukte. Sie sind stark verarbeitet, meist reich an ungesunden Zutaten und schwer zu durchblicken. So fällt es uns immer schwerer zu kontrollieren, was wir eigentlich zu uns nehmen: Wussten Sie, dass der Zuckergehalt in einem Liter Coca-Cola 29 Stück Würfelzucker entspricht?[374] Dass Fertignahrung – wie etwa Tiefkühl-Baguettes, Fertigsuppen oder fertige Saucen – oft vor Salz strotzt und wir heute die empfohlene Tages-Gesamtaufnahme von sechs Gramm Kochsalz durchschnittlich um 50 Prozent überschreiten?[375] Oder dass nicht nur Fast Food und Würste sehr fetthaltig sind, sondern auch Kartoffelchips, Sahnetorten oder der Blätterteig für Croissants, und auch eine Vier-Käse-Pizza ganz ohne Fleisch über einen hohen Anteil an gesättigten Fettsäuren verfügt?[376]

Nur das genaue Studium von gesetzlich vorgeschriebenen Inhaltsangaben auf der Verpackung lässt zumindest erahnen, was eigentlich in unserer täglichen Nahrung steckt. Eine Bevorzugung von natürlichen Produkten freut zwar die Industrie nicht, ermöglicht Ihnen aber, sich in etwa so zu ernähren, wie das die Ernährungswissenschaftler vorschlagen. Laut DGE lauten die zehn Regeln für eine gesunde Ernährung:

1. Vielseitig essen
2. Reichlich Getreideprodukte und Kartoffeln
3. Gemüse und Obst – nimm fünf Portionen am Tag
4. Täglich Milch und Milchprodukte; ein- bis zweimal in der Woche Fisch, Fleisch, Wurstwaren sowie Eier in Maßen
5. Wenig Fett und fettreiche Lebensmittel
6. Zucker und Salz in Maßen
7. Reichlich Flüssigkeit
8. Essen schmackhaft und schonend zubereiten
9. Nehmen Sie sich Zeit, genießen Sie Ihr Essen
10. Achten Sie auf Ihr Gewicht und bleiben Sie in Bewegung[377]

Vieles davon werden Sie ohnehin schon berücksichtigen, manches ist bei den meisten von uns noch verbesserungswürdig. Dass sich der Aufwand bezahlt macht, davon bin ich überzeugt. Auch wenn Sie nicht die finanziellen Auswirkungen auf den staatlichen Gesundheitssektor im Auge haben, so könnte doch folgendes Zitat aus einem Buch von Michael Pollan ein Anreiz sein: »In Ländern, in denen die Menschen ein Pfund oder mehr Obst und Gemüse pro Tag essen, ist die Krebsrate halb so hoch wie in den Vereinigten Staaten.«[378] Und ein längeres und gesünderes Leben sollte doch für uns alle erstrebenswert sein, oder?

Essen Sie weniger Fleisch

Positive Auswirkungen auf Ihre Gesundheit könnte auch mein zweiter Tipp haben: Reduzieren Sie Ihren Fleischkonsum. Die aktuelle Herstellung der Salami für Ihre Pizza, der Putenbrust für das leichte Mittagessen und des Hamburgers für die schnelle Zwischenmahlzeit bringt, wie im Buch aufgezeigt, eine Reihe von Problemen mit sich. Der Zwang zur Kostenreduktion führt oftmals zu Haltungsbedingungen von Tieren in Mastbetrieben, die von den bunten Bildern der Werbung weit entfernt sind. Der Kostendruck begünstigt Importe von billigem Eiweiß-Futtermittel aus Lateinamerika, das oftmals gentechnisch verändert ist. Und betrachtet man die Fleischproduktion inklusive aller Vorleistungen wie Futter, ist die Tierzucht der schlimmste Klimasünder der Erde.

Das Kernproblem bei Fleisch ist, dass die Erzeugung so ineffizient ist. Mit derselben Menge an Getreide könnte man Hunderte Millionen Menschen ernähren, erklärte mir der UN-Sonderberichterstatter auf das Recht auf Nahrung, Olivier De Schutter, im Gespräch: »Unsere Konsumgewohnheiten schädigen die Umwelt und gefährden die globale Versorgung mit Nahrungsmitteln. Eine Zahl: Würden wir den jährlichen Fleischkonsum pro Kopf von 37,4 kg vom Jahr 2000 auf diesem Stand einfrieren, würden damit 400 Millionen Tonnen an Getreide frei werden. Steigt unser jährlicher Fleischkonsum aber weiter an, brauchen wir 400 Millionen Tonnen Getreide mehr, um die Tiere zu füttern. Und mit 400 Millionen Tonnen Getreide könnte man 1,2 Milliarden Menschen ernähren.«[379] In Schwellenländern mit niedrigem Pro-Kopf-Verbrauch wie Brasilien, in China oder Indien sei es absolut legitim, dass der Konsum von tierischem Eiweiß aktuell steige: »Wir in den Industriestaaten sollten uns aber bewusst sein, dass wir das kompensieren sollten.«

Die Diskussion über die Senkung unseres Pro-Kopf-Konsums von Fleisch ist unpopulär. Zu viele Interessen stehen auf dem Spiel: Die Lobbys der Tierbauern, der Züchter, der Futtermittelimporteure, der Getreidebauern, der Saatgutfirmen sowie der chemischen Industrie würden mit dem Vorstoß keine große Freude haben. Ein erneutes Hochkochen des Klimaschutz-

Gedankens könnte für viele Konsumenten der Anlass zum Umdenken sein: Berechnungen zufolge verursacht jeder Fleischesser in Deutschland durch seinen Konsum von Schnitzel & Co. jährlich 470 Kilogramm an Treibhausgasen.[380] Durch den Ausstoß von klimaschädlichem Methan durch die Tiere bzw. die Freisetzung von Lachgas – das ausgebrachter Stickstoffdünger langsam in die Atmosphäre freisetzt – kommen weitere klimaschädliche Aspekte hinzu. Auch der großflächige Import von Soja-Futtermittel aus Lateinamerika schlägt in der Klimabilanz negativ zu Buche.

Wem das nicht genug Argumente sind, für den gibt es auch noch den Gesundheitsaspekt als Grund, seine Ernährung beim Thema Fleisch zu verändern: »Wir essen immer noch sehr viel rotes Fleisch. Dazu zählen Schweinefleisch, Rind oder Lamm. Besser wäre weißes Fleisch wie Pute oder Huhn«, erklärte mir DGE-Sprecherin Antje Gahl im Interview. Langfristig könne diese Ernährung die Gesundheit gefährden: »Man hat festgestellt, dass sich bei rotem Fleisch ab einem Verzehr von 70 bis 80 Gramm pro Tag schädliche Verbindungen im Körper bilden, die wiederum bestimmte Krebserkrankungen wie Bauchspeicheldrüsen-, Dickdarm-, Mastdarm-, Speiseröhren- oder Magenkrebs begünstigen können.«

Es ist daher ratsam, beim Fleisch maßzuhalten. »Man muss jetzt nicht vollkommen auf rotes Fleisch verzichten, aber man sollte den Fleischkonsum generell auf 300 bis 600 Gramm pro Woche reduzieren – und da sind schon die Wurstwaren mit eingerechnet«, meint Gahl. Was für unsere Vorfahren selbstverständlich war, ist heute für die meisten von uns wohl eine kleine Umstellung. Das hieße also, pro Tag maximal rund 100 Gramm Fleisch und Wurstwaren zu essen – mittags und abends Fleisch essen geht also nicht. Mein Tipp: Machen Sie es sich doch einfach: Planen Sie zwei bis drei fleischlose Tage ein – dann können Sie den Rest der Woche aus gesundheitlicher Sicht weiterhin unbeschwert Fleisch genießen. In Ordnung wären also drei Portionen Fleisch pro Woche (à 150 Gramm) und drei Portionen fettarmer Wurst (à 30 Gramm). Können Sie andere Menschen ebenfalls von den Vorzügen des reduzierten Fleischkonsums überzeugen, haben Sie nicht nur Ihrer Gesundheit, sondern auch dem Klima und der Welternährungsproblematik etwas Gutes getan.

Kaufen Sie Bio

Wer biologisch erzeugte Lebensmittel kauft, schlägt wie bei der Reduktion seines Fleischkonsums gleich mehrere Fliegen mit einer Klappe: Die Problemfelder Pestizid- und Düngemittel, Gentechnik oder Tierschutz werden alle von Bio erfasst. Wer Produkte mit dem EU-Biogütesiegel kauft, das ab 1. Juli 2010 verpflichtend auf allen Bioprodukten prangen muss, kann unter anderem sicher sein, dass

- Tiere mit Futter versorgt wurden, welches zumindest zu 85 Prozent biologisch produziert worden ist und mindestens zur Hälfte aus dem eigenen Betrieb stammt,
- garantiert keine Gentechnik zum Einsatz kam – auch nicht beim Futter der Tiere,
- Gemüse wie Tomaten oder Paprika in der Erde wuchsen und nicht in einer Nährstoff-Lösung,
- nur ganz wenige Pflanzenschutz- und Düngemittel zum Einsatz zugelassen waren und nur im unbedingt notwendigen Ausmaß,
- Hühner mindestens ein Drittel ihres Lebens im Freien verbracht haben,
- eine Milchkuh mindestens 6 Quadratmeter Stallfläche und 4,5 Quadratmeter Freifläche zur Verfügung hatte,

- bei der Fleischproduktion keine Antibiotika oder Hormone eingesetzt wurden,
- alle aufgeführten Punkte und vieles mehr jährlich von einer unabhängigen Kontrollstelle überprüft wurden.[381]

Längst haben viele Konsumenten diese Vorzüge schätzen gelernt. Bio ist raus aus der Weltverbesserungsecke und nicht mehr nur in Spezialgeschäften erhältlich. Weil immer mehr Menschen Bio kaufen wollen und der Markt jährlich zweistellig wächst, kann es sich keine Supermarktkette mehr leisten, auf Bio zu verzichten. Auch immer mehr Hersteller geben sich Mühe, diesem Wunsch der Konsumenten Rechnung zu tragen. Sagen Sie also nicht, Sie hätten keine Gelegenheit. Achten Sie aber auch bei Bio auf das Kleingedruckte: Wenn möglich, kaufen Sie Bioprodukte aus der Region, damit lange Transportwege vermieden werden.

Lassen Sie sich auch bei Bio nicht für dumm verkaufen: Fallen Sie nicht auf die Biomasche herein, die besonders Hersteller von Süßwaren gerne an ihre Produkte heften. Ernährungstechnisch ist jeder konventionell hergestellte Apfel immer noch weitaus gesünder als Bioschokolade. Und auch bei Bioprodukten kann die Qualität schwanken, aufgrund der Natürlichkeit der Produkte vielleicht sogar ein bisschen mehr als bei konventionell hergestellten Produkten. 2010 überraschte die Stiftung Warentest mit der Meldung, man hätte 85 Tests mit Bioprodukten seit 2002 ausgewertet. Ergebnis: »Biolebensmittel sind nach dem Qualitätsurteilen unserer Tests im Durchschnitt nicht besser als herkömmliche Produkte.«[382]

Gleichzeitig kamen die Tester zu dem Schluss, ihre Tests würden keine Hinweise darauf liefern, dass Bioware gesünder oder schmackhafter als konventionelle sei. Im Gegenzug existieren jedoch zahlreiche andere Gutachten, die das Gegenteil belegen wollen. Eine der umfassendsten Studien veröffentlichten Alberta Velimirov und Werner Müller 2003, nachdem sie 175 internationale Untersuchungen zum Thema ausgewertet hatten.[383] Einige Ergebnisse: Biotomaten, Weißkraut und Äpfel wiesen jeweils einen deutlich höheren Vitamin-C-Gehalt auf; Biozwiebeln und Kartoffeln überzeugten mit deutlich höheren Mengen an Mineralstoffen und Spurenelementen; in zahlreichen Obst- und Gemüsesorten wurden deutlich höhere Anteile von sekundären Pflanzenstoffen nachgewiesen, denen gesundheitsfördernde Wirkungen wie Krebsvorbeugung zugeschrieben wird. Der Verzicht auf Kunstdünger führte zu weniger Wasseranteilen im Gemüse, auch das in der Pflanze gespeicherte Nitrat war geringer.

Als zentralen Unterschied stellten die Forscher fest, dass Bioware signifikant geringere Pestizid-Rückstände gegenüber konventioneller Ware aufwies. Bei Tierprodukten stellte man zudem eine günstigere Fettsäurezusammensetzung fest; gleichzeitig würden in allen Biowaren weitaus weniger Lebensmittelzusatzstoffe und keine Konservierungsmittel oder Farbstoffe eingesetzt; auch sei die Bestrahlung von Biolebensmitteln verboten.

Egal, welcher Studie Sie nun folgen, die nachhaltigere Erzeugung von Biolebensmitteln ist evident. Wenn Ihnen die umweltschonende Produktion Ihres Essens wichtig ist und Sie das beruhigende Gefühl schätzen, dass Ihr Produkt von Menschen hergestellt wurde, die zu 100 Prozent hinter ihren Produkten stehen, dann sollten Sie gleich morgen mit dem Kauf von Biolebensmitteln beginnen.

Kaufen Sie saisonal

Wer sich gesund ernähren will, kommt um das Thema Obst und Gemüse nicht herum. Antje Gahl, Sprecherin der Deutschen Gesellschaft für Ernährung erklärte mir: »Wir empfehlen, täglich fünf Portionen Obst und Gemüse zu essen.« Als Portion gelte jeweils eine Handvoll. Gahl: »Insgesamt sollten wir auf 600 bis 650 Gramm Obst und Gemüse kommen, rund 400 Gramm Gemüse, der Rest Obst. Diese Werte werden lange nicht erreicht.« Daher empfiehlt sie: Sparen Sie beim Fleisch, langen Sie bei Beilagen kräftig zu.

Eines sei vorweg gesagt: Gesund heißt nicht geschmacklos und fad, auch wenn das in vielen Gehirnen wohl noch immer verknüpft ist. Ja, es gibt Gemüse, das schmeckt, als kaue man an einem Blatt Papier – ich denke nur an zerkochte Auberginen, und auch für Spinat werde ich mich weiterhin nicht begeistern. Aber: Erstens ist daran oftmals der Koch schuld. Und zweitens: Probieren Sie einfach mal was anderes aus. Die Natur hat eine riesige Vielfalt geschaffen. Wagen Sie zu experimentieren – und essen Sie mehr davon, denn es ist gesund.

Kaufen Sie Produkte, die vor den Toren Ihrer Stadt wachsen. Das hat eine Reihe von Vorteilen. Beginnen wir beim Geschmack: Denken Sie zuerst an diese blass-orangen großen Tomaten im Winter, die meist in einer Nährstofflösung gezüchtet wurden, und danach an etwas zu klein geratenen Sommertomaten vom Strauch. Was für ein Unterschied: Während Erstere kaum nach etwas schmecken, explodieren die Aromen bei den Strauchtomaten direkt im Mund! Sie sind zum einen in echter Erde statt in einer Nährstofflösung gewachsen, zum anderen hingen sie viel länger am Strauch, konnten so Sonne pur tanken. Während Tomaten aus dem anderen Ende Europas grünlich und fest geerntet werden, damit sie Transport und Lagerung unbeschadet überstehen, haben die lokalen Tomaten noch Zeit für ein ausgiebiges Sonnenbad, das den Reifeprozess fördert.

Wem guter Geschmack und viele Vitamine wichtig sind, der sollte daher vor allem zu saisonalem Obst und Gemüse greifen. Das war für unsere Vorfahren selbstverständlich. Wir haben dieses Wissen leider durch die zeitunabhängige Basisausstattung unserer Supermärkte vergessen. Lernen Sie wieder, welches

Obst und Gemüse gerade Saison hat, um so Ihren Speisezettel zu bereichern.

Nicht nur aus geschmacklichen Gründen empfiehlt sich der Griff zu Saisonware, sondern auch aus Klimaschutzgründen. Der Import von exotischen Früchten aus fernen Ländern verursacht nämlich jede Menge CO_2. »Der Transport von Nahrungsmitteln produzierte 2002 rund 19 Millionen Tonnen CO_2«, schätzte 2005 das britische Landwirtschafts- und Umweltministerium Defra (Department for Environment, Food and Rural Affairs).[384] Allerdings: Mit der Vermeidung von importierten Früchten ist es nicht getan, wie aus der Defra-Studie hervorgeht: Denn Tomaten, die in Großbritannien außerhalb der Saison gezüchtet werden, haben eine weit schlimmere Klimabilanz als importierte aus Spanien, weil die Glashäuser in den kalten Monaten beheizt würden. So heißt es: »Die Energiebilanz zeigt, dass die für die Züchtung von Tomaten in Großbritannien eingesetzte Energie jene für den Straßentransport von spanischen Tomaten signifikant überwiegt und mehr als dreimal so viel CO_2 verursacht.«[385]

Mein Tipp daher: Essen Sie das, was gerade vor den Toren Ihrer Stadt wächst bzw. dort eingelagert wurde. Eine tolle Möglichkeit, seine Essgewohnheiten saisonaler zu gestalten, ist der Bezug einer Obst- und Gemüsekiste, wie sie schon manche Biobauern zur wöchentlichen Lieferung nach Hause anbieten. In der Kiste landen nur saisonale Produkte – und oftmals gibt es Kochrezepte für die Köstlichkeiten gratis dazu.

Wer sich nicht überraschen lassen will, besorgt sich am besten einen kleinen Marktführer aus der Region. Hier nur eine grobe Übersicht, was gerade Saison hat. Beginnen wir mit Gemüse:[386]

- Im Winter: Kohl, Kohlsprossen, Kraut und Porree wachsen bis in den Dezember; Kartoffeln, Pastinaken, Rote Rüben, Knoblauch, Zwiebeln, Frisee- und Feldsalat können für die Wintermonate eingelagert werden.

- Im Frühling: Die ersten Gemüsesorten sind Spargel- und Lauchgemüse (ab April). Auch Spinat und Radieschen sind Frühstarter.
- Im Sommer: Ab Juni ist Hochsaison für Tomaten, Paprika, Brokkoli, Zucchini, Blattsalate, Gurken, Erbsen oder Sellerie.
- Im Herbst: Viel Sommergemüse wächst auch bis in den Herbst, werden die Abende wieder kühler und etwas feuchter (ab September), sorgen Radicchio-Salat, Chinakohl, Kraut und Kürbis für erntefrisches Gemüse.

Beim heimischen Obst können Sie ab Mai zulangen. Obwohl oft schon seit März im Supermarkt, sind heimische Erdbeeren meist erst ab Mai im Garten anzutreffen. Wenige Wochen später folgen die Kirschen, ab Juni gibt es Himbeeren. Ab Juli gibt es Pfirsiche, Heidelbeeren und Marillen/Aprikosen, im August werden die ersten Äpfel und Birnen reif sowie Zwetschgen/Pflaumen und Brombeeren. Viele Apfelsorten können auch bis Oktober am Baum reifen, ebenso wie Quitten, und vor dem ersten Schnee wollen noch Nuss- und Kastanienbäume ihre Früchte loswerden. Und in den Wintermonaten gibt es bekanntlich Zitrusfrüchte wie Orangen oder Clementinen, die dann in südlichen Ländern Saison haben. Übrigens: Haben Sie ein Stück Garten, nutzen Sie ihn. Zum einen kommen Sie raus an die frische Luft und bewegen sich, zum anderen erhalten Sie in keinem Supermarkt so frisches Obst und Gemüse wie vor Ihrer Haustür.

Kaufen Sie regional

Eng verknüpft mit dem Thema Saisonal einkaufen ist auch das Thema Regional einkaufen, vor allem, wenn Sie an den Klimaaspekt denken. Auch wenn exotische Früchte wie Mangos oder Ananas gerade Saison haben, ist es doch klimafreundlicher, zum lokal produzierten Apfel zu greifen. Immer mehr Supermärkte weisen bewusst aus, woher Obst und Gemüse kommen. Geben Sie hier lokalen Produkten den Vorrang!

Vor allem die Bauernvertreter versuchten in den letzten Jahren mit Studien zu belegen, dass regional erzeugte Produkte besser sind als jene von weither. Angesichts der zunehmenden Globalisierung der Warenströme sehen viele von ihnen Regionalität als einen der wenigen Auswege aus der Preisfalle. Doch auch das Prinzip Regionalität kann nur funktionieren, wenn die Qualität stimmt, und nicht alles Fremde ist per se schlecht. Auch am anderen Ende der Welt gibt es Menschen, die sich ebenso viel Mühe geben, gute Produkte zu erzeugen, wie bei Ihnen ums Eck. Sonst hätten Sie keinen guten Kaffee am Morgen.

Aber kaufen Sie regional nicht, weil man Ihnen erzählt, es wäre gesünder. Kaufen Sie aus Überzeugung, weil Sie die Produktionsweise der lokalen Bauern schätzen. Ein Beispiel: Österreich war das erste Land in der EU, das die grausame Käfighaltung von Hühnern verboten hat. Auch wenn lokale Eier nun teurer sind als ausländische, die bessere Produktionsweise ist auch mir einige »Eier«, sprich Münzen, mehr wert. Denken Sie doch kurz mal an den Tierschutz, bevor Sie das nächste Mal zu den billigsten Importeiern im Kühlregal greifen.

Auch bei anderen Produktionsbereichen sind die lokalen Vorschriften oft strenger als in typischen Importländern: So verlangt die EU als Gegenmaßnahme für Subventionen Umweltschutzanstrengungen von Europas Bauern. Gleichzeitig verbietet sie ihnen den Einsatz bestimmter Pestizide, die in anderen Ländern zugelassen sind. Dafür gab es 2010 sogar Lob von der NGO Greenpeace: »Im November 2009 wurde von der EU eine neue Verordnung zur Zulassung von Pestizidwirkstoffen erlassen. Damit werden von der EU Pestizidwirkstoffe nunmehr anhand bestimmter, inhärenter Eigenschaften bewertet und künftig nicht mehr zugelassen, wenn sie bestimmte, gefährliche Gefahren-Merkmale aufweisen«, sahen die Umweltschützer erfreuliche Fortschritte.[387]

Auch wenn Arbeitskräfte in der Landwirtschaft weiter schlecht bezahlt sind, ist die Lage in Nordeuropa zudem weniger brisant als im Süden: Für die Erntehelfer aus Osteuropa ist die Arbeits- und Wohnsituation sowie die Bezahlung in den meisten Fällen besser als in Südländern. Dass Erntehelfer in Deutschland slumähnliche Zustände erwarten, scheint kaum vorstellbar.

Schließlich spricht auch der Aspekt der Lebensmittelsicherheit für den Griff zu lokalen Produkten: Strenge nationale Lebensmittelgesetze und Hygienevorschriften, aber auch amtliche sowie von Verbraucherschützern veranlasste Kontrollen sorgen für ein hohes Maß an Sicherheit beim Verzehr unserer Lebensmittel. Sie können heute davon ausgehen, dass der allergrößte Teil der Lebensmittelindustrie hierzulande sauber und ordentlich arbeitet und gesundheitlich unbedenkliche Lebensmittel produziert. Auch die Verwendung von Nahrungsmittel-Zusätzen wird von der EU streng reglementiert.

Die Verbraucher können also von einer Reihe von Vorteilen profitieren. Wer lokal kauft, unterstützt schließlich auch die Bauern in der Region. Das gilt beispielsweise im Bereich Milch, wo kleine Molkereien, die von wenigen Hundert Bauern beliefert werden, mit der Marktmacht der Riesenkonzerne kämpfen. Bedenken Sie beim nächsten Griff ins Milchregal: Die Ertragssituation für viele Milchbauern ist nicht gerade rosig. Immer wieder sinken die Preise aufgrund von Bewegungen an internationalen Märkten und dem Preisdruck im Handel so tief, dass die Bauern davon kaum leben können. Bevor Sie beim nächsten Einkauf wieder zur Discountbutter greifen: Für nur 30, 40 Cent mehr erhalten Sie fast ganzjährig Sommerbutter von Kühen, die mit Gras und Heu anstatt mit Silofutter gefüttert wurden. Das schmeckt man.

Und letzten Endes ist ein Einkauf auf dem lokalen Bauernmarkt immer noch die beste Alternative zur Marktmacht von internationalen Nahrungsmittelkonzernen und Handelsketten. Dort können Sie oft mit jenen Menschen sprechen, die Ihre Nahrung herstellen. Sie werden Ihnen erklären, warum ihre Produkte anders sind als die breite Masse, worauf Sie bei Einkauf und Zubereitung achten müssen, und vielleicht auch die zahlreichen Gründe nennen, warum erstklassige Nahrung ihren etwas höheren Preis wert ist.

Achten Sie auf Gütesiegel

Ich bin überzeugt, dass auch Sie möchten, dass Ihr vor kurzem gekauftes Hühnerfilet von glücklichen Hühnern stammt. Dummerweise steht im Supermarkt kein Bauer mehr, der Ihnen das glaubhaft versichern könnte. Ein Produkt wie Fleisch hat in unseren Köpfen mittlerweile aber so wenig mit dem Ausgangsprodukt Tier zu tun, dass wir die Produktionsbedingungen kaum berücksichtigen.

Selbst wer beispielsweise auf artgerechte Haltung, Gentechnik-freie Fütterung etc. Wert legt, hat es heute schwer: Die Annahme, dass ein hoher Preis automatisch auch eine bessere Herstellung garantiert, trifft nicht immer zu. Oftmals sind die Produkte von regionalen Gewerbebetrieben trotz Handarbeit günstiger als jene der Nahrungsmittelindustrie, die millionenschwere Werbekampagnen einkalkuliert.

Sie müssen sich daher etwas genauer mit den Produkten auseinandersetzen, um etwas über den Herstellungsprozess Ihrer Nahrung herauszufinden. Am Bauernmarkt reicht oft ein Gespräch mit dem Verkäufer. Im Supermarkt sind Sie bei der Informationssuche auf die Verpackung angewiesen. Auch für die industrielle Nahrungsmittelerzeugung gilt: Wer Gutes tut, redet gern darüber.

Es ist keineswegs so, dass jeder Hersteller Sie nur mit billigen Zutaten vollstopfen will. Dem Wunsch der Konsumenten nach gesunder, schmackhafter Nahrung und einer nachhaltigen Produktionsweise wird in einzelnen Aspekten immer öfter Rechnung getragen. Erstellen Sie sich eine Prioritätenliste, was Ihnen besonders wichtig ist bei der Herstellung Ihres Essens: Regionale Herkunft, Tierschutz, Gentechnik-Freiheit, Verzicht auf Pestizide, CO_2-Rucksack, fairer Handel mit Entwicklungsländern und so manches mehr wird schon heute auf zahlreichen Produkten ausgelobt – in der Hoffnung, den Konsumenten für sich gewinnen zu können.

Gütesiegel kombinieren oftmals mehrere Faktoren zu einem optischen Zeichen, das leicht erlernbar ist. Informieren Sie sich, ob das Zeichen nur ein buntes Marketing-Bildchen ist oder wirklich für Dinge steht, die Ihnen wichtig sind. Nahezu jedes Zeichen hat heute eine eigene Internetseite. Information ist deshalb wichtig, weil mittlerweile fast jeder Hersteller bzw. Supermarkt seine Produkte mit Gütesiegel-artigen Zeichen verziert – auch wenn er nur verspricht, es sei eine Rezeptur nach alt überliefertem Rezept. Das hat zur Folge, dass sich Konsumenten einem wahren Dschungel an Siegeln und Siegel-ähnlichen Marketing-Klecksen gegenübersehen. Wer in der Eile einkauft, wird da schnell einmal getäuscht.

Seien Sie auch etwas skeptisch, wenn die Verpackung keine Gütesiegel vorweist. Es ist besser, man hat die Wahl und entscheidet sich angesichts gerade knapper Kasse bewusst für das Billigprodukt, als ohne Alternative zu sein. Als Beispiel möchte ich hier Gentechnik anführen. Während in Europa die Verwendung von gentechnisch veränderten Rohstoffen eine Kennzeichnung auf der Ware erfordert, ist die Situation in den USA für Konsumenten nicht so leicht zu erkennen. Denn dort ist die verpflichtende Kennzeichnung von Produkten aus GVO-Rohstoffen mit Stand 2010 nicht vorgesehen. »Ich bin sicher, dass Monsanto über Nacht 25 Prozent seines Marktes verlieren würde, wenn die Food and Drug Administration eine Kennzeichnungspflicht für GVOs verabschieden würde«, schreibt die Journalistin Marie-Monique Robin.[388] So seien Monsantos Genkartoffeln wieder vom Markt verschwunden, nachdem sich große Abnehmer wie McDonald's, Burger King, McCain und Pringles geweigert hätten, sie zu verarbeiten.

In Europa haben Konsumenten das Wahlrecht. Weil der Widerstand der Konsumenten gegen Gentechnik so groß ist, haben die meisten Supermarktketten die interne Regelung, Gentechnik-Produkte aus ihren Regalen fernzuhalten. Wie Sie aber erfahren haben, schafft sie es über den Umweg Fleisch wieder hinein. Sind Sie hier kritisch eingestellt, sollten Sie auf ein »Ohne Gentechnik«- Gütesiegel achten: Es garantiert, dass die Tiere zumindest über einen bestimmten Zeitraum vor ihrer Schlachtung kein gentechnisch verändertes Futter gefressen haben.

Abschließend noch einige Erwägungen zum Gesundheitsaspekt: Wenn Sie wissen wollen, ob das Produkt, das Sie zu kaufen beabsichtigen, auch gesund ist, müssen Sie in fast allen Fällen das Kleingedruckte auf der Rückseite lesen. Dort finden Sie die Inhaltsstoffe – die müssen Sie finden, das ist eine verpflichtende Kennzeichnung. Die Zutaten müssen nach Gewicht absteigend angegeben werden. Zucker findet sich bei diesem als so gesund beworbenen Molkedrink schon an zweiter oder dritter Stelle? Hier sollten die Alarmglocken klingeln – das Produkt ist eigentlich ziemlich ungesund. Eine Vielzahl an E-Nummern lässt auf viel Chemie im Produkt schließen: Das ist häufig bei Light-Produkten der Fall. Wird Zucker aus den Rezepten rausgenommen, um den Kaloriengehalt zu reduzieren, muss der Geschmack mit Chemie wieder hinzugefügt werden. Dasselbe gilt für Fett: Am Etikett lesen Sie freilich groß »Jetzt mit 0 Prozent Fett«.[389] Durch das Studium des Kleingedruckten entdecken Sie auch die kleinen und großen Schwindeleien der Hersteller: Versuchen Sie es doch auch – lesen Sie die Rückseite. Es macht diebische Freude, einen Hersteller beim Schummeln zu entdecken und mit dem Wissen ein wenig zu prahlen.

Zusätzlich zur Zutatenliste drucken viele Hersteller bereits einen Überblick über die Zusammensetzung der wichtigsten Nährstoffe im Produkt auf ihre Verpackung. Wenig positiv auf Ihre Traumfigur auswirken werden sich hohe Anteile an gesättigten Fetten und Zucker (oft ein Schwergewicht in der Kategorie Kohlenhydrate). Dank einer EU-Kennzeichnungsverordnung im Jahr 2010 sollte diese Nährstofftabelle in den kommenden Jahren auf immer mehr Produkten sein, ebenso wie die sogenannte GDA-Kennzeichnung (Guideline Daily Amount/Richtwert für die Tageszufuhr von Energie), die den Nährstoffgehalt des Produkts in Relation setzt zum Tagesbedarf. Das sind nur grobe Richtwerte. Ihr Tagesbedarf ist natürlich abhängig von Ihrer körperlichen Tätigkeit. Berechnet wird meist auf den Kalorienbedarf von erwachsenen Frauen. Aber Vorsicht: Achten Sie auf die Portionsgröße, für die diese Prozentangaben gelten. So wird bei Tiefkühl-Pizza oft nur die halbe Portion als Basis genommen, bei Schokolade oft nur zwei Rippen! Zu dumm, wenn Sie dann schon die gesamte Tafel weggefuttert haben.

Lernen Sie kochen

Nun haben Sie viel über die Zutaten einer gesunden Lebensweise gelesen. Eine der größten Künste unserer Gesellschaft ist es aber, aus den einzelnen Zutaten leckere Speisen zuzubereiten. Wollen Sie sich gesünder ernähren, rate ich Ihnen: Beginnen Sie zu kochen!

Abgelaufene Fertigprodukte, Obst mit Flecken oder ungeöffnete Sandwichs vom Vortag – sie alle landen heute im Müll, weil wir an täglich frische Zutaten gewöhnt sind. Schätzungen für Deutschland gehen von 95 Kilogramm Lebensmittel pro Kopf aus, die jährlich in den Müll wandern. Rund die Hälfte davon wäre noch essbar.[390] Wer sich etwas mit Kochen beschäftigt, kann diese Menge entscheidend verringern. Dann wird aus nicht ganz so frischem Gemüse immer noch eine leckere Suppe, aus Fleischresten eine Zutat für Ihren Salat oder aus Obst mit Flecken ein leckerer Kuchen.

Noch einen entscheidenden Vorteil hat das Selberkochen: Wer selbst am Herd steht, kann bestimmen, was in seinem Essen landet. Zeitmangel und Bequemlichkeit haben die Nachfrage nach schneller Nahrung, Convenience genannt, beständig steigen lassen. Tiefkühl-Pizzen, fertige Salate, frische Brötchen oder Süßigkeiten – alles, was ohne viel Aufwand verzehrt werden kann, liegt im Trend. Laut den Marktforschern von Datamonitor wurden 2008 mit Fertiggerichten weltweit stolze 63,8 Milliarden Dollar umgesetzt. Nicht eingerechnet sind Tiefkühlkost (109,6 Milliarden Dollar) oder Kekse (35,2 Milliarden Dollar).[391] Alle wiesen über die Jahre ein konstantes einstelliges Wachstum auf. Auch der globale Fast-Food-Markt wuchs 2008 um 6,6 Prozent auf 154,7 Milliarden Dollar an.[392]

In Deutschland steigt die Nachfrage nach einfacherer Nahrung ebenfalls. Das belegen Zahlen für die Tiefkühlbranche: »2009 lag der Gesamtumsatz bei 11,28 Milliarden Euro mit einer Absatzmenge von insgesamt über 3,2 Millionen Tonnen Tiefkühlkost. Im 20-Jahres-Vergleich stiegen der Umsatz um ca. 350 Prozent, der Absatz um ca. 240 Prozent«, schreibt das Deutsche Tiefkühlinstitut.[393] Der Verbrauch pro Kopf lag 2009 bei stolzen 39,3 Kilogramm. Brot, Pommes frites und Mischgemüse waren die beliebtesten Tiefkühlprodukte, mit 260 000 Tonnen rangiert Tiefkühl-Pizza aber im Vergleich einzelner Produkte bereits auf Rang vier.[394]

Mehr Single-Haushalte und weniger Kochkünste legen die Basis für diesen Erfolg. Kochen ist für viele Menschen zudem zur Zeitverschwendung geworden, zur lästigen Angelegenheit nach der Arbeit. Das Wissen über einfachste Zubereitungsarten ging oftmals verloren. Das muss nicht sein. Kochen kann Spaß machen, wenn man offen für Neues ist, gerne Dinge ausprobiert und Freude an leckeren Zutaten hat. Aktuell versuchen eine ganze Reihe von Menschen, Ihnen wieder Lust aufs Kochen zu machen: Im Privatfernsehen werden Sie aktuell täglich bekocht, und auch die Kochbuch-Abteilung in den großen Buchhandlungen ist geschätzte 15 Meter lang. Lassen Sie sich inspirieren und holen Sie sich Ideen.

Wer selber kocht, weiß, was er gerade isst. Der US-Autor Michael Pollan hat dazu einen witzigen Rat: »Essen Sie nichts, was Ihre Urgroßmutter nicht als Lebensmittel erkannt hätte.«[395] Wer diesen Rat befolgt, lässt Fertigprodukte und Snacks links liegen und greift statt zu Fett, Zucker und Aromastoffen zu frischen, gesunden Zutaten.

Indem Sie selbst kochen, können Sie entscheiden, was in Ihr Essen kommt – und welche Zutaten aufgrund von gesundheitlichen Bedenken oder aufgrund ihres Herstellungsprozesses in den Regalen liegen bleiben. Indem Sie die Zutaten für Ihre Rezepte selbst bestimmen, können Sie auf die Einhaltung von Tierschutzbestimmungen, Verzicht auf Pestizide, lokale Herkunft und vieles mehr achten und so eine nachhaltige Produktionsweise Ihrer Nahrung unterstützen.

Gleichzeitig hat das Selberkochen auch gesundheitliche Vorteile: »Je mehr ich selber koche und zubereite, desto eher sehe ich, was ich in den Kochtopf tue, und desto eher kann ich beeinflussen, was ich esse. Sprich: Je häufiger Fertigprodukte ich esse, desto seltener weiß ich, was ich zu mir nehme. Ich sehe zwar die Inhaltsliste, aber da steht meist nicht genau, welche Fette enthalten sind«, erklärt mir Antje Gahl, Sprecherin der Deutschen

Gesellschaft für Ernährung, die Vorzüge eines Hobbykoch-Daseins.

Daher mein Tipp für eine gesündere Ernährung: Essen Sie weniger Fertiggerichte und Fast Food. Rund ein- bis zweimal pro Woche findet Gahl noch okay. Bedenken sollte man aber, dass die Produkte stark verarbeitet und unmittelbar nach der Produktion tiefgekühlt werden. Weil sie aber auch nach dem Auftauen schmecken müssen, werden oftmals größere Mengen stabiler Geschmacksträger eingesetzt: Daher weisen sie einen hohen Anteil an Fett, künstlichen Aromen, Geschmacksverstärkern oder Salz auf. Antje Gahl: »So etwas wie eine Tiefkühl-Pizza soll nach drei Tagen natürlich nicht verdorben sein. Daher bleibt der Industrie nur die Möglichkeit, mit Stabilisatoren zu arbeiten, mit Verdickungsmitteln oder anderen Zusatzstoffen, um die entsprechende Qualität, die sie während der Mindestlaufzeit verspricht, auch gewährleisten zu können.«

Diese Stoffe sind wohl nicht gesundheitsfördernd, vom ernährungsphysiologischen Standpunkt her gelten sie aber als sicher, erklärt Gahl: »Aromen oder andere Zusatzstoffe sind ausreichend getestet. Für die gesunde Bevölkerung sind diese Stoffe nicht gesundheitsschädlich. In größeren Mengen verzehrt oder bei empfindlichen Personen können sie aber zu Nachteilen führen. So gibt es Hinweise darauf, dass sie Lebensmittelallergien fördern oder verschlimmern. Für gesunde Menschen sehe ich aber keine große Gefahr.«

Wer nun aber meint, er hätte sonst während der Woche kaum Zeit und müsse daher von Döner, Pizza oder Fertiggerichten leben, für den hat Antje Gahl einige Tipps parat, wie man sich auch im Büroalltag besser ernähren kann. Bemerkenswert dabei: Sie müssen dafür nicht sofort zum Haubenkoch werden. Schon ein klein wenig mehr Nachdenken über das Essen und dessen Vorbereitung hilft, sich gesünder zu ernähren.

Frühstück

»Um schon morgens leistungsfähig zu sein, ist es sinnvoll, über den Tag verteilt regelmäßig zu essen. Das beginnt mit einem Frühstück. Wer morgens um 6 Uhr nichts runterkriegt, kann auch später frühstücken. Etwas zu essen ist allerdings wichtig für die Leistungskurve, da ansonsten der Blutzuckerspiegel absackt. Die Folge ist oft eine Heißhungerattacke. Dahinter steckt, dass das Gehirn immer ausreichend Nährstoffe braucht. Ist zu wenig Glukose vorhanden, muss es seine Eiweiß- und Fettreserven anzapfen«, erklärt Gahl. Und mein Tipp: Bringen Sie etwas Abwechslung in Ihr Frühstück. Mal Müsli, mal Schinken, mal Ei, mal Honig – das macht weit mehr Spaß, als täglich nur lustlos an seinem Marmelade-Toastbrot zu kauen. 15 Minuten früher aufstehen hilft!

Snack

Wird man angesichts der vielen Computerarbeit schlapp und braucht wieder Energie, sollte man lieber die Finger lassen von Schokolade und Keksen. Gahl rät: »Wer zwischendurch snackt, sollte ein fettarmes Joghurt, ein Stück Obst oder Rohgemüse zu sich nehmen.« Das kann man sich leicht zu Hause zubereiten – man muss allerdings daran denken!

Mittagessen

Auch hier kann man mit wenigen Koch-Handgriffen schon viel für seine Gesundheit tun. Gahl: »Wer keine Kantine hat, sollte zum Beispiel von zu Hause einen Salat mitnehmen. Ein anderes Mal ist es ein Brötchen, mal ein Vollkornbrot mit magerem Brotaufstrich. Als Belag lieber weniger Salami und Leberwurst nehmen, besser sind magerer Schinken, Putenbrust oder Geflügelaufschnitt, magere Käsesorten und immer ein bisschen Gemüse dazu.« Kein Grund also, täglich Fertigsuppen zu löffeln.

Und schließlich kann man ja ab und zu essen gehen und vielleicht sogar ein Meeting beim Mittagessen abhalten.
Ist eine Kantine vorhanden, rät Gahl zu mehr Abwechslung: »Man sollte auch den Suppen oder der Salatbar Beachtung schenken. Kann man die Beilagen frei wählen, erhöhen Sie die Gemüsebeilage zu Lasten von Fleisch und Kartoffeln.« Das schont meist nicht nur die Gesundheit, sondern auch die Geldbörse.

Abendbrot

Generell sollte man am Abend nicht zu schwer essen. Liegen etwa Knödel wie Steine im Magen, werden Sie auch kaum einen angenehmen Schlaf haben. »Eine Portion gemischter Salat oder Rohkost zum belegten Brot«, rät die DGE – damit Sie auf Ihre fünf Portionen Obst und Gemüse täglich kommen.[396] Obst, Tee und Wasser, Brot und magerer Käse oder Schinken runden die vollwertige Kost am Abend ab. Klingt doch machbar, oder?

Essen Sie wild durcheinander

Einst ernteten die Apfelbauern in meiner Heimat bis zu 100 verschiedene Apfelsorten. Als Kind faszinierten mich die Namen, die Geschmack oder Eigenschaften beschrieben: Banane, Orange oder Leder fanden sich in der Sortenbezeichnung. All diese sind heute verschwunden. Mit etwas Pech führt Ihr Supermarkt ums Eck gerade mal drei Apfelsorten: gelbe, rote und grüne. Das ist auf den ersten Blick verwunderlich, denn der Aufstieg der modernen Nahrungsmittelindustrie hat eine Vielfalt an Lebensmitteln hervorgebracht, die im historischen Vergleich wohl einzigartig ist. Durch den globalen Handel mit Agrargütern können wir heute im Supermarkt ganz selbstverständlich zwischen lokalen Äpfeln und Mango aus Übersee wählen. Gleichzeitig versuchen die Nahrungsmittelhersteller, durch immer neue Innovationen den Geschmack der Konsumenten zu treffen und so neue Top-Seller zu kreieren.

Parallel zu dieser Entwicklung schwand aber die Vielfalt an regionalen Sorten drastisch, denn die Industrie forderte standardisierte Qualität in großen Mengen. Maschinell leicht zu bearbeitende Monokulturen und Börsennotierungen von exakt definierten Rohwaren lassen für Artenvielfalt keinen Raum. Ähnliches gilt für die Tierzucht, wo sich die in der Tiermast eingesetzten Rassen kräftig reduzierten.

Die Entwicklung der modernen Landwirtschaft hätte seit der Grünen Revolution zu einem beispiellosen Schwund der Sortenvielfalt geführt, sind manche Kritiker überzeugt. Statt 100 000 Reissorten gibt es nun nur noch zehn, die weltweit relevant sind.[397] Die Hochleistungssorten überzeugen mit höheren Erträgen, allerdings zum Preis von höheren Input-Faktoren wie Düngemittel oder Wasser. Autor Manfred Christ schreibt im Buch *Bedrohte Saat*, dass auf Basis von drei Hauptgetreidearten (Anm: Weizen, Mais und Reis) heute weltweit rund 50 Prozent aller Nahrungsmittel hergestellt werden.[398]

Dass darunter die geschmackliche Vielfalt leidet, scheint nachvollziehbar. Kompensiert wird die Entwicklung durch chemische Geschmackserlebnisse. Alte Sorten mit etwas ungewöhnlichen Geschmacksrichtungen werden von den Saatgutriesen vom Markt genommen. »Dies liegt daran, dass die Züchtungsziele vielfach den Anbau, den Ertrag oder die Resistenz (Abwehrkraft zum Beispiel gegenüber Schädlingen) betreffen, nicht aber die Ernährungsqualität«, schreibt Petra Kühne im selben Buch.[399]

Der Einsatz von Aromen, Geschmacksverstärkern und billigen Geschmacksträgern führt dazu, dass unser Geschmack abstumpft. 2008 ließ die Organisation Agrarmarkt Austria einen Geschmackstest unter 385 Kindern im Alter von 10 bis 13 durchführen. Ergebnis: »Drei Viertel aller Kinder zwischen 10 und 13 Jahren können süß, sauer, salzig und bitter nicht mehr unterscheiden. Schnellimbisse, sehr süße Getränke, viel Weißbrot, wenig Obst und Gemüse könnten die Geschmacks- und Geruchswahrnehmung beeinträchtigen. Häufiger Konsum von Obst und Gemüse hingegen scheint die Genussfähigkeit signifikant zu stärken.«[400]

Mit Kinderkoch-Clubs versucht beispielsweise der Verein Slow Food gegenzusteuern und den Kleinen wieder Spaß am Kochen zu vermitteln. Gleichzeitig wird die Vielfalt des Geschmacks und der Ausgangsprodukte propagiert: »Für Slow Food steht der Gedanke der Biodiversität, also der Vielfalt der Nahrungsmittel und Esskulturen im Vordergrund«, heißt es. Bedrohte Nutzpflanzen, Tiere, Lebensmittelprodukte und Speisen nimmt der Verein in eine »Arche des Geschmacks« auf.[401]

Wenn Sie die Gelegenheit haben, sollten auch Sie zu alten Sorten greifen, Geschmacksrichtungen ausprobieren, neue Kombinationen versuchen und Spaß am Experimentieren haben. Denn wenn alle Konsumenten nur auf dieselben standardisierten Produkte der Industrie zugreifen, wird unsere Abhängigkeit von wenigen, von den Züchtungskonzernen dominierten Pflanzen- und Tierarten noch stärker werden. Daher mein Tipp: Ernähren Sie sich abwechslungsreicher.

Davon könnte auch Ihre Gesundheit profitieren: »Eine vollwertige Ernährung liefert uns ausreichend, aber nicht zu viel Energie und alle Nährstoffe in der richtigen Menge und im optimalen Verhältnis, gesundheitsfördernde Stoffe, zum Beispiel Ballaststoffe und sekundäre Pflanzenstoffe«, schreibt die DGE.[402] Aber: »Kein einzelnes Lebensmittel und keine einzelne Lebensmittelgruppe erfüllt für sich allein all diese Kriterien.«

Der durchschnittliche Verbraucher kommt mit 15 bis 20 Gerichten aus, die er abwechselt. DGE-Sprecherin Antje Gahl rät, zumindest innerhalb der vertrauten Gerichte für ein bisschen Abwechslung zu sorgen, um so die Ernährungsvielfalt zu verbessern. Mein Tipp daher: Seien Sie neugierig. Probieren Sie Dinge aus, entdecken mal eine alte Obstsorte, mal ein ungewöhnliches Gericht. Sie können beim Probieren kaum etwas falsch machen – wenn es Ihnen nicht schmeckt, lassen Sie es beim nächsten Mal einfach sein.

Schauen Sie, was Ihr Geld macht

Generell gilt: Behalten Sie sich eine gesunde Portion Misstrauen. So tappen Sie nicht in jede Falle, die Ihnen die Werbung stellt. Machen Sie sich die Mühe, nicht nur auf Lebensmittelverpackungen, sondern auch bei Geldgeschäften das Kleingedruckte zu lesen. Lassen Sie sich von Bank- und Anlageberatern zeitlich nicht unter Druck setzen. Nehmen Sie den Vertrag mit nach Hause, lesen ihn in Ruhe durch und schicken ihn unterschrieben einige Tage später zurück. Fragen Sie nach, wenn Sie etwas nicht verstehen. Und fragen Sie nach, was etwa in Ihrer Pensionsvorsorge oder Ihren Fonds steckt. So verhindern Sie, dass Sie beispielsweise Teileigentümer von großen Chemiekonzernen werden, die umweltschädliche Pflanzenschutzmittel herstellen. Und Sie vermeiden, dass Ihnen Ihr Berater (der dafür Provisionen kassiert) ein »bombensicheres Geschäft mit Rohstoffen« aufschwatzt – und Sie dadurch selbst zum Spekulanten auf den globalen Agrarmärkten werden.

Spekulieren Sie vielleicht unbewusst gerade in diesem Augenblick auf steigende Getreidepreise? Was Bauern in Europa freuen würde, könnte die Situation von einer Milliarde hungernder

Menschen weiter verschlechtern. Hohe Schwankungen durch Wetterextreme, Lagermeldungen, Verbrauchsschätzungen und vieles mehr machen die Agrarmärkte vor allem für Zocker interessant. Während etwa Getreidehändler und Mühlen an den Terminbörsen ihre Preise absichern, werden die dafür vorgesehenen Optionen auf einzelne Rohstoffe von großen Finanzplayern zum Wetten auf Preisentwicklungen verwendet. Ihr Einsatz ist milliardenschwer. Kommt es auf diesen Märkten aufgrund von unvorhergesehenen Ereignissen zu panikartigen Käufen oder Verkäufen, könnten die Preisausschläge weltweit Produzenten oder Konsumenten heftig zusetzen. Wie schnell eine derartige Panik um sich greift und das Verschieben von Milliarden auslöst, konnte man in den Tagen nach der Pleite der Investmentbank Lehman Brothers im September 2008 eindrucksvoll erleben.

Bedenken Sie das bei der künftigen Wahl Ihrer Geldanlage – und überprüfen Sie Ihre aktuelle. So waren vor der Wirtschaftskrise Rohstofffonds sehr populär. Der Höhenflug von Erdöl und Mineralien sowie die Phantasie eines steigenden Verbrauchs in den Schwellenländern hatten viele Fondshäuser zur Auflage dieser Fonds animiert. Nicht selten steckt darin auch ein guter Anteil an Agrarrohstoffen. Eigene Fonds für Agrarrohstoffe, in der Fachsprache Soft Commodities genannt, wurden ebenfalls aufgelegt, wobei zu unterscheiden ist zwischen jenen, die Aktien von Agrarunternehmen kaufen, und Index-Fonds, die rein auf die Wertentwicklung von Rohstoffen wetten. Anbieter waren zum Beispiel die Deutsche Bank, Investor-Legende Jim Rogers mit Macquarie, Goldman Sachs oder BNP Paribas. Auch das Thema Zertifikate boomte vor der Finanzkrise, mit denen Anleger direkt auf die Wertentwicklung einzelner Agrarrohstoffe oder auch eines sogenannten Baskets/Korbs aus mehreren Rohstoffen wetten konnten. Anbieter waren etwa HSBC, UBS, ABN Amro, Goldman Sachs oder DWS.[403]

Haben Sie diese Produkte nicht wissentlich gekauft, so könnte es doch der Fondsmanager Ihrer Pensionsvorsorge getan haben. Meiden Sie Dachfonds, die in andere Fonds investieren. Die heißen oftmals nur nach ihrer Anlagestrategie, zum Beispiel »Sicher« für einen höheren Anleihenanteil oder »Dynamisch« für einen höheren Aktienanteil. Fakt ist: Abgesehen von diesen groben Informationen haben Sie keine Möglichkeit zu kontrollieren, wo Ihr Geld drinsteckt. Sind es keine Agrarrohstoffe, so haben die meisten dieser Fonds doch einen meist hohen einstelligen Anteil an sogenannten »Alternativen Investments«. Das sind oft Hedgefonds, denen nachgesagt wird, durch die Spekulation auf fallende Kurse am Ausmaß der Finanzkrise nicht ganz unschuldig zu sein. Und selbst wenn Sie das kalt lässt: Bedenken Sie, dass dann nicht ein, sondern mehrere Fondsmanager Gebühren kassieren – was zu Lasten ihrer Rendite geht.

Kaufen Sie sich stattdessen einen Nachhaltigkeitsfonds: Dessen Anlagestrategie berücksichtigt auch ethische Aspekte. Allerdings gibt es auch hier einen Unterschied, der von der Auswahlstrategie abhängt. Folgt der Fondsmanager einer Whitelist, werden nur Aktien bzw. Anleihen von Unternehmen gekauft, die bestimmte, meist von einem Beirat festgelegte Kriterien erfüllen, etwa Klimaschutz. Bei einer Blacklist werden bestimmte Ausschlusskriterien definiert, beispielsweise Gentechnik. Der ebenfalls oft vertretene »Best- in-Class«-Ansatz ist hingegen weicher als die beiden zuvor genannten: Es gibt keine Ausschlusskriterien, es werden lediglich jene Unternehmen einer Branche ausgewählt, die besonders viel Wert auf Kriterien wie beispielsweise Umweltschutz legen. Das könnte dann zu der skurrilen Situation führen, dass Sie einen besonders umweltfreundlichen Öl-Multi oder Chemiekonzern im Portfolio haben. Rund 330 Nachhaltigkeitsfonds waren 2010 zum Vertrieb in Deutschland, Österreich und der Schweiz zugelassen.[404]

Wenn Sie sich aber tatsächlich bewusst für eine nachhaltige Geldanlage entscheiden, sollten Sie bedenken, dass ethisches

Handeln und nachhaltiges Wirtschaften durchaus auf die Rendite drücken können. Nicht umsonst führten die Öl- und Gasriesen ExxonMobil, Gazprom und Shell 2008 die Forbes-Liste der profitabelsten Konzerne der Welt an.[405] Wenn Sie aber bereit sind, einen Teil der Rendite gegen ein ruhiges Gewissen zu tauschen, wird davon auch Ihre Gesundheit profitieren – indem Sie viel ruhiger schlafen können.

Gönnen Sie sich etwas – aber auch anderen

Angesichts der zahlreichen erhobenen Zeigefinger auf den vergangenen Seiten drückt mich bereits kräftig das schlechte Gewissen. Wenn Sie sich künftig alles verbieten, was Ihnen bisher schmeckte, werden Sie nur noch lustlos durchs Leben wandern und bald wieder alle guten Vorsätze vergessen. Abschließend daher ein Tipp aus vollstem Herzen: Gönnen Sie sich ab und an etwas und schlagen Sie so richtig über die Stränge!

Erlauben Sie sich manchmal zu sündigen – mal mit einer süßen Torte, mal mit einigen Glas Wein mehr als geplant. Auch ab und an eine Fertig-Pizza oder einen Besuch im Fast-Food-Restaurant sollten Sie sich nicht versagen, wenn Sie plötzlich der Heißhunger überfällt. Doch machen Sie es nicht zur Regel: Kochen Sie lieber dreimal abends etwas Ordentliches und gehen mit dem ersparten Geld am vierten Tag schön essen in Ihrer Lieblingspizzeria.

Gönnen Sie auch den vielen Herstellern jener Nahrungsmittel etwas, von denen Sie überzeugt sind, dass sie nachhaltig produzieren, kurz: Gönnen Sie sich mehr echtes Essen. Wer abwechslungsreich und bewusst isst, muss nicht ständig aus Sorge um seine Figur zu Light-Produkten greifen, die zahlreiche chemische Zusatzstoffe enthalten. Gesunde, frische Zutaten, sorgfältig hergestellt mit Rücksicht auf Umwelt und Tiere, werden Ihnen weit mehr schmecken als die Industrienahrung. Mit einem ordentlichen Stück Biofleisch, knackigem Gemüse und saftigem Vollkornreis tun Sie auch Ihrer Gesundheit sicher mehr Gutes als mit dem Verzehr eines fettreduzierten Fertiggerichts. Auch wenn dabei die Kosten etwas höher sein werden – knausern Sie nicht so beim Essen.

Essen Sie Produkte mit besserer Qualität, dafür aber weniger. Rennen Sie nicht nur Schnäppchen nach und entsinnen Sie sich eines alten Sprichwortes: Was nichts kostet, ist auch nichts wert. Verzichten Sie auf vermeintlich billige Großpackungen – Sie werfen ohnehin ein Drittel davon in den Müll. Kaufen Sie stattdessen öfter qualitativ hochwertige Frischware wie Obst, Gemüse oder Milchprodukte – in den Mengen, die sie aktuell konsumieren möchten. Eine Einkaufsliste hilft dabei. Sie werden sich zweimal wohler fühlen, weil Sie wissen, Ihrem Körper und den Herstellern von Nahrungsmitteln etwas Gutes getan zu haben.

Denken Sie manchmal beim vollen Teller auch an jene Menschen, die hungern. Zahlreiche Hilfsprojekte versuchen die Situation dieser armen Menschen weltweit zu lindern. Denken Sie doch auch daran, manchmal etwas mitzuhelfen – vielleicht jedes Mal, wenn Sie sich auch etwas gönnen. Mit dem Kauf von Fairtrade-Produkten können Sie das ganz gut unter einen Hut bringen: Wenn Sie für leckere Produkte etwas mehr zahlen, erhalten Sie zusätzlich die Gewissheit, dass Sie mit Ihrem Beitrag auch anderen Menschen helfen. Spenden Sie doch auch einmal etwas für Initiativen gegen den Hunger in der Welt, Sozialtafeln oder Aufforstungsprojekte. Schließlich leben wir noch immer in einer Überflussgesellschaft.

Und geben Sie Ihr Geld bewusster aus: »Der Kunde ist König. Man soll sich diesen Titel wieder zu eigen machen und den Händlern mal ein bisschen auf den Keks gehen«, rät Dieter Overath, Direktor von Transfair und erklärt: Fragen plötzlich drei

Kundinnen täglich nach Fairtrade-Produkten oder Bio-Baumwoll-Kleidung, dann würde das beim nächsten Konzern-Meeting durchaus ein Thema sein. Overath: »Das bedeutet, dass man ein Stück aktiver sein sollte, nicht nur passiv den Einkaufswagen füllt mit Schnäppchen.« Er rät, sich einmal auf einige wenige Produkte zu konzentrieren und sich näher über deren Produktionsbedingungen zu informieren: »Wir sollten nicht nur passiv Sonderangebote kaufen – egal, was es kostet. Denn die Kosten gehen in der Regel meist zu Lasten anderer. Dafür ist genau jetzt die richtige Zeit, um zu zeigen, wir interessieren uns ein Stück für Umwelt und Menschen, die damit zu tun haben.«

Mit der Wahl eines bestimmten Produktes stimmen Sie täglich über die Produktionsbedingungen ab, die Sie vordergründig nicht sehen. Nach diesem Buch wissen Sie ein wenig mehr darüber – nutzen Sie die Chance!

Liebe Leser!

Unter www.pizzaglobale.com versuche ich das Thema dieses Buches im Internet fortzuführen. Lesen Sie dort Neues aus der Welt der Landwirtschaft und der Ernährung – oder schreiben Sie mir Ihre Ideen und Anregungen. Ich würde mich freuen.

Paul Trummer

Anmerkungen

1 Vgl. Hans-Ulrich Grimm: Die Suppe lügt, Knaur, München 2008, S. 153 ff.
2 Vgl. Michael Pollan: In Defense of Food, The Penguin Press, New York 2008, S. 19
3 Vgl. Carol Helstosky: Pizza – A Global History, Reaktion Books, London 2008, S. 22 ff.
4 Vgl. ebd., S. 54 ff.
5 Vgl. ebd., S. 76
6 Vgl. ebd., S. 101
7 Vgl. Eric Schlosser: Fast Food Nation, Harper Perennial, New York 2002, vgl. auch www.nytimes.com/books/first/s/schlosser-fast.html (abgerufen 24. 11. 2009)
8 Vgl. Carol Helstosky: Pizza – A Global History, Reaktion Books, London 2008, S. 65 ff.
9 Vgl. ebd., S. 68
10 Vgl. Deutsches Tiefkühlinstitut, im Internet: www.tiefkuehlkost.de/historisches/ (abgerufen 08. 07. 2009)
11 Vgl. www.tiefkuehlkost.de/tiefkuehlmarkt/statistiken/ (abgerufen 08. 07. 2009)
12 Vgl. ebd.
13 Vgl. www.tiefkuehlkost.de/print/presse/meldungen/pm_2008_025_pizza/ (abgerufen 29. 09. 2008)
14 Bei einem Umrechnungskurs von 1 Schweizer Franken = 0,693 Euro zum Zeitpunkt des Schreibens
15 Vgl. www.pizzanapoletana.org/eng_chisiamo.php (abgerufen 30. 11. 2009)

16 Vgl. Situationsbericht 2009, Deutscher Bauernverband, Berlin 2008, S. 28

17 Vgl. Nationale Verzehrsstudie II, Ergebnisbericht Teil 2, S. XXI ff., im Internet: www.was-esse-ich.de/index.php?id=74 (abgerufen 28. 11. 2009)

18 Als fettleibig bezeichnet die WHO Menschen mit einem Body-Mass-Index (BMI) von 30 oder mehr. Zur Errechnung des BMI wird das Körpergewicht in Kilogramm dividiert durch die Quadratsumme der Körpergröße in Metern. Ab einem BMI von über 25 kg/m^2 spricht man von Übergewicht.

19 Vgl. www.who.int/dietphysicalactivity/publications/facts/obesity/en/ (abgerufen 16. 11. 2009)

20 Vgl. ebd.

21 Vgl. ebd.

22 Vgl. ebd.

23 Vgl. www.ucl.ac.uk/news/news-articles/0911/09110201 (abgerufen 24. 11. 2009)

24 Vgl. Archives of Internal Medicine, 2009, Vol. 169 (20), S. 1873 ff., im Internet: archinte.ama-assn.org/cgi/content/abstract/169/20/1873 (abgerufen 20. 05. 2010)

25 Vgl. sciencev1.orf.at/science/news/154259 (abgerufen 24. 11. 2009)

26 Vgl. news.bbc.co.uk/2/hi/health/2707143.stm (abgerufen 23. 11. 2009)

27 Vgl. ebd.

28 Vgl. www.spiegel.de/wissenschaft/medizin/0,1518,druck-686101,00.html (abgerufen 29. 03. 2010)

29 Vgl. ebd.

30 Begleitdokument zum europäischen Weißbuch Ernährung, Brüssel, 05/2007, Vgl. eur-lex.europa.eu/LexUriServ/LexUriServ.do?uri=CELEX:52007SC0707:DE:NOT (abgerufen 07. 12. 2009)

31 Vgl. Rheingold: Taboo Food – Cool Food, Jens Lönnecker, 2009

32 Vgl. International Asessment of Agricultural Knowledge, Science and Technology for Development: Weltagrarbericht: Synthesebericht von Stephan Albrecht und Albert Engel, Hamburg University press, 2009, S. 196

33 Vgl. Artikel 1 (2) der Richtlinie 89/107/EWG, im Internet: ec.europa.eu/food/fs/sfp/flav_index_de.html (abgerufen 03. 12. 2009)

34 Wer wissen will, was in seinem Essen steckt, findet unter www.zusatzstoffe-online.de im Internet Informationen des Bundesverbands Verbraucher Initiative.

35 Vgl. www.agrana.com/local/1761.asp (abgerufen 24. 10. 2009)

36 Vgl. ebd.

37 Vgl. Thomas Birus: Was macht die Tiefkühlpizza knusprig? Fischer Taschenbuch Verlag, Frankfurt/Main 1999, S. 60

38 Vgl. Art. 1 (2) der Richtlinie 88/388/EWG, im Internet: ec.europa.eu/food/fs/sfp/flav_index_de.html (abgerufen 03. 12. 2009)

39 Vgl. Hans-Ulrich Grimm: Die Suppe lügt, Knaur, München 2008, S. 18

40 Mehr zur Geschichte von Vanille: Vgl. www.vanilla-trade.com/ (abgerufen 10. 12. 2009)

41 Vgl. mibi1.uni-muenster.de/Biologie.IMMB.Steinbuechel/Forschung/vanillin_abstract.html (abgerufen 10. 12. 2009)

42 Vgl. Thomas Birus: Was macht die Tiefkühlpizza knusprig? Fischer Taschenbuch Verlag, Frankfurt/Main 1999, S. 46

43 Vgl. ebd., S. 49

44 Vgl. www.efsa.europa.eu

45 Vgl. www.efsa.europa.eu/EFSA/efsa_locale-1178620753824_1178620854945.htm (abgerufen 04. 12. 2009)

46 Vgl. www.efsa.europa.eu/EFSA/efsa_locale-1178620753824_1178620841131.htm (abgerufen 05. 12. 2009)

47 Vgl. www.vzhh.de/~upload/vz/VZTexte/TexteErnaehrung/abgespuelt.htm (abgerufen 08. 12. 2009)

48 Vgl. Thomson Media Control, Jan. 2009, über www.statista.de

49 Vgl. www.ard-werbung.de/2699.html (abgerufen 09. 12. 2009)

50 Vgl. www.consumersunion.org/pub/2005/09/002657print.html (abgerufen 07. 12. 2009)

51 Vgl. www.ofcom.org.uk/research/tv/reports/update/ (abgerufen 10. 12. 2009)

52 Vgl. www.efsa.europa.eu/EFSA/efsa_locale-1178620753812_1211902914361.htm (abgerufen 09. 12. 2009)

53 Bericht in der deutschen Tagesschau: www.tagesschau.de/wirtschaft/kaese6.html (abgerufen 15. 04. 2009)
54 Eine schöne Übersicht bietet Foodwatch: www.foodwatch.de/kampagnen__themen/fleischskandale/index_ger.html (abgerufen April 2009)
55 Vgl. Situationsbericht 2009, Deutscher Bauernverband, Berlin 2008, S. 191
56 Fairtrade Foundation, Mark Curtis: Die Welternährungskrise und Fairtrade: Große Lösungen für Kleinbauern?, London 2009, S. 2
57 Vgl. www.cargill.com
58 Alle Zahlen stammen von den jeweiligen Firmenpräsentationen im Internet
59 UNCTAD: Tracking the trend towards market concentration: The case of the agricultural input industry, 2006, S. IV, im Internet: www.unctad.org/en/docs/ditccom200516_en.pdf (abgerufen 25. 05. 2010)
60 Vgl. ebd., S. 9
61 Vgl. www.forbes.com/forbes/2010/0118/americas-best-company-10-gmos-dupont-planet-versus-monsanto.html (abgerufen 25. 05. 2010)
62 Vgl. ebd., S. 37
63 Vgl. Consultative Group on International Agricultural Research, Snapshot on CGIAR Impacts, 2005, S. 3
64 Vgl. ebd., S. 3
65 Vgl. Nikolai Fuchs in Manfred Christ: Bedrohte Saat, Pforte Verlag, Dornach 2010, S. 89 ff.
66 Vgl. Paul Roberts: The end of food, Bloomsbury, London 2008, S. 219
67 Vgl. Situationsbericht 2009, Deutscher Bauernverband, Berlin 2008, S. 190
68 Vgl. ebd., S. 191
69 Vgl. The State of Food Insecurity in the World 2009, FAO, Rom 2009, Key messages
70 Vgl. ebd.

71 Bei Interesse vgl. www.de.x-markets.db.com/pdf/DE/flyer/flyerLU0338689523.pdf (abgerufen 17. 12. 2009)
72 Vgl. Zahlen der Futures Industry Organisation, www.futuresindustry.org/downloads/March_Volume.pdf (abgerufen 07. 07. 2009)
73 Vgl. www.nytimes.com/2007/01/19/business/19futures.html (abgerufen 16. 06. 2010)
74 Vgl. ebd.
75 Vgl. www.marketwatch.com/investing/fund/DBA (abgerufen 16. 06. 2010)
76 Vgl. www.nytimes.com/2007/01/19/business/19futures.html (abgerufen 16. 06. 2010)
77 Vgl. www.stern.de/politik/deutschland/rohstoffhandel-soros-fordert-spekulationsverbot-625824.html (abgerufen 17. 12. 2009)
78 Vgl. Jean Ziegler: Wie kommt der Hunger in die Welt? 4. Auflage, Wilhelm Goldmann Verlag, München 2009, S. 11
79 Vgl. ec.europa.eu/budget/library/publications/budget_in_fig/dep_eu_budg_2009_de.pdf, Informationen zu den jährlichen EU-Budgets gibt es im Internet unter ec.europa.eu/budget/budget_detail/index_de.htm (abgerufen 05. 05. 2010)
80 Vgl. Situationsbericht 2009, Deutscher Bauernverband, Berlin 2008, S. 8: Anteil der Landwirtschaft an der Bruttowertschöpfung 2007
81 Ohne die neuen Beitrittsländer, v. a. aus Osteuropa
82 Alle Zahlen: Situationsbericht 2009, Deutscher Bauernverband, Berlin 2008, S. 15 ff.
83 Vgl. ebd., S. 24
84 Vgl. ebd., S. 151
85 Vgl. ebd., S. 15
86 Alle Zahlen: ebd., S. 144
87 Vgl. Österreichisches Landwirtschaftsministerium, Grüner Bericht, Wien 2009, S. 122
88 Vgl. Situationsbericht 2009, Deutscher Bauernverband, Berlin 2008, S. 130
89 EU-Kommissariat für Landwirtschaft und Entwicklung des

ländlichen Raumes: Agriculture in the European Union, Statistical and economical information 2009, S. 205, Vgl. ec.europa.eu/agriculture/agrista/2009/table_en/index.htm (abgerufen 25. 05. 2010)

90 Umrechnungskurs am 18. 05. 2010: 1 Pfund = 1,164 Euro

91 Lt. Bundesanstalt für Landwirtschaft und Ernährung. Die Daten aus Bayern fehlten zum Zeitpunkt der Veröffentlichung noch wegen eines Rechtsstreits

92 Die Förderung von Zucker läuft in der EU seit 2008 aus.

93 Vgl. Daten der EU-Kommission für Landwirtschaft, im Internet: ec.europa.eu/agriculture/capreform/infosheets/meat_de.pdf (abgerufen 14. 09. 2009)

94 Bei einem Euro/Dollar-Verhältnis von 1 : 1,43 zum Zeitpunkt des Schreibens

95 Exakt legt die UNO die Grenze für extreme Armut seit 2005 bei 1,25 Dollar an. Schätzungen der Weltbank von 2008 zufolge lebten 2005 ganze 1,4 Milliarden Menschen unter dieser Grenze. Vgl. www.un.org/millenniumgoals/2008highlevel/pdf/newsroom/Goal %201 %20FINAL.pdf (abgerufen 14. 09. 2009)

96 Eine Zusammenfassung des Berichts: »Agricultural Policies in OECD Countries 2009« finden Sie im Internet: browse.oecdbookshop.org/oecd/pdfs/browseit/5109031E5.PDF (abgerufen 08. 07. 2009)

97 Vgl. Agenturmeldung APA/AFP vom 04. 07. 2008: »UN-Organisationen definieren die Tomate«

98 Vgl. www.faz.net/s/Rub1F44AB21FD324A948B0DF5AA4B-2FEED2/Doc~E61012B9C9A674D9AB05807C6962D23E1~ATpl~Ecommon~Scontent.html (abgerufen 04. 05. 2010)

99 Vgl. faostat.fao.org/site/339/default.aspx (abgerufen 04. 05. 2010)

100 Pressegespräch am 04. 05. 2010 in Wien

101 Vgl. www.agecon.ucdavis.edu/people/faculty/facultydocs/Hardesty/reducing_market_risk_for_specialty_crops/rickard_examining_eu_policies_applied_to_processing_tomatoes.pdf (abgerufen 04. 05. 2010)

102 Zum Nachlesen Vgl. www.spiegel.de/politik/ausland/0,1518, 671035,00.html (abgerufen 14. 04. 2010)

103 Vgl. ec.europa.eu/agriculture/capreform/fruitveg/infopack_ en.pdf (abgerufen 15. 04. 2010)

104 Vgl. Magazin Profil, 18. 01. 2010, S. 62

105 Vgl. Fabrizio Gatti: Bilal, Verlag Antje Kunstmann, München 2010

106 Vgl. ebd., S. 111

107 Vgl. FAO, The State of Food Insecurity in the World 2009, S. 15 ff. nach World Bank 2008: Migration and Remittances Factbook 2008 und United Nations: Trends in total migrant stock: the 2005 revision

108 Vgl. www.iva.de/pdf/publipdf/229.pdf (abgerufen 18. 05. 2010)

109 Vgl. UNCTAD: Tracking the trend towards market concentration: The case of the agricultural input industry, 2006, S. 3, im Internet: www.unctad.org/en/docs/ditccom200516_en.pdf (abgerufen 25.05. 2010)

110 Vgl. www.goodplanet.info/goodplanet/index.php/eng/Alimentation-agriculture/Pesticides/Pesticides/%28theme %29/1400 (abgerufen 18. 05. 2010)

111 Vgl. Klimabündnis Österreich: Broschüre »Biolandbau und Klimaschutz«, Wien, im Internet: www.klimabuendnis.at

112 Vgl. Marita Vollborn, Vlad D. Georgescu: Die Joghurtlüge, Campus Verlag, Frankfurt/Main 2006, S. 253

113 Vgl. www.uni-goettingen.de/de/3240.html?cid=3477 (abgerufen 18. 05. 2010)

114 Vgl. International Asessment of Agricultural Knowledge, Science and Technology for Development: Weltagrarbericht: Synthesebericht von Stephan Albrecht und Albert Engel, Hamburg University press, 2009, S. 176. Vgl. www.weltagrarbericht.de

115 Vgl. ebd., S. 206

116 Vgl. www.greenpeace.de/fileadmin/gpd/user_upload/themen/ chemie/FS_Tomaten-Pestizide_2010_kurz_final.pdf (abgerufen 23. 05. 2010)

117 Vgl. Greenpeace Deutschland: Die Schwarze Liste der Pesitzide

II, Hamburg 2010, S. 8, Vgl. www.greenpeace.de/fileadmin/gpd/user_upload/themen/umweltgifte/Schwarze_Liste_der_Pestizide_II_2010.pdf (abgerufen 23. 05. 2010)

118 Vgl. Marita Vollborn, Vlad. D. Georgescu: Die Joghurtlüge, Campus Verlag, Frankfurt/Main 2006, S. 255

119 EU-Bericht: Agriculture in the European Union, Statistical and Economic Information 2009, S. 321, im Internet: ec.europa.eu/agriculture/agrista/2009/table_en/2009enfinal.pdf (abgerufen 28. 04. 2010)

120 Ebd.

121 Vgl. ebd., S. 324, S. 335, S. 342, S. 349

122 Vgl. www.stern.de/politik/deutschland/tierschutz-in-deutschland-so-qualvoll-stirbt-schlachtvieh-1555518.html (abgerufen 12. 04. 2010)

123 Vgl. ebd.

124 Vgl. Situationsbericht 2009, Deutscher Bauernverband, Berlin 2008, S. 205 ff.

125 Vgl. www.gesetze-im-internet.de/tierschg/BJNR012770972.html (abgerufen 23. 04. 2010)

126 Vgl. www.gesetze-im-internet.de/tierschnutztv/BJNR275800001.html#BJNR275800001BJNG000502308 (abgerufen 24. 04. 2010)

127 Vgl. www.bmg.gv.at/cms/site/attachments/9/0/3/CH0801/CMS1097184527208/tschg1.pdf (abgerufen 23. 04. 2010)

128 Vgl. www.vu-wien.ac.at/vetrecht/1. %20TierhaltungsV_kons_1 _2008.pdf (abgerufen 23. 04. 2010)

129 Mit Erfolg, siehe www.schweinefabrik-allstedt.de/ (abgerufen 24. 04. 2010)

130 Vgl. deutsche TierSchNutztV, § 29

131 Vgl. deutsches Tierschutzgesetz, § 5

132 Vgl. www.who.int/mediacentre/factsheets/fs194/en/ (abgerufen 28. 04. 2010)

133 Vgl. Agentur AP, 08. 01. 2010: Gesundheitsgefahren durch Medikamentenverfütterung an Tiere, im Internet: schlank.kleinezeitung.at/nachrichten/chronik/2260254/medikamentenver-

fuetterung-tiere-kann-antibiotika-unwirksam-machen.story (abgerufen 28.04.2010)

134 Vgl. www.focus.de/gesundheit/ticker/medikamente-regeln-fuer-antibiotikaeinsatz-in-der-tiermast-gefordert_aid_386596.html (abgerufen 24.04.2010)

135 Vgl. www.bmelv.de/cln_154/DE/Landwirtschaft/Tier/Tiergesundheit/Tierarzneimittel/tierarzneimittel_node.html (abgerufen 24.04.2010)

136 Vgl. Agriculture in the European Union, Statistical and economic information, 2009, S. 349

137 Vgl. Neue Zürcher Zeitung (NZZ) am Sonntag, 01.02.2004, »Das globale Huhn«

138 Vgl. Tierzuchtfonds: Hintergrundbericht zur Hühnerzucht, S. 3, im Netz: www.tierzuchtfonds.de/fileadmin/files/tierzuchtfonds/Huehnerzucht_hintergrund09_tzf.pdf (abgerufen 25.04.2010)

139 Vgl. Neue Zürcher Zeitung (NZZ) am Sonntag, 01.02.2004, »Das globale Huhn«

140 Süddeutsche Zeitung Magazin: Der große Flausch-Angriff, Heft 15/2009. Vgl. sz-magazin.sueddeutsche.de/drucken/texte/anzeigen/28879 (abgerufen 20.05.2010)

141 Greenpeace Deutschland: Das Tierzucht-Monopoly, 2007, S. 1, Vgl. www.greenpeace.de/fileadmin/gpd/user_upload/themen/landwirtschaft/geenpeace_tierzucht_monopoly.pdf (abgerufen 20.05.2010)

142 Vgl. ebd., S. 1

143 Vgl. ebd.

144 Vgl. ebd., S. 2

145 Vgl. www.peta.de/web/peta_verspricht.1583.html (abgerufen 28.04.2010)

146 Vgl. FAO: The State of Food and Agriculture – Livestock in the balance, Rom 2009, S. 24, im Web: www.fao.org/docrep/012/i0680e/i0680e00.htm (abgerufen 10.05.2010)

147 Vgl. www.fao.org/news/story/en/item/40117/icode/ (abgerufen 28.04.2010)

148 Vgl. www.fao.org/ag/magazine/0612sp1.htm (abgerufen 28.04.2010)

149 Vgl. u.a. www.schweine.at/index.php?id=64&tx_ttnews %5Btt_news %5D=65&tx_ttnews %5BbackPid %5D=48&cHash=c3e4ac6682 (abgerufen 28.04.2010)

150 Vgl. FAO: The State of Food and Agriculture – Livestock in the balance, Rom 2009, S. 56

151 Vgl. ebd., S. 5

152 Vgl. FAO: Lifestocks long shadow – environmental issues and options, Rom 2006, S. XXI, im Internet: www.fao.org/docrep/010/a0701e/a0701e00.HTM (abgerufen 10.05.2010)

153 Zwischen August 2008 und Juli 2009 wurde eine Fläche von fast 7500 km^2 abgeholzt, Vgl. www.inpe.br/ingles/news/news_dest117.php (abgerufen 10.05.2010)

154 Vgl. www.fao.org/newsroom/en/news/2006/1000448/index.html (abgerufen 10.05.2010)

155 Vgl. www.fao.org/ag/magazine/0612sp1.htm (abgerufen 28.04.2010)

156 Vgl. www.spiegel.de/wissenschaft/natur/0,1518,495414,00.html (abgerufen 25.01.2010)

157 Vgl. news.bbc.co.uk/2/hi/7600005.stm (abgerufen 10.05.2010)

158 Vgl. www.raiffeisen.de/presse/pdf-aktuelles/Hintergrundinformationen-Soja-01–02–07.pdf (abgerufen 02.07.2009)

159 Vgl. www.transgen.de/anbau/eu_international/201.doku.html (abgerufen 02.07.2009)

160 Zur Verbreitung von GVO-Pflanzen siehe ebd. (abgerufen 25.05.2009)

161 Vgl. www.monsanto.de/Produktbereiche/biotechnologie.php (abgerufen 26.05.2010)

162 Vgl. Manfred Christ: Bedrohte Saat, Pforte Verlag, Dornach 2010, S. 250 ff.

163 Vgl. www.greenpeace.de/themen/gentechnik/gefahren_risiken/artikel/gute_gruende_gegen_gentechnik-1/(abgerufen 28.05.2010)

164 Die Verordnung 1829/2004 sieht ein einheitliches Gemeinschaftsverfahren für gentechnisch veränderte Lebens- und Futtermittel vor, Verordnung 2001/18/EG regelt die Freisetzung von GVO auf europäischen Feldern.

165 Vgl. ec.europa.eu/food/dyna/gm_register/index_en.cfm (abgerufen 28.05.2010)

166 Vgl. www.transgen.de/zulassung/639.doku.html (abgerufen 28.05.2010)

167 Vgl. www.forbes.com/forbes/2010/0118/americas-best-company-10-gmos-dupont-planet-versus-monsanto.html (abgerufen 25.05.2010)

168 Vgl. www.ncbi.nlm.nih.gov/pubmed/10533866?dopt=AbstractPlus (abgerufen 17.03.2010)

169 Vgl. www.andyrowell.com/dont_worry_PR.htm (abgerufen 17.03.2010)

170 Vgl. www.bmelv.de/cln_182/SharedDocs/Standardartikel/Landwirtschaft/Pflanze/GrueneGentechnik/Gentechnik_Wasgenauistdas.html (abgerufen 28.05.2010)

171 Vgl. Marie-Monique Robin: Mit Gift und Genen, Deutsche Verlagsanstalt, München 2009, S. 245

172 »bt« steht für Bacillus thuringiensis, ein Bodenbakterium, das im Mais eingepflanzt ein Insektengift abgibt.

173 Da in den USA keine Kennzeichnung notwendig ist, dient vor allem Genmais oftmals als Basis für Maisstärke, die sich auch in einer Tiefkühl-Pizza findet, häufiger aber noch in Süßwaren.

174 Vgl. www.transgen.de/aktuell/1167.doku.html (abgerufen 28.03.2010)

175 Vgl. Marie-Monique Robin: Mit Gift und Genen, Deutsche Verlagsanstalt, München 2009, S. 221 ff.

176 Forbes Magazine, 18.01.2010, Vgl. www.forbes.com/forbes/2010/0118/americas-best-company-10-gmos-dupont-planet-versus-monsanto.html (abgerufen 28.05.2010)

177 Vgl. AP, 14.12.2009: Monsanto seed biz role revealed

178 Pressegespräch im Wiener Concordia Presseclub am 05.11.2008

179 Percy Schmeiser ist kein Einzelfall: siehe Marie-Monique Robin: Mit Gift und Genen, Deutsche Verlagsanstalt, München 2009, S. 280

180 Details gibt es auf seiner Website: www.percyschmeiser.com/conflict.htm (abgerufen 27. 05. 2009)

181 Die Sicht von Monsanto zur Einigung mit Percy Schmeiser: Vgl. www.monsanto.ca/about/news/2008/03_19_08.asp (abgerufen 27. 05. 2009)

182 Am 13. 7. 2009 berichtete die FAZ unter dem Titel: »Die Bauern und die Detektive« über die Arbeitsweise von Monsantos Saatgut-Inspektoren. Nachzulesen im Internet unter: www.faz.net/s/RubDDBDABB9457A437BAA85A49C26FB23A0/Doc~E047E6D41CD48430C9625C48C2275E03A~ATpl~Ecommon~Scontent.html (abgerufen 01. 07. 2009)

183 Der Patentantrag im Internet: www.wipo.int/pctdb/en/wo.jsp?amp %3Bamp %3BDISPLAY=STATUS&IA=US2009032396&DISPLAY=DESC (abgerufen 17. 05. 2010)

184 Vgl. www.greenpeace.de/themen/patente/presseerklaerungen/artikel/patent_auf_zuechtung_von_schweinen_gestoppt/(abgerufen 17. 05. 2010)

185 Vgl. europa.eu/legislation_summaries/internal_market/single_market_for_goods/pharmaceutical_and_cosmetic_products/l26026_de.htm (abgerufen 17. 05. 2010)

186 Vgl. www.greenpeace.de/themen/patente/presseerklaerungen/artikel/patent_auf_zuechtung_von_schweinen_gestoppt/(abgerufen 17. 05. 2010)

187 Sui generis bedeutet in diesem Fall: ein neues System/ein System eigener Gattung, das noch zu definieren ist.

188 www.greenpeace.de/themen/umwelt_wirtschaft/wto/artikel/auf_dem_falschen_trip_patente_in_der_wto/(abgerufen 17. 05. 2010)

189 Olivier De Schutter: The right to food, 64. Sitzung der UN-Vollversammlung, 23. 07. 2009, Vgl. daccess-dds-ny.un.org/doc/UNDOC/GEN/N09/424/73/PDF/N0942473.pdf?OpenElement (abgerufen 17. 05. 2010)

190 In offiziellen Statistiken wird die Milchmenge meist in Kilogramm statt Litern angegeben.

191 Vgl. www.milchindustrie.de/de/eu/markt/ (abgerufen 28.05.2010)

192 EU-Bericht: Agriculture in the European Union, Statistical and Economic Information 2009, S. 175, im Internet: ec.europa.eu/agriculture/agrista/2009/table_en/2009enfinal.pdf (abgerufen 28.04.2010)

193 Vgl. www.milchindustrie.de/popup/export-milchprodukte-weltmarkt-2006–2008 (abgerufen 28.05.2010)

194 Umrechnungskurs zum Zeitpunkt des Schreibens: 1 Schweizer Franken = 0,69 Euro

195 Vgl. www.milchindustrie.de/de/teaser_2010/top25-milchverarbeiter-weltweit/ (abgerufen 29.05.2010)

196 EU-Kommission: Mitteilung der Kommission an den Rat – Die Lage auf dem Milchmarkt im Jahr 2009, S. 3, Vgl. eur-lex.europa.eu/LexUriServ/LexUriServ.do?uri=COM:2009:0385:FIN:DE:PDF (abgerufen 28.05.2010)

197 Vgl. ebd.

198 Vgl. ebd., S. 4

199 Vgl. ebd., S. 3

200 Vgl. Thomas Birus: Was macht die Tiefkühlpizza knusprig?, Fischer Taschenbuch Verlag, Frankfurt/Main 1999, S. 79

201 Vgl. www.milchindustrie.de/de/eu/markt/ (abgerufen 28.05.2010)

202 Vgl. europa.eu/rapid/pressReleasesAction.do?reference=IP/09/1420&format=HTML&aged=0&language=DE&gui Language= de (abgerufen 31.05.2010)

203 Vgl. die tageszeitung (taz) vom 16.04.2009, online unter: www.taz.de/nc/1/zukunft/konsum/artikel/1/analogkaese-auf-der-kaesepizza &src=PR (abgerufen 25.04.2009)

204 Vgl. Presseaussendung Agrarmarkt Austria Marketing zum AMA-Gütesiegel, Juli 2009

205 Vgl. www.spiegel.de/wirtschaft/0,1518,635367,00.html (abgerufen 11.07.2009)

206 Alle Beispiele: Verbraucherzentrale Hamburg, im Internet: www.vzhh.de

207 Vgl. ec.europa.eu/agriculture/faq/prices/index_de.htm (abgerufen 16.05.2010)

208 Vgl. Situationsbericht 2009, Deutscher Bauernverband, Berlin 2008, S. 22

209 Vgl. www.spiegel.de/wirtschaft/0,1518,547199,00.html (abgerufen 27.07.2009)

210 Vgl. www.freshplaza.com/news_detail.asp?id=47844 (abgerufen 27.07.2009)

211 Vgl. Thomas Birus: Was macht die Tiefkühlpizza knusprig? Fischer Taschenbuch Verlag, Frankfurt/Main 1999, S. 29

212 Vgl. Situationsbericht 2009, Deutscher Bauernverband, Berlin 2008, S. 35

213 Zahlen vgl. jeweilige Geschäftsberichte der Unternehmen

214 Vgl. www.planetretail.net/NewsMedia/PAYG/PressRelease.aspx?NewsItemID=60098 (abgerufen 01.07.2010)

215 Vgl. www.edeka.de/EDEKA/Content/Presse/Pressemeldungen/2009/PI011.jsp

216 Vgl. money.cnn.com/magazines/fortune/global500/2009/performers/companies/profits/revenues.html (abgerufen 17.05.2010)

217 Vgl. www.wiwo.de/unternehmen-maerkte/metro-chef-cordes-kritisiert-ruinoesen-preiskampf-419421/(abgerufen 17.05.2010)

218 Vgl. Tageszeitung Kurier, 17.04.2009, S. 11

219 Vgl. www.mdr.de/fakt/aktuell/5736274.html (abgerufen 17.05.2010)

220 Vgl. www.guardian.co.uk/uk_news/story/0,,1460183,00.html (abgerufen 17.05.2010)

221 Vgl. Tageszeitung Kurier, 17.04.2009, S. 11

222 Vgl. www.guardian.co.uk/uk_news/story/0,,1460183,00.html (abgerufen 17.05.2010)

223 Vgl. Kurier, 17.04.2009, S. 11

224 Tolle britische Homepage mit Rezepten zum Verkochen von Resten: www.lovefoodhatewaste.com/about_food_waste (abgerufen 17.05.2010)

225 Vgl. The State of Food Insecurity in the World 2009, FAO, Rom 2009, Key messages

226 Jean Ziegler: Wie kommt der Hunger in die Welt? 4. Auflage, Wilhelm Goldmann Verlag, München 2009, S. 12 ff.

227 Stand 2007, vgl. www.fao.org/news/story/en/item/36193/icode/ (abgerufen 01. 03. 2010)

228 Wörtlich: »Discounted lifetime income losses«, also Zeitwert des verlorenen Lebenseinkommens

229 Vgl. The State of Food Insecurity in the World 2009, FAO, Rom 2009, Key messages

230 Vgl. www.un.org/millenniumgoals/poverty.shtml (abgerufen 29. 05. 2010)

231 Vgl. www.fairtrade.net/index.php?id=646&type=123&no_cache=1&scale=1 (abgerufen 01. 06. 2010)

232 Bei einem Kurs von 1 Dollar = 0,813 Euro zum Zeitpunkt des Schreibens

233 Vgl. media.corporate-ir.net/media_files/irol/65/65454/reports/IAR2009/docs/Request-2009AR-Full.pdf, S. 22, (abgerufen 01. 06. 2010)

234 Bei einem Kurs von 1 Pfund = 1,183 Euro zum Zeitpunkt des Schreibens

235 Vgl. www.abf.co.uk/introduction.aspx (abgerufen 01. 06. 2010)

236 Alle Zahlen laut Geschäftsbericht der Unternehmen

237 Bei einem Umrechnungskurs von 1 Schweizer Franken = 0,693 Euro zum Zeitpunkt des Schreibens

238 Vgl. www.issgesund.at/gesundkochen/brotbackenkurs/brotbackendersauerteiglektion6.html (abgerufen 18. 02. 2010)

239 Vgl. www.hefe.ch/xml_1/internet/de/application/d7/f8.cfm (abgerufen 18. 02. 2010)

240 Melasse ist brauner Sirup, ein Nebenprodukt der Zuckerproduktion

241 Vgl. www.lesaffre.at/- Produkte – Backhefen (abgerufen 18. 02. 2010)

242 Vgl. www.bioreal.de/cms/Herstellung_Bioreal_agra.html; jsessionid=21A648DFAB626F0F7F10B48FE7C11F72 (abgerufen 01. 06. 2010)

243 Vgl. www.transgen.de/datenbank/zusatzstoffe/124.hefe.html (abgerufen 01. 06. 2010)

244 Vgl. ebd. (abgerufen 01. 06. 2010)

245 Vgl. www.transgen.de/lebensmittel/enzyme/931.doku.html (abgerufen 01. 06. 2010)

246 Vgl. www.transgen.de/lebensmittel/enzyme/499.doku.html (abgerufen 01. 06. 2010)

247 Vgl. www.faz.net/s/Rub4B891837ECD14082816D9E088A2D7CB4/Doc~E3BB97A03D5BD446788DB1557755DF1D5~ATpl~Ecommon~Scontent.html (abgerufen 15. 02. 2010)

248 Vgl. ub2008.k-plus-s.com/cgi-bin/show.ssp?companyName=kunds&language=German&report_id=nb-2009&id=204010 (abgerufen 17. 02. 2010)

249 Vgl. www.runder-tisch-werra.de/index.php?parent=1033 (abgerufen 17. 02. 2010)

250 Vgl. niedersachsen.nabu.de/themen/fluesse/weser/07031.html (abgerufen 17. 02. 2010)

251 Vgl. www.k-plus-s.com/de/presse/presseinformationen/news.html?uri =/de/data/news/presse-100209.html (abgerufen 17. 02. 2010)

252 Vgl. www.gruposos.com/web/uk/prensa/notas_detalle.asp?id=32 (abgerufen 18. 02. 2010)

253 Vgl. www.bertolli.de/mediterraneErnaehrung/olivenoel/her stellung.asp (abgerufen 18. 02. 2010)

254 Vgl. www.gruposos.com/web/ficheros/uk_accionistas_pre sentaciones/doc_16.pdf (abgerufen 18. 02. 2010)

255 Vgl. Europäische Union: Regulation (EC) N° 542/2009 vom 23. Juni 2009, im Internet: eur-lex.europa.eu/LexUriServ/LexUriServ.do?uri=OJ:L:2009:161:0003:0005:EN:PDF (abgerufen 18. 02. 2010)

256 Vgl. eur-lex.europa.eu/LexUriServ/LexUriServ.do?uri=CONS LEG:2007R1234:20080701:DE:PDF, S. 194 (abgerufen 01. 06. 2010)

257 Vgl. www.test.de/themen/essen-trinken/test/-Olivenoel-nativ-extra/1371318/1371318/1368212/(abgerufen 18. 02. 2010)

258 Vgl. Thomas Birus: Was macht die Tiefkühlpizza knusprig? Fischer Taschenbuch Verlag, Frankfurt/Main 1999, S. 116 f.

259 Vgl. www.agmrc.org/commodities__products/vegetables/garlic_profile.cfm (abgerufen 28.02.2010)

260 Vgl. www.chinadaily.com.cn/bizchina/2009-11/30/content_9076838.htm (abgerufen 28.02.2010)

261 Vgl. ebd. (abgerufen 28.02.2010)

262 Vgl. www.chinadaily.com.cn/bizchina/2009-11/30/content_9076838_2.htm (abgerufen 28.02.2010)

263 Vgl. europa.eu/rapid/pressReleasesAction.do?reference=OLAF/06/16&format=HTML&aged=1&language=EN&guiLanguage = en (abgerufen 28.02.2010)

264 Vgl. europa.eu/rapid/pressReleasesAction.do?reference=OLAF/06/16&format=HTML&aged=1&language=EN&guiLanguage = en (abgerufen 28.02.2010)

265 Vgl. www.gnatrading.com/index.html (abgerufen 17.02.2010)

266 Vgl. www.greenpeace.de/fileadmin/gpd/user_upload/themen/umweltgifte/FS_Pestizide_Krauter_Gewurze3.pdf, S. 1 (abgerufen 02.06.2010)

267 Wer übrigens gerne einmal selbst Wurst zubereiten und in Därme abfüllen möchte, findet auf der Wiberg-Website ein einfach nachzukochendes Rezept! Vgl. www.wiberg.at (abgerufen 18.02.2010)

268 Vgl. Pepper Production Guide for Asia and Pacific, im Internet: www.ipcnet.org/pg/?act=publications (abgerufen 27.02.2010)

269 Vgl. www.meggle-foodingredients.de/Bakery-Angebot.41.0.html?&0=(abgerufen 27.02.2010)

270 Vgl. ebd.

271 Vgl. www.sachsenmilch.com/22.0.html (abgerufen 27.02.2010)

272 Filterung durch ultrafeine Membran

273 Vgl. www.sachsenmilch.com/22.0.html (abgerufen 27.02.2010)

274 Wie der Vorgang der Stärkeextration funktioniert, ist etwa auf folgender Hersteller-Website erläutert: www.agrana.com/local/1761.asp (abgerufen 15.09.2009)

275 Vgl. www.zuckerforschung.at/inhalt.php?titel=STÄRKE TEC

HNOLOGIE&nav=nstaerkeinfo&con=cias (abgerufen 15.09.2009)

276 Vgl. Thomas Birus: Was macht die Tiefkühlpizza knusprig? Fischer Taschenbuch Verlag, Frankfurt/Main 1999, S. 107

277 Vgl. www.zuckerforschung.at/inhalt.php?titel=STÄRKETECHNOLOGIE&nav=nstaerkeinfo&con=cist (abgerufen 15.09.2009)

278 Vgl. Thomas Birus: Was macht die Tiefkühlpizza knusprig? Fischer Taschenbuch Verlag, Frankfurt/Main 1999, S. 60

279 Laut deutschem Bundesumweltministerium im Juni 2005, Zahl für 2001, im Internet: www.bmu.de/files/abfallwirtschaft/downloads/application/pdf/siedlungsabfallentsorgung_statistik.pdf (abgerufen 09.09.2009)

280 Vgl. www.stern.de/wirtschaft/news/maerkte/seetransport-was-die-welt-zusammenhaelt-631509.html (abgerufen 10.09.2009)

281 Vgl. www.oetker-gruppe.de/oetker-gruppe/html/default/deut-734egk.de.html (abgerufen 02.06.2010)

282 Interview am 22.10.2008 in Villach anlässlich von 100 Jahre Oetker Österreich

283 Erschienen in: Tageszeitung Kurier, 23.10.2008, S. 15

284 Eine Meile entspricht 1609 Metern

285 Vgl. www.independent.co.uk/environment/green-living/food-miles-the-true-cost-of-putting-imported-food-on-your-plate-451139.html (abgerufen 10.05.2010)

286 Vgl. www.food-monitor.de/kommunikation/2007/maerz/2007maerz-lebensministerium-co2-rucksack.htm (abgerufen 10.05.2010)

287 Alle Zahlen: Agrarmarkt Austria, 2007: CO_2-Rucksack von Lebensmitteln im Vergleich

288 Vgl. www.worldcargonews.com/htm/w20090214.527250.htm (abgerufen 10.05.2009)

289 Vgl. www.kaffeeteeverband.at/cms/cms.php?pageName=33&page=1 (abgerufen 10.09.2009)

290 Vgl. UNCTAD Handbook of Statistics 2008, Kapitel Interna-

tional Merchandise Trade, Im Internet: www.unctad.org/en/docs/tdstat33_en.pdf (abgerufen 10. 09. 2009)

291 Vgl. UNCTAD Report zur Globalisierung, »Development and Globalisation – Facts and Figures 2008«, S. 51, im Internet: www.unctad.org/en/docs/gdscsir20071_en.pdf (abgerufen 10. 09. 2009)

292 Fisch ist in der Statistik nicht enthalten

293 Vgl. UNCTAD Report zur Globalisierung, »Development and Globalisation – Facts and Figures 2008«, S. 56

294 Vgl. ebd., S. 55

295 Vgl. ebd., S. 57

296 Vgl. ebd., S. 59

297 Laut Daten der Welthandelsorganisation WTO: stat.wto.org/StatisticalProgram/WSDBViewData.aspx?Language=E (abgerufen 12. 04. 2010)

298 Vgl. UNCTAD-Bericht: www.unctad.org/Templates/Page.asp?intItemID=4658&lang=1 (abgerufen 10. 09. 2009)

299 Twenty-foot Equivalent Unit – ein 20-Fuß-Standard-Container

300 Vgl. www.hafen-hamburg.de/de/content/weltflotte-und-auf tragsbuch (abgerufen 11. 09. 2009)

301 Vgl. Der Spiegel, 33/2009: »Containerweise Verluste«, S. 56

302 Vgl. ebd.

303 Vgl. Marc Levinson: The Box, Princeton University Press, New Jersey 2006, S. 51

304 Vgl. ebd., S. 49

305 Vgl. ebd., S. 258

306 Vgl. ebd., S. 259

307 Vgl. ebd., S. 3

308 Vgl. ebd., S. 256

309 Vgl. International Asessment of Agricultural Knowledge, Science and Technology for Development: Weltagrarbericht: Synthesebericht von Stephan Albrecht und Albert Engel, Hamburg University press, 2009, S. 194 ff. Vgl. www.weltagrarbericht.de (abgerufen 16. 05. 2010)

310 Vgl. zur Rolle des IWF und seiner »Schocktherapien«: Joseph

Stiglitz: Die Schatten der Globalisierung, Wilhelm Goldmann Verlag, München 2004, S. 79 ff.

311 Vgl. Tageszeitung Kurier, 03. 05. 2008, S. 23

312 Vgl. Situationsbericht 2009, Deutscher Bauernverband, Berlin 2008, S. 108

313 Interview am 12. 05. 2010 in Wien

314 Vgl. www.sueddeutsche.de/wirtschaft/artikel/334/169840, (abgerufen 02. 09. 2008)

315 Pressegespräch am 02. 02. 2009 in Wien

316 Vgl. Björn Schwarz, Die Auswirkungen der EU-Agrarpolitik auf Entwicklungsländer, Tectum Verlag, Marburg 2004, S. 13

317 Bei Industrieprodukten sind es nur rund vier Prozent. Vgl. Situationsbericht 2009, Deutscher Bauernverband, Berlin 2008, S. 115

318 Vgl. Björn Schwarz, Die Auswirkungen der EU-Agrarpolitik auf Entwicklungsländer, Tectum Verlag, Marburg 2004, S. 29

319 Vgl. AMA Marktbericht Geflügel, 25. Ausgabe 2009. Vgl. www.ama.at/Portal.Node/ama/public?gentics.rm=PCP&gentics.pm=gti_full&p.contentid=10008.58398&Marktbericht_Eier_Gefluegel.pdf (abgerufen 30. 06. 2009)

320 Vgl. Situationsbericht 2009, Deutscher Bauernverband, Berlin 2008, S. 115

321 Vgl. Hans-Ulrich Grimm: Die Suppe lügt, Knaur, München 2008, S. 18

322 Vgl. ebd., S. 22

323 Vgl. Thilo Bode: Abgespeist, Fischer, Frankfurt/Main 2007, S. 162

324 Vgl. www.europarl.europa.eu/news/public/focus_page/008-75601-158-06–24–901–20100607FCS75591–07–06–2010–2010/default_p001c017_de.htm (abgerufen 17. 06. 2010)

325 Vgl. www.health-claims-verordnung.de/verordnung.html (abgerufen 17. 06. 2010)

326 Vgl. Klaus Grunert: Trends in Food Choice and Nutrition, in Rainer Haas, Oliver Meixner, Siegfried Pöchtrager: Was wir morgen essen werden, Facultas, Wien 2009, S. 19 ff.

327 Der Bericht ist für jeden im Internet erhältlich: www.agri-outlook.org (abgerufen 05. 07. 2009)

328 Vgl. www.fao.org/news/story/en/item/36193/icode/(abgerufen 18. 06. 2010)

329 Der Bericht zum Download: www.fao.org/fileadmin/user_upload/esag/docs/Interim_report_AT2050web.pdf (abgerufen 18. 06. 2010)

330 Vgl. www.fao.org/news/story/en/item/36193/icode (abgerufen 01. 03. 2010)

331 Zum Zeitpunkt des Interviews im Frühjahr 2010 kostete ein Fass Rohöl der Nordsee-Sorte Brent rund 80 Dollar

332 Vgl. FAO-Report: Land Grab or Development Opportunity, Rom 2009, zum Download unter: www.fao.org/docrep/011/ak241e/ak241e00.htm (abgerufen 03. 07. 2009)

333 Vgl. ebd., S. 4

334 Vgl. Financial Times Deutschland, »Brot für den Rest der Welt«, 14. 05. 2009, S. 13

335 Vgl. FAO: Land Grab or Development Opportunity, Rom 2009, S. 59

336 Vgl. ebd., S. 5

337 Vgl. ebd., S. 99

338 Vgl. Financial Times Deutschland, »Brot für den Rest der Welt«, 14. 05. 2009, S. 13

339 Vgl. Financial Times, im Internet: us.ft.com/ftgateway/superpage.ft?news_id=fto111920081227033091 (abgerufen 14. 05. 2009)

340 Vgl. FAO-Report: Land Grab or Development Opportunity, S. 53, zum Download unter: www.fao.org/docrep/011/ak241e/ak241e00.htm (abgerufen 03. 07. 2009)

341 Einen aktuellen Überblick über die Bestrebungen zum Landkauf bietet die NGO Grain im Internet unter farmlandgrab.org/about (abgerufen 05. 07. 2009)

342 Vgl. www.grain.org/briefings/?id=212 (abgerufen 05. 07. 2009)

343 Vgl. Financial Times, 15. 09. 2008, im Internet: www.ft.com/cms/s/0/4e299d22–82bc-11dd-a019–000077b07658.html?nclick_check=1 (abgerufen 05. 07. 2009)

344 Vgl. www.aquila-capital.de/downloads/2008–08–21_pm_agrarinvest-i.1.pdf (abgerufen 05. 07. 2009)

345 Den 52-seitigen Report gibt es zum Download im Internet: www.ipcc.ch/pdf/assessment-report/ar4/syr/ar4_syr.pdf (abgerufen 03. 07. 2009); vgl. Kurzfassung des deutschen Forschungsministeriums, im Internet unter www.bmbf.de/pub/IPCC_kurzfassung.pdf, S. 2 (abgerufen 03. 07. 2009)

346 Vgl. ebd., S. 2

347 Vgl. Intergovernmental Panel on Climate Change: »Climate Change 2007 – Synthesis Report«, S. 49

348 Vgl. ebd., S. 50

349 Vgl. www.fao.org/news/story/en/item/36193/icode/ (abgerufen 01. 03. 2010)

350 Vgl. International Asessment of Agricultural Knowledge, Science and Technology for Development: Weltagrarbericht: Synthesebericht von Stephan Albrecht und Albert Engel, Hamburg University press, 2009, S. 28 ff., im Internet www.welt agrarbericht.de

351 Vgl. Intergovernmental Panel on Climate Change: »Climate Change 2007 – Synthesis Report«, S. 50

352 Klimakonferenz an der Wiener Universität für Bodenkultur im Juni 2009, vgl. Kurier, 23. 06. 2009, S. 9

353 Vgl. Paul Roberts: The end of food, Bloomsbury, London 2008, S. XX f.

354 Vgl. derstandard.at/1271377199706/Ermittlungen-gegen-Prolactal-auch-in-Deutschland (abgerufen 17. 06. 2010)

355 Vgl. www.sueddeutsche.de/wissen/risiko-rinderwahn-die-rinderseuche-in-europa-1.623196 (abgerufen 18. 06. 2010)

356 Vgl. Marita Vollborn, Vlad Georgescu: Die Joghurtlüge, Campus Verlag, Frankfurt/Main 2006, S. 189

357 Vgl. ebd., S. 193

358 Vgl. www.who.int/mediacentre/vpc_transcript_14_january_10_fukuda.pdf (abgerufen 18. 06. 2010)

359 Vgl. Paul Roberts: The End of Food, Bloomsbury, London 2008, S. 219

360 Vgl. ebd.

361 Vgl. www.forbes.com/forbes/2010/0118/americas-best-company-10-gmos-dupont-planet-versus-monsanto.html (abgerufen 18. 06. 2010)

362 Monsanto erklärte 1999, dies nicht zu tun. Vgl. news.bbc.co.uk/2/hi/science/nature/465222.stm (abgerufen 18. 06. 2010)

363 Vgl. Paul Roberts: The end of food, Bloomsbury, London 2008, S. XIX

364 In einer Telefonkonferenz anlässlich der Präsentation des Berichts »Agricultural Outlook 2009–2018« von FAO und OECD

365 Vgl. Joseph Stiglitz: Die Schatten der Globalisierung, Goldmann Verlag, München 2004, S. 280

366 Vgl. epp.eurostat.ec.europa.eu/cache/ITY_OFFPUB/KS-SF-07–069/DE/KS-SF-07–069-DE.PDF (abgerufen 07. 04. 2010)

367 Vgl. eur-lex.europa.eu/LexUriServ/LexUriServ.do?uri=OJ:L:2007:189:0001:0023:DE:PDF (abgerufen 21. 04. 2010)

368 Vgl. www.was-esse-ich.de/uploads/media/NVS_II_Abschlussbericht_Teil_1.pdf, S. 15 (abgerufen 21. 04. 2010)

369 Vgl. ec.europa.eu/food/animal/welfare/euro_barometer25_volA_en.pdf, S. 13 (abgerufen 21. 04. 2010)

370 Vgl. Paul Roberts: The end of food, Bloomsbury, London 2008, S. XIV f.

371 Zusammenfassung der Inter-Heart-Studie im Internet auf der Website der Canadian Institutes of Health Research: www.cihr-irsc.gc.ca/e/26489.html, detaillierter unter www.medscape.com/viewarticle/489738 (abgerufen 09. 11. 2009)

372 Die Deutsche Gesellschaft für Ernährung bevorzugt die Darstellung in einem »Ernährungskreis«, in dem die Größe der Segmente das Mengenverhältnis der einzelnen Lebensmittelgruppen proportional darstellt. Das US-Landwirtschaftsministerium propagiert mittlerweile die Berechnung von individuellen Ernährungspyramiden – im Internet unter www.mypyramid.gov/

373 Michael Pollan: Lebens-Mittel, Arkana, München 2009, S. 168 f.

374 Vgl. www.arbeiterkammer.at/online/limonaden-suesse-verführer-41274.html (abgerufen 26. 01. 2010)
375 Lt. Interview mit DGE-Sprecherin Antje Gahl
376 Lt. ebd.
377 Vgl. Deutsche Gesellschaft für Ernährung und aid infodienst, Broschüre: Vollwertig essen und trinken, 23. Auflage, Mehr Ernährungstipps erfahren Sie im Internet unter www.dge.de
378 Vgl. Michael Pollan: Lebens-Mittel, Arkana, München 2009, S. 184
379 Anlässlich eines Vortrags am Welternährungstag im Herbst 2009 in Wien
380 Vgl. umwelt.zdf.de/ZDFde/Inhalt/5/0,1872,8014533,00.html (abgerufen 26. 01. 2010)
381 Vgl. Amtsblatt der Europäischen Union, Verordnung (EG) 889/2008 der Kommission vom 5. September 2008
382 Vgl. Magazin Test von Stiftung Warentest, 06/2010, S. 27
383 Vgl. Alberta Velimirov, Werner Müller: »Die Qualität biologisch erzeugter Lebensmittel«, Wien 2003 nach Christine Dobretsberger: BIOlogisch, Kneipp-Verlag, Wien 2008, S. 53
384 Vgl. Defra, The validity of food miles as an indicator of sutainable development, July 2005, S. II; Im Internet: www.defra.gov.uk/evidence/economics/foodfarm/reports/documents/Foodmile.pdf (abgerufen 16. 06. 2010)
385 Vgl. ebd., S. 66
386 Vgl. Zeitschrift Konsument 3/2009, Herausgeber Verein für Konsumenteninformation, Wien, S. 13
387 Vgl. Greenpeace, »Die Schwarze Liste der Pestizide II«, Hamburg 2010, S. 7; im Internet: www.greenpeace.de/fileadmin/gpd/user_upload/themen/umweltgifte/Schwarze_Liste_der_Pestizide_II_2010.pdf (abgerufen 16. 06. 2010)
388 Vgl. ebd. Die FDA ist die zuständige Zulassungsstelle in den USA
389 Vgl. Michael Pollan: Lebens-Mittel, Arkana, München 2009, S. 172
390 Vgl. www.sr-online.de/fernsehen/453/997741–4.html (abgerufen 16. 06. 2010)

391 Vgl. www.pr-inside.com/recently-released-market-study-food-r1840456.htm (abgerufen 16.06.2010)

392 Vgl. www.htrends.com/report-2483463-Fast_Food__Global_Industry_Guide.html (abgerufen 16.06.2010)

393 Vgl. www.tiefkuehlkost.de/presse/fotoarchiv/absatz-und-umsatzentwicklung-1989–2009/ (abgerufen 16.06.2010)

394 Vgl. www.tiefkuehlkost.de/download/SHOW/absatzstatistik2009 (abgerufen 16.06.2010)

395 Vgl. Michael Pollan: Lebens-Mittel, Arkana, München 2009, S. 166

396 Vgl. DGE-Broschüre: Unsere Nährstoffe, S. 77

397 Vgl. Manfred Christ: Bedrohte Saat, Pforte Verlag, Dornach 2010, S. 40

398 Vgl. ebd., S. 38

399 Vgl. Petra Kühne in ebd., S. 231

400 Vgl. www.ama-marketing.at/index.php?id=28&no_cache=1&tx_ttnews %5Btt_news %5D=231&tx_ttnews %5BbackPid %5D=2 (abgerufen 16.06.2010)

401 Vgl. www.slowfood.de/wirueberuns/fragenantworten/ (abgerufen 16.06.2010)

402 Broschüre: »Vollwertig essen und trinken – nach den 10 Regeln der DGE«, Heft 1016/2008, Herausgeber: Deutsche Gesellschaft für Ernährung e. V., Bonn und aid-Infodienst, Bonn, S. 6

403 Vgl. www.focus.de/finanzen/boerse/aktien/tid-7439/agrarrohstoffe_aid_133172.html (abgerufen 16.06.2010)

404 Eine Marktübersicht bietet etwa die Website www.nachhaltiges-investment.org/ (abgerufen 16.06.2010)

405 Vgl. money.cnn.com/magazines/fortune/global500/2009/performers/companies/profits/ (abgerufen 16.06.2010)

Abkürzungsverzeichnis

CBOT	Chicago Board of Trade Die Terminbörse in Chicago
CFTC	Commodity Futures Trading Commission US-Aufsichtsbehörde für Warenterminbörsen
CGIAR	Consultative Group on International Agricultural Research; Beratende Gruppe für internationale Agrarforschung
CHAAC	Coalición Hondureña de Acción Ciudadana Bürgerrechtsbewegung aus Honduras
CIMMYT	Centro Internacional de Mejoramiento de Maíz y Trigo; Internationales Zentrum für die Verbesserung von Mais und Weizen
DEFRA	Department for Environment, Food and Rural Affairs; Britisches Landwirtschafts- und Umweltministerium
DGE	Deutsche Gesellschaft für Ernährung
EFSA	European Food Safety Authority Europäische Behörde für Lebensmittelsicherheit
EU	European Union; Europäische Union
FAO	Food and Agriculture Organization of the United Nations; UN-Ernährungs- und Landwirtschaftsorganisation
FIA	Futures Industry Association Vereinigung der US-Börsenfutures-Industrie
FLO	Fairtrade Labelling Organizations Zertifizierungsagentur von Fairtrade

GAP	Gemeinsame Agrarpolitik; Richtlinien für die Förderung der Landwirtschaft in der EU
GATT	General Agreement on Tariffs and Trade Allgemeines Zoll- und Handelsabkommen
GDA-Kenn-zeichnung	Guideline Daily Amount Richtwert für die Tageszufuhr von Energie
GVO	Gentechnisch veränderter Organismus
HACCP	Hazard Analysis and Critical Control Points Ein System zur Sicherung der Lebensmittelhygiene
IFPRI	International Food Policy Research Institute Internationales Institut für Ernährungspolitik
IMF/IWF	International Monetary Fund Internationaler Währungsfond
INPE	Instituto Nacional de Pesquisas Espaciais Brasilianische Weltraumbehörde
IPCC	Intergovernmental Panel on Climate Change Weltklimarat der UNO
LIFFE	London International Financial Futures and Options Exchange; Die Terminbörse in London
MRI	Max Rubner-Institut Deutsche Bundesbehörde für Ernährung und Lebensmittel
NABU	Naturschutzbund Deutsche Umweltschutzorganisation
NAFTA	North American Free Trade Agreement Nordamerikanisches Freihandelsabkommen
NGO	Non-Governmental Organisation Nichtregierungsorganisation, Sammelbezeichnung für Interessenverbände der Zivilgesellschaft wie Sozial- und Umweltverbände
OECD	Organisation for Economic Co-operation and Development; Organisation für wirtschaftliche Zusammenarbeit und Entwicklung
OLAF	Office de Lutte Anti-Fraude Anti-Korruptionsbehörde der EU

PETA	People for the Ethic Treatment of Animals Menschen für den ethischen Umgang mit Tieren
SERI	Sustainable Europe Research Institute Forschungsinstitut Nachhaltiges Europa
TRIPS	Trade Related Aspects of Intellectual Property Rights Internationales Abkommen zum Schutz geistiger Eigentumsrechte
UNCTAD	United Nations Conference on Trade and Development; Konferenz der Vereinten Nationen für Handel und Entwicklung
UNESCO	United Nations Educational, Scientific and Cultural Organization; Organisation der Vereinten Nationen für Erziehung, Wissenschaft und Kultur
UNO	United Nations Organization Vereinte Nationen
VZBV	Verbraucherzentrale Bundesverband Deutsche Verbraucherschutz-Organisation
WHO	World Health Organization Weltgesundheitsorganisation der Vereinten Nationen
WIPO	World Intellectual Property Organisation Welt-Patentamt
WTO	World Trade Organization Welthandelsorganisation

Danksagung

Ich danke Silvie Horch vom Econ Verlag, die trotz anfänglich abstruser Idee an das Potential meines Buchprojektes glaubte. Danke an ihre Kollegin Ramona Jäger, die mir mit Ratschlägen zur Seite stand und es in Diskussionen immer wieder schaffte, mich zu überzeugen. Mein Dank gilt auch Gudrun Jänisch, die Ihnen viele Tipp- und Beistrichfehler ersparte.

Danke an all die Hersteller, die ihre Fabriken öffneten und so zeigten, wie viel Mühe sich jeder einzelne Produzent auch bei der industriellen Produktion von Lebensmitteln aufbürdet, um ordentlich zu arbeiten. Danke vor allem an Andreas Czayka, in dessen Pizza-Werk mir erstmals die Idee zu diesem Buch kam. Danke an Gerhard Zoubek, Monika Lutz, Viktor Skravenski, Erich Lerf und Mathy Diagne, die mir aus der bäuerlichen Praxis erzählt haben; sowie an die Pressebetreuer des deutschen Bauernverbandes – Abteilung Bayern, der Landwirtschaftskammer Tirol sowie von HORIZONT3000, die mir die Kontakte herstellten. Danke an die Experten der FAO, Jelle Bruinsma und Kostas Stamoulis für die globale Perspektive in diesem Buch sowie FAO-Sprecher Erwin Northoff. Beim nächsten Rom-Besuch möchte ich besseres Wetter. Danke an Carolin Krems vom Max Rubner-Institut sowie Antje Gahl von der DGE, die mir beim Thema Ernährung weiterhalfen. Danke an Zsusza Bardocz, Prof. Josef Glößl und Percy Schmeiser für die kontroversen Beiträge zum Thema Gentechnik. Sie haben mich endgültig verwirrt.

Danke an Sabine Hartmann für die Verbildlichung von Tierleid in der industrialisierten Landwirtschaft. Danke an Felix H. und Katharina Petter, die mir zeigten, dass das bei einem Verzicht auf Fleisch gar nicht notwendig wäre. Danke an Werner Lampert für seine Kritik und seine Visionen zum Thema Bio. Danke an Ursula Hudson, die mir endlich die Verbindung von Slow Food mit der Landwirtschaft erklärte, und an Martin Haiderer, der aufzeigt, dass überschüssiges Essen kein Abfall sein muss. Danke an Dieter Overath und seine Assistentin Claudia Brück – seit meinem Besuch in Bonn kaufe ich nur mehr Fairtrade-Bananen. Danke an Vicenzo Alampi, Antonio Onorati, Andrea Ferrante, El Afia Abdel-Ilah und Renato Fida, die mir die Problematik der Saisonarbeiter in Süditalien erläuterten. Danke an Louis Ura und Fabrizio Garberino, die mir am Anfang meiner Recherchen die Kontakte herstellten – vor allem zu Salvatore Moro. Danke an Salvatore für die Führung durch die Fabrik der Migranten, die Schilderung der Ereignisse, seine große Gastfreundschaft und meine erste selbstgepflückte Orange vom Baum, die ich in seinem Garten stehlen durfte. Danke an Rosanna und an Gaetano Salerno für zwei tolle Tage auf Sizilien. Danke auch an Andy Eller, der mir als Südtiroler die italienischen Interviews fachkundig übersetzte.

Danke an all die anderen Gesprächspartner, deren Interviews ich nur in Auszügen verwendete, wobei ich nur Ex-Agrar-Kommissar Franz Fischler und Ex-Dr.-Oetker-Vorstandsvorsitzenden August Oetker erwähnen möchte. Beide waren mir im persönlichen Umgang sehr sympathisch. Danke auch an die Pizza-Kette ums Eck, deren Pizza-Schnitten ich im Schreibstress mit schlechtem Gewissen verzehrte. Danke schließlich an Heike, mit der ich eine Leidenschaft für Kochen und Essen teile. Sie war die erste (und hoffentlich kritischste) Leserin meines Buches, nachdem sie in der Schreibphase meine Launen verständnisvoll erduldete. Du bist die Beste!

Sachregister